U0505861

2013年国家社科项目成果

河南省高校青年骨干教师资助项目

承认社会工作论

王君健　著

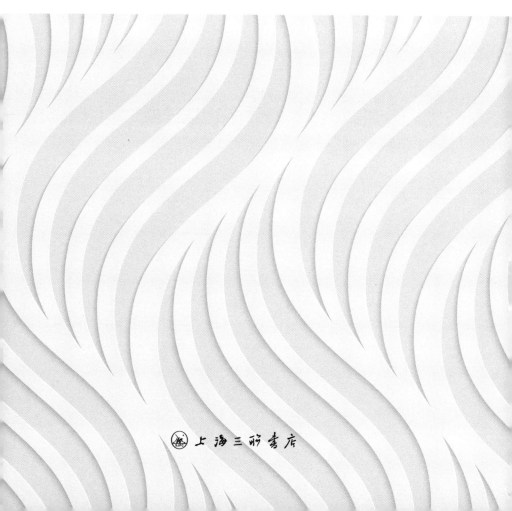

上海三联书店

目　录

引论

一、 研究背景

面对"人终有一死,且仅此一生"的绝境,去拷问这个人赋的"生命的意义和价值",以及"人是什么,为了什么"? 基于不同的文化环境与意识形态会有着不同的答案。

面对价值虚无与物欲横流,康德的"人是目的"被视作承认思想的滥觞。他从二元论和不可知论出发,以其"哥白尼式的革命",划分了理论理性与实践理性,围绕自由、理性与形而上学发展自己的实践哲学。他的道德形而上学实现了伦理学传统的"伦理道德化"转变,由此带来的如何克服"伦理道德化"造成康德实践哲学的二元论难题规定了实践哲学乃至近代哲学的问题域和格调。

费希特、黑格尔、马克思、霍耐特等都为解决康德实践哲学的二元论难题进行了自己的探索。不同的索解路径都以"承认"和"互主体性"为关注中心,回应"人是目的、人的社会性、自由"等议题,暗合了以"互主体性"为基础的"承认"的求解模式。

从某种意义上来讲,康德所面临的问题也是当下我们面临的问题,只不过我们面临的问题更加激烈、更加复杂。高科技、全球化、市场经济三大显性现代性因素高度融合发展,给当今中国人的道德生活造成了分化与多元的诸多影响:传统与现代;在地与殖民;隔离与融合;地方性知识与全球一体化;根基的丧失与重置等。

无疑,"承认"已经成为我们时代的一个关键词。[①] 亦如泰勒所言,"对承认的需要,有时候是对承认的要求,已经成为当今政治的一个热门话题。"[②]

作为道德实践与政治实践的社会工作,如何面对全球背景下的现代性后果,协调关系和矛盾,处理断裂和虚化,应对危机和风险,改进个人与情景,促进交往与融合,提升公平与正义,增加团结与凝聚,共治和谐社会,共建命运共同体,共享文明发展成果,共度幸福美好生活,成为摆在中国社会工作本土化、土生化、国际化道路上的重要议题。

从康德、费希特、马克思、霍耐特、泰勒等西方承认思想中汲取营养,考据其"爱、法权、团结、社会关系、生产劳动、货币、共同体"等概念背后的中国逻辑,根植"大道、秩序、仁爱、天人合一、和谐、共同体"等传统文化思想,中体西用,兼容并蓄,科学"置根",当是进行"承认社会工作"本土建构的道路选择。

德国当代实践哲学代表人物路德维希·西普,觉察到"承认"对自我意识的生成以及构建良序社会具有重要意义,以对个体与组织间关系的考察为切入点,重新规整"承认"的概念,对传统承认理论进行了历史学—人类学改造,将"承认"发展为由尊重、非歧视、宽容、团结、友谊五个环节构成的整体。这为用承认理论改造社会工作提供了借鉴。

---

① [美]南茜·弗雷泽,[德]阿克塞尔·霍耐特著,周穗明译,《再分配还是承认?——一个政治哲学对话》,上海:上海人民出版社 2009 年版,第 1 页。
② [加拿大]查尔斯·泰勒著,董之林、陈燕谷译,《承认的政治》,载《文化与公共性》,北京:生活·读书·新知三联书店 1998 年版,第 290—337 页。

二、 问题的提出

承认是人生的目的和意义,是人存在的意义和终极追求,生命为承认而奋斗。承认是手段,是达成和谐、实现个人追求的工具和保障。人不断地追求承认,并以已有承认为基础,继续寻找新的承认,而贯穿其中的是认识自己、寻找自己、发现自己、成就自己,同时启发同行者获得如自己一般的生命体验,实现自己的同时,致力于共同体的目标和福祉。

社会工作关注的问题出现往往是源于没有有效的实现承认,甚至走向了承认的反面,即蔑视、否定。一是弱势群体本身没有很好的承认:过度放大自己的限制、忽视改变的可能、拒绝劳动的必要,充满嫉妒和怨恨,社会的宽容被搁置。二是良势群体没有很好的承认:对滑向弱势的可能认识不足而表现出的对弱势关注不足、支持不足,对优势群体的要求偏高而呈现自我免责的狡计。三是优势群体没有很好的相互承认:夸大了自身成功的个体因素,对其他群体充满着不屑与鄙视,以规则为名义却少有遵照,社会责任承担不足。也就是说社会问题的呈现无不关涉承认,承认的需求是其展现破坏力量的内驱力。

(一)承认社会工作何以必要

1. 主体价值的需要

生命的意义与价值到底是什么? 因时代、阶级和学派的不同,众多的哲学家对生命意义的诠释不尽相同乃至截然相反。对于认为生命是有意义者来讲,意义是意义赋予者的意义,根本来讲分为"为我"与"为他"。如果认为意义是外部赋予的话,当体现被赋予意义者对意义赋予者的意义,此时的意义是利于意义赋予者的,对被赋予意义者来讲是利他的。如果认为意义是内部赋予的话，当体现自我的意义，此时的意义是利己的。无论利己还是利他，归于"人"的总体来讲是"为人"的，而"为人的什么"又有不同的理解，总括来讲为精神的自由，为物质的富足，是发现人的"自我"，成就人的"自我"。也就兼具了手段与目的的双重意义。

对于认为生命是没有意义者来讲，因为没有意义，所以不受意义束缚，其根本上活自己所想，是利己的，即或包含有利他的成分。即或如此，从"人"总体上来讲还是利人的。

如何实现这一有或无的意义，答案也是种类繁多，莫衷一是，即或好似截然相反，但归其大类抽其要义的话，用词汇表达就是"承认"，既有对他者的承认，更有自我的承认，相互的承认也就必不可少。既有"名"与"实"的承认，也有物质与精神的承认，都是兼具有工具性和价值性的。

承认是作为手段与目的，满足人的价值实现的需要，于社会工作而言是从业者、支持者的诉求。

人是社会人，是关系中人，情境中人，建基于自然属性之上，人的本质属性是社会属性。作为社会人，获取承认是人的社会性的必然需要，是实现自我价值和社会价值的必然要求和不二途径。立足于哲学的价值关怀，人的意义是为获得承认，这里的承认包含有自我的承认、他者的承认、承认他者与相互承认。而这里自我承认是前提和基础，它既是自信、自尊的内在表达，也是获取他者尊重、信任和承认的条件，更是人的内在规定性的价值诉求，本身是康德所说的非社会性和费希特进一步论述的自我的需要，也是自我实现的内在规定。作为社会人，他者的承认是目的，相对于不够强大的自我而言，获取他者的承认更具社会性的意义和终极价值特征，也是自我社会价值实现的外在标识。可以说自我的承认和他者的承认是人的社会性实现的价值规定，两者同是价值性的目标和指向。承认他者与相互承认是工具性条件,也就是说没有自我承认,难能获得他者的承认。自我承认是获取他者承认的必要条件,他者的承认是承认的核心内容与最后指向。也是自含其中的,否则作为交换性条件的丧失,获得他者的承认也就变成了不可能。无论是社会工作的从业者还是社会工作发展的支持者,内在的承认需求也就跃然纸上。

2. 理论发展的需要

理论是学科获得权威的重要基础和条件,没有理论,学科必将停留在窄浅的层次。特别是社会工作,无论作为专业还是学科,都必须要建立一套区别于其他学科和专业的理论和知识体系。社会工作无论是自我认同与承认的需要还是实现专业承诺的内在规定性,特别是获取他者的承认,延展发展空间,拓宽生存和服务领域,不断创生具有解释力和实践力的专业理论才是存活之道。理论在当下是专业权威得以树立的重要标识。就知识而言,社会工作整合借鉴了心理学、社会学、管理学、教育学、政治学等多学科的理论知识,形成了与这些学科和专业不同的社会工作(学),但从理论发展来讲,仅有"任务中心理论"算得上是社会工作自生的理论,即便是危机干预、优势视角、增能等理论也只是移植其他学科的嫁接知识,现有理论知识体系在建构一个社会工作学方面还是有点力不从心,至少是底气不足的。社会工作在西方的发展也大致如此,所以,中国社会工作靠外来理论也不可能完全满足自身发展的需要,加之本土理论研究的滞后又制约着社会工作的进一步发展。那么,立足于本土文化与实践的具体情景,发展本土理论或社会工作的土生理论,是塑造社会工作专业权威乃至学科合法性的必要选择。

顺应社会科学主流思潮是社会工作学科与专业发展并获取认同的大势所趋。在当前哲学社会科学的"承认转向"潮流下,不仅引领哲学社会科学发展的法兰克福学派把承认理论的大旗高高举起,而且一些围观学者也加入到它的讨论和建设中来。走向"承认"是社会工作顺应哲学社会科学理论发展的要求、实现社会工作本土化的理论内生需要。社会工作无论是自我认同与承认的需要还是实现专业承诺的内在规定性，特别是获取他者承认，延展发展空间，拓宽生存和服务领域，不断创生具有解释力和实践力的专业理论也是存活之道。理论创新在当下是专业权威得以树立的重要标识，而理论创新是极其艰难的，特别是人文社会科学，受限于知识的本质，厚积才能薄发，亦受限于时代，特别是物欲的扩展，发展主义、实用主义、科学主义对知识即时效果的追求和量化考核的诱导，使得探索知识生发的道理让位于拿来别人的观点。

承认社会工作作为承认思想武装社会工作实践的尝试，建构的理论知识体系恰是回应了社会工作中国情景的呼唤。一是承认社会工作与社会工作在中国发展的实际状态相契合，那就是回答社会工作如何获得承认的问题，具体而言就是社会工作如何实现从弱到强，从社会有所知到社会熟知，从形式的承认到实质的承认。这也是"为社会工作的"承认的理论使命。二是承认社会工作为社会工作的发展提供了一条知识生产与理论建构的可行道路。立足于中国社会工作发展的需要，立足于中国当下社会问题的解决，承认社会工作所秉持的求同存异、个别化、尊重、公平、和谐等思想内涵，特别是使承认成为一种社会资本，成为一种文化核心价值的倡导，在对国内如何度过中等收入陷阱，对国外如何规避修昔底德陷阱，如何把中国梦和一带一路融入世界命运共同体，既有在地使命又饱含世界关怀。

3. 社会实践的需要

回应社会现实、解决社会问题，是应用社会科学，特别是社会工作的使命承担。面对当下，缓解社会矛盾、促进社会正义成为建设和谐社会、实现民族国家良性发展的需要，也是回应全球化视野下经济社会巨大变迁产生诸多挑战的需要。

矛盾与斗争产生的根源往往可以归于对人的完整性的尊重与实

现不够，也就是承认不够。承认的反面就是蔑视，蔑视是人类社会反抗的基本道德动机。造成蔑视或伪承认的原因有诸多可能，其中，对劳动的态度、分配的标准、社会价值的倡导、人的成功的评判标准等至关重要，聚焦"承认"和"再分配"，建构"承认社会工作理论"成为必然。理论是灰色的，实践之树常青。飞速发展的实践必然需要与之相适应的理论，实践的创新呼唤新的理论指导，当下的世界与中国所面对的实践是空前的，世界从来没有如此联系紧密，世界从来没有如此多元，当然世界也从来没有如此充满不稳定和挑战，中国更是如此。中国还面临着百年变动带来的发问方式的改变，那就是从为何落后挨打到中国何以富强，何以持续繁荣。如此不同的世界和中国，实践也前所未有的充满挑战，呼唤能够促进实践的理论。

社会工作是社会治理的选择、是经济社会发展的需要、是社会工作发展的走向、是化解阶层对峙矛盾的需要。

面对劳动的异化，资本的过度扩展导致的分配正义的丧失，随之加剧阶层分化并固化，进而引发的社会矛盾和怨恨，这些对于共建和谐社会、人人共享发展成果、共建人类命运共同体，特别是共产主义的伟大目标的挑战与日俱增。

长久以来，以西方为中心，言必称欧美，理论更是如此，中国理论、中国风格难能体现与舒展。伴随中国经济的发展，国力的强大，特别是国际影响力的持续快速增加，挖掘我们成功背后的要素，文化的包容不可缺场。这种包容是中国文化自古有之的兼容并蓄和同化。中体西用主导下的中国传统思想的彰显成为文化发展的未来式。

总之，建构中国的社会工作理论，是知识对中国社会工作实践的回应，是寻求"以中国为中心"的理论体系的自觉，是本土研究超越西方现有社会工作理论的要求，是回应全球社会变迁与经济发展的使命担当。

(二) 承认社会工作何以可能

传统理论概括起来大致有三大功效：一是对现象、问题等的描述；二是对现象、问题等的解释；三是对现象、问题等的预测。承认社会工作理论能够对社会工作的现状进行描述、解释和预测，即是目前尚处于自我承认不明、他者承认不足、实质承认没有实现的现状，源于对社会工作本质、使命、价值的认知不够清晰，自知不足，本土化的实务扩展和理论研究沿袭套用西方模式而自信不够。通过研究和实务的不断深化，特别是实践效果的不断显现，社会工作必将为社会所了解、接受和依赖，进而从形式的承认走向实质的承认。中国社会工作的发展特征可以概括为：自上而下的生长，先天发育不足；高度依赖的发展，后天营养不良。

理论的发展往往与两个东西密不可分：一是哲学社会科学的前沿理论基础，这也是某一学科微观理论发展的深厚土壤。"承认社会工作"理论有着丰厚的思想土壤：实践智慧、科学研究、本土思想、制度传统和西方社会工作理论（特别是承认理论）是建构承认社会工作理论的重要源头。通观哲学社会科学的思想范式大致经历了思辨范式、实证范式、批判范式、交往范式、承认范式，未来走向可能是范式的整合或修正。其中的承认范式为承认社会工作提供了丰富的理论素养。康德哲学理论暗含三种承认构想，但受限于先验自我的内部分裂而使得互主体性关系得不到具体的阐发。费希特针对实践哲学领域中道德与伦理的关系问题、道德与政治的关系问题提出承认理论的进一步构想，但对主体间承认条件的社会结构分析存在着认识性缺位。青年黑格尔按照亚里士多德的社会伦理学传统从正面处理费希特的"承认"理论，发现主体间伦理关系基础的形成有赖于和解与冲突的交替运行，重新阐释了霍布斯的斗争模式，提出"为承认而斗争"。霍耐特经由米德社会心理学对"为承认而斗争"进行创造性阐释,但并未对"自由共同体"的命运前景作出预测和建议。马克思对社会关系、生产劳动、资本与共同体的分析是承认思想的发展高峰。

二是社会实践的重大议题,这是理论生发的现实基础和使命承担。个人领域的理想状况与现实遭遇后的迷思,特别是社会的价值倡导与日常生活世界中价值主张的冲突。邻里互助友好的民风凋敝,不同劳动分工带来职业声誉与物质报酬收益存在的巨大差距以及日益拉大的贫富差距,阶层板结与固化对社会团结与认同带来的伤害,不同群体间利益矛盾冲突对共同体建设的阻障,官僚阶层贪污腐化对为人民服务和人民公仆政治意涵的挑战,国际范围内不同地区之间的资源与权力争夺导致的战争和灾难,追求垄断利润的资本操纵下的贸易争端给中下等收入家庭带来压力,局部乃至世界范围霸权的扩张对人类实现美好共同生活带来的挑战。

"承认社会工作"理论有着自己清晰的知识体系。(1)"承认社会工作"的内涵界定:以承认为价值解释,以"爱、法律、团结"为方法,以"责任分担社会工作模式"、"理性交往社会工作模式"、"认同社会工作模式"为工作模式,实现主体间的承认,促进社会正义和公平,消退蔑视和对抗。(2)"承认社会工作"有自己的价值论:"承认社会工作"认为人的完整性归因于承认形式的完整,而蔑视使自身完整性受到伤害,不仅限制了主体的自由,而且使他们不能从其他主体获得肯定的自我理解。"为承认而斗争"也暗含了社会工作对人与社会本质及运行规则的解释。(3)"承认社会工作"也有自己的认识论:"承认社会工作"依据霍耐特的承认理论把承认关系在主体间的表现分为"爱、法律、团结"三种形式,同时,从反面将其与"强暴、剥夺权利、侮辱"作为其相对应三种蔑视形式,也就是"承认形式的被拒绝"类型。于是,蔑视经验便成为了社会对抗和社会冲突的道德动机。承认某类现象和问题确实存在,该存在不仅限制了个体的自由和发展,而且会长期威胁到共同体的自由和发展。(4)"承认社会工作"的方法论:"承认社会工作"理论认为"因为爱而主体间对需要的承认,因为法权而主体间对尊重的承认,因为团结而主体间对接纳的承认"就构成了社会工作的目的,同时也成为实现社会工作目的的方法。

三、文献综述

(一) 社会工作理论的研究述评

1. 国外研究综述

一是社会工作的内生理论,以 Richmond 的社会诊断为发端,Reid、Marsh、Saleebey、Pincus 等总结衍生了任务中心模式、优势视角。

随着"社会诊断"的提出,60 年代后期,雷依德和沙乐(Reid & Shyne)二人提出了任务中心模式的社会工作理论。任务中心模式的基本假设是服务对象有解决问题的能力与潜能,他们通过专业服务的过程,可以增强服务对象解决问题的能力,并且他们也能够面对今后可能发生的类似问题或新问题,同时,他们也学习到解决问题的有效技巧。不过这种理论在实践的过程中会有较高的时间成本,需要对服务对象进行较长时间的陪伴和指导。另外,Saleebey 提出的优势视角理论模式也着重强调个人的内在发展动力。他认为社会工作的关键在于,如何促进个人与环境改变,采用怎样的策略,这是社会理论工作的努力目标与论述内涵。优势视角模式成为社会工作中的一种全新的工作理念。

二是社会工作理论的历史演进,以 Howe 的七阶段模型最为典型。

三是社会工作理论的类型划分研究,以 Howe、Pilalis、Turner、

Payne 等为代表,社会工作理论的分类主要以大卫·豪(David Howe)和马尔科姆·佩恩(Malcolm Payne)两种分类为主。

2. 国内研究综述

一是对西方社会工作理论的研究,进行引介的同时,提出借鉴西方理论发展本土理论的指导性建议。以王思斌、谢立中、陈树强、马凤芝、程为敏、林万亿等为代表。

《西方社会工作的理论的历史与现状》系统介绍了西方社会的理论工作。学者们参照大卫·豪(David Howe)《社会工作理论指导》的描述,将西方社会工作理论划分为 7 个阶段——"调查"阶段、"精神分析学"阶段、"诊断学派"和"功能学派"并立阶段、"获得"阶段、"盘点"阶段、"理论统一"阶段、"理论归类"阶段。另外,还系统介绍了西方社会工作的种类和逻辑结构以及心理分析学理论、社会系统理论、标签理论、沟通理论、人文主义理论、激进的人文主义理论、马克思主义理论、"增权"或"增能"理论等。

另外,文军主编的《西方社会工作理论》一书主要以当前西方社会工作领域中常用的理论流派为分析对象,对社会工作理论的形成与发展、理论流派的代表性人物及其主要观点、理论运用的原则与方法等内容进行了系统介绍。归纳、总结了诸多社会工作理论的内涵和特征,并对这些理论的发展趋势及其存在的问题作出了简评,力图展现当代西方社会工作理论的精髓。

在学者们深入研究西方社会工作理论的同时,他们也将西方近代社会工作理论的精髓引入到我国社会工作理论体系之中,并提出了发展本土理论并给予指导性的建议。

王思斌在《中国社会工作的经验与发展》中谈到了目前学术界关于本土化的三种观点,并陈述了三种观点的异同以及其中的不当之处。作者对社会工作的本土化需要注意的两大问题给予指导性建议。

以上学者们在深入研究西方社会工作理论的同时,虽然提到了引进西方社会工作理论精髓的同时要发展本土化理论,但也仅仅局限于宏观的理论概括、指导性建议,并未给出具体的、可实践的方法。但这仍为下一步我国社会工作理论的建构与发展,以及本土化道路的选择奠定了基础。

二是我国社会工作理论建构与发展的思考,提出本土化的道路选择。以王思斌李迎生、文军、熊跃根、陈涛、刘继同、童敏、何雪松、沈黎、周长城、贾秀总、王瑞华等为代表。

王思斌在《中国社会工作的经验和发展》中提到中国要走本土化社会工作理论道路。李迎生在《构建本土化的社会工作理论及其路径》中,明确指出并解释了社会工作理论对社会工作的重要作用,在此基础上,作者提出了本土化基础理论的建构。何雪松在《迈向中国的社会工作理论建设》中,提出构建中国的社会工作理论的重要性,清晰地说明了如何构建中国社会工作的理论——唯有从实践智慧、科学研究、本土思想和制度传统四个维度去努力,才能真正建立迈向中国本土化的社会工作理论体系。沈黎的《本土社会工作实务的理论困境与伦理抉择》重点指出了本土社会工作理论在实践中遇到的困境及应采取哪些措施,最后研究构建本土化的社会工作伦理体系。真正建构中国的社会工作理论尚需要时间,因为这是一个逐步积累的过程,甚至是一个缓慢而痛苦的过程。

三是社会工作理论与实践关系的探讨,以史柏年、乔世东、朱东武等为代表。

对于社会工作理论与实践的关系,以实证论为代表的主流观点认为,它属于"事实"与"事实"之间的关系,主张要用价值中立的客观态度去理解外在世界活动;而以韦伯为代表的演绎社会研究虽认为在研究选题上有"价值相关性"式的价值介入,但仍然把研究过程看作是不含价值成分的事实与事实之间的关系。乔世东在《论社会工作理论与实践的关系》中认为社会工作中的理论和实践的关系,并非是一种事实与事实之间的关系,社会工作者在实务社会工作中的实践,其实是一种道德上的实践。朱东武在《社会工作系统理论及其运用》中详细讲述了社会工作系统理论的主要观点以及在实践中实际运用的方法。他认为社会工作的系统理论虽然适合我国的国情,从理论上来讲是十分可行的,但由于错综复杂的"关系",如人与人的关系、人与部门的关系、部门与部门的关系,真正用此理论来解决实际的问题,由于牵扯到很多的人和部门,也将困难重重。

四是社会工作理论的实践与应用,以周湘斌、郭伟和、朱健刚、库少雄等为代表。

周湘斌在《社会支持网络理论在社会工作实践中的应用》中探讨了社会支持网络理论在社会工作和社区矫正实践中的适用价值,但从实证主义的观点来看社会支持网络理论,便显得在理论体系上不够严谨。因此,在应用此理论的同时要注意扬长避短。郭伟和、徐明心、陈涛的《社会工作实践模式:从"证据为本"到反思性对话实践》一文,指出了自20世纪90年代以来以实证主义为主的社会实践模式的弊端,提出把理论研究和实践反思行动应用于社会工作的实践过程,实现理论和实践反思的对话,以便能够更好地平衡好社会工作价值投入和干预效力之间的紧张关系。库少雄的《社会工作理论的发展与应用》中,叙述了社会工作经历的几个阶段——单元决定论、多元决定论、心理—社会方法、环境中人向生态系统模式的发展,并对这几个阶段进行了逐一解述。在文章的最后,作者回归到了本文的中心——社会工作理论在日常生活与预防实务中的实践和应用。以上几位学者都从不同的方面探讨了社会工作理论在实际生活中的实践和应用。

从以上国内外关于"社会工作理论"的比较中,我们可以看出国外社会工作理论的研究及成果相对成熟，其理论意识是强烈的、明确的，其内容是丰富的、繁杂的，存在不同的取向与选择。国内社会工作理论与实践起步都很晚，正处于一个新的发展阶段。依据主流思潮，担当专业使命，紧跟环境需要，从外借到内生，重审社会聚焦，倡导优势为本，迈向理论整合，凸显政治性、实践性、批判性、反思性，促进社会公平和正义必将成为社会工作理论研究的趋势。

（二）承认思想的研究述评

国内对霍耐特进行系统研究评述的主要有王凤才、胡云峰、陈伟等几位学者。国内第一个关于霍耐特承认理论进行系统研究的是王凤才的《蔑视与反抗》。他从霍耐特承认理论与法兰克福学派关系入手，围绕承认理论和政治伦理转向切入霍耐特承认理论研究；在对其承认理论思想渊源进行系统梳理后，考察了承认理论及其多元正义构想的轨迹。围绕蔑视与反抗的主题和人际关系道德的重建目标，拓展并深化了法兰克福学派批判理论的研究视域，阐明了批判理论的政治伦理转向，并由此揭示了法兰克福学派批判理论的发展趋势。陈伟在《承认的类型学探析——对霍耐特承认理论的解读》中指出法兰克福学派的第三代核心人物霍耐特在早期黑格尔承认学说和米德社会心理学的基础上建立了自己完善的承认—蔑视理论。这一理论是对哈贝马斯交往行动理论更为经验化的补充。

（三）社会工作承认转向的研究

王思斌的《走向承认：中国专业社会工作的发展方向》运用承认理论分析中国社会工作的发展问题：应当秉持承认的主体性、主体间关系、承认的共同体的基本视角，分析社会工作群体和政府部门对社会工作的承认内容及形式，给出承认的基本框架。从形式的承认向实质性承认，是中国社会工作的基本发展方向，对社会工作的承认

反映了社会工作群体与政府部门的差异性及合作的承认关系。从
"责任共同体"、"功能共同体"的角度看待二者的承认关系,是承认理
论运用的一种尝试,故在促进中国社会工作发展的实践向度上,既
要重视在承认关系中处于优势地位的政府的责任,更要强调社会
工作群体的自我承认问题,而后者或许在对承认理论的使用上更
具有一些新意。最后,作者呼吁实现全社会对社会工作的"整体性
承认"。

杨君、徐国选两位学者在《社会工作、社会承认与生活世界的
重构》一文中,利用了阿克赛尔·霍耐特的承认理论对处在转型期
的中国社会的社会承认的本质以及与社会承认的三个维度——家
庭维度、国家维度、社会维度所对应的三种实践关系来进行探讨,
从而提供了一种崭新的理论视角。作者指出社会承认在生活世界
中的价值建构表现为爱、法权、团结三种承认形式,对应着自信、自
尊、自豪三种实践的自我关系。最后作者指出社会承认是生活世
界碎片化的新型理论视角,也是社会工作重构生活世界的重要理
论规范。当然,在实践当中,社会工作的承认必将是一个漫长的
过程。

华东政法大学张海利用承认理论对社会工作职业化的本质、发
展现状、策略和趋势进行了探讨:在承认理论视角下,社会工作的职
业化是在私人领域、社会领域、价值领域不断形成和获得自我承认与
他者承认的过程,这已经得到我国社会工作职业化发展实践经验的
证明。面向未来,强化社会对社会工作治理身份、治理能力、治理贡
献的承认,也成为我国社会工作职业化发展的核心策略。在我国社
会治理模式转型的推动下,我国社会工作职业化发展迅速,社会工作
的价值和作用得到了一定的承认。然而,在分析当前社会工作职业
化发展存在的问题时,承认不足仍是根本性原因。因此,以承认为视
角来检视和讨论我国社会工作的职业化发展就显得尤为必要。在霍

耐特承认理论的指导下,社会工作职业化发展具有重要的承认寓意,其承认结构包括职业身份承认、职业能力承认和职业贡献承认。承认结构整体呈现出互构性特征。鉴于目前我国社会工作职业化发展的承认现状,从身份、能力和贡献三个维度形成治理承认,将成为我国社会工作职业化发展的核心路径。社会工作理论的日益完善,实践模式的逐渐成熟,社工人员的日益增多,都推进了社会工作专业化、职业化的步伐,最终社会工作将走向整体性的承认。

本研究立足于社会工作理论与干预的发展,建构了为社会工作的承认所包含的思想与知识体系,从社会工作的承认给出了实践干预的模式、干预曲目、伦理操守与价值追求,并从社会工作本身的发展就是一个承认的过程,分析了社会工作获得承认的逻辑脉络,为社会工作提供承认的可循之证,然后从实践的角度回应当代社会问题,也恰是承认社会工作的应用价值。在理论方面为社会工作提供了承认的视角和范式,推进理论社会工作的本土化发展,在干预方面给出了实践的案例,丰富了社会工作实践的面向。

四、 研究基础

(一) 研究方法

本研究主要运用扎根理论研究方法进行理论模型的建构,在对中外相关承认思想和话语进的集中,发现中外在尊重、平等、认同、团结、共同体等方面比较相似,在接纳的使用方面存有差异,西方的接纳更加细腻,专门和接受做了对比,西方的"爱"的承认表述更多集中在友谊,中国相对繁杂,如:博爱、仁爱、兼爱等等,加之情爱等,所以在这里一并论述为"爱",更进一步可以表述为"关系",大道、秩序、和谐、天人合一等中国思想也被纳入到承认思想的范畴。

（二）理论基础

承认理论阐释承认的内涵、承认的理由、承认的形式、承认的目标等问题。其核心思想是：在爱的领域，以情感需要为维度，以需要为原则，以情感关怀为形式；在法权领域，以道德责任能力为维度，以平等为原则，以法律承认为形式；在成就领域，以能力与特质为维度，以贡献为原则，以社会尊重为形式，实现主体间的承认。这与社会工作的基本价值（社会公正、个人的尊严和价值、人类关系的重要性、自决权、诚信和能力）具有内在的契合性。

第一章

承认社会工作的理论建构

一、 承认社会工作的思想基础

　　"承认"作为一种概念形态首先出现在西方思想界,但"承认"的思想在中西方文化界是确乎存在的。即使在西方,"承认"作为一种明确的概念也是近代以来的事情,康德哲学思想中潜含的"承认"设想,在费希特那里得到了进一步的发展,青年时期的黑格尔在亚里士多德思想中汲取资源的同时发展了费希特的"承认"理论,在重新阐释霍布斯的斗争理论基础上,首倡"为承认而斗争"的理论观。霍耐特在米德社会心理学上对"为承认而斗争"给予了创造性阐释。马克思通过对社会关系、生产劳动、资本与共同体的分析使得"承认"思想在西方发展臻至高峰。

　　论及中国的承认思想,自古有之,只不过在不同的文化脉络之下,存在文字表述的差异,而深思其思想内核,中国文化的不同表达仍是我们学习、借鉴、创生当下的最为宝贵的资源和坚实土壤。格物、致知、诚意、正心、修身、齐家、治国、平天下是中国人的社会理想。自信、自尊、尊重、兼爱、仁爱,老吾老以及人之老,幼吾幼以及人之幼是中华文化的价值追求。仁的思想内核可以说最具体系化的承认思想,即或毛泽东的统一战线其实也是承认思想的一种表达,社会主义核心价值观更是其价值理念的深刻体现,和谐社会和命运共同体更是包含了承认思想的当代表达。

(一)承认社会工作思想的中国考据

"承认"思想在中国思想界的存在是以隐含的形态存在着,这可以从先秦时期追溯而来,从诸多词汇可窥一斑。"和谐",从祖先造字就可以看出人人有饭吃,个个都发言的承认态度和宗旨。"认同",我虽然不同意你说的每一个字,但我依然捍卫你说话的权利。"大同",天下大同的思想在历代农民战争的均贫富、等贵贱中最能略见一斑。"平等",王子犯法与庶民同罪,在挑战"刑不上大夫,礼不下庶人"的同时,开启了人人平等的先河。"包容",大肚能容天下难容之事,兼容并包,兼容并蓄,取百家之长。"团结",二人同心,其利断金,众人拾柴火焰高。我们从人文视角加以分析,会发现先秦诸子们通过对"天"与"人"的解读彰显了"承认"思想的多向度特征。我们就先秦时期儒、墨、道、法等诸家代表人物的思想解读来论证"承认"在中国的渊源发展。

1. 孔子思想中的"承认"思想探索

孔子真正意义上开创了儒家学说,同时也是中国人文主义先驱之一,这主要体现在孔子对"人"的重视层面,孔子真正把"人"视为人,而这主要是通过孔子思想中的主要概念"仁"加以展开。"仁"在《论语》中出现的频率远高于之前的文献,这也从一个侧面显现了"仁"在孔子思想中的地位。我们认为"仁"的主要内涵是人与人之间的关爱之情,但"仁"在孔子思想中有着多层次的内涵,在我们看来尤其是对人的肯定层面,凸显了"承认"思想在孔子思想中的落实与展现,主要体现在以下方面:

第一,孔子认为重视家庭内部的亲情是人与人之间得以和谐相处的根基。如《论语·学而第一》中孔子曰："孝悌也者,其为仁之本与?"在孔子看来,孝与悌是仁爱得以展开的基础,是为仁之本;"弟子入则孝,出则悌,谨而信,泛爱众而亲仁,行有余力,则以学文。"孝与悌是一个人讲诚信,爱其他人的前提,以及进一步修养成为君子的前提,这两则"仁",我们认为从家庭内部亲情层面显示了孔子"承认"思想的一个向度。

第二,在家庭内部的仁爱是向外扩充爱的基点,依此方能实现人与人之间和谐相处,同时也是对其他人的一个"承认"。如《论语·里仁第四》中孔子曰:"不仁者,不可以久处约,不可以长处乐。仁者安仁,知者利仁。""唯仁者能好人,能恶人。""苟志于仁矣,无恶也。""富与贵,是人之所欲也,不以其道得之,不处也。贫与贱,是人之所恶也,不以其道得之,不去也。君子去仁,恶乎成名? 君子无终食之间违仁,造次必于是,颠沛必于是。"在孔子看来,一个没有爱心的人是不可能友好地与别人相处的,一个不正视别人存在的人是不可能赢得别人的承认与信任。

第三,修养好自身是对人"承认"的一个重要的方面,但这在孔子看来是远远不够的,需要依此为原点不断向外扩张,方能真正实现"仁"的丰富性特征。《论语·八佾第三》中有"人而不仁,如礼何! 人而不仁,如乐何!"在这里孔子想要表达的意思是人作为一个存在不仅仅体现在家庭内部,走出家门,"仁"表现为在社会和国家层面对国家礼仪、法度的遵守,而不是违背礼制给社会造成混乱。当孔子看到季氏三家僭越礼制,孔子表现出了极大的愤慨,正是彰显了孔子对夏商周三代顺承下来礼制的"承认",也是对孔子本人损益之后礼制的认可。对于如何才能达到"仁",孔子通过与子张的对话彰显了出来,《论语·阳货第十七》曰:"恭宽信敏惠。恭则不侮,宽则得众,信则人任焉,敏则有功,惠则足以使人。"

第四,孔子认为"仁"在人身上的至高体现是能够达到从容的修身、齐家、治国、平天下。如《论语·阳货第十七》中孔子曰："回也其心三月不违仁,其余则日月至焉而已矣。""知者乐水,仁者乐山;知者动,仁者静;知者乐,仁者寿。"也如《论语·雍也第六》所云："何事于仁,必也圣乎! 尧舜其犹病诸! 夫仁者己欲立而立人,己欲达而达人。能近取譬,可谓仁之方也已。"《论语·子路第十三》中"居处恭,执事敬,与人忠,虽之夷狄,不可弃也。"在孔子看来,以个人之仁爱为基点的"亲亲之爱"是否能够得以落实与坚持,关键点在于能否在认可自身的基础上达到对其他个体及群体的肯定,才能进一步扩充到对国、天下的治理与关怀。正如《论语·颜渊第十二》所言:"克己复礼为仁。一日克己复礼,天下归仁焉。为仁由己,而由人乎哉?""出门如见大宾,使民如承大祭,己所不欲,勿施于人,在邦无怨,在家无怨。"由此来看,在"承认"自我的基础上时时刻刻不忘自身重任,则天下归"仁",人人守礼,和谐局面的出现指日可待。方能出现《论语·颜渊第十二》所描述的:"是闻也,非达也。夫达也者,质直而好义,察言而观色,虑以下人。在邦必达,在家必达。夫闻也者,色取仁而行违,居之不疑,在邦必闻,在家必闻"的局面出现。

我们通过以上四个方面展现了如何通过"仁"的概念彰显孔子的"承认"思想,但在孔子思想中其他概念也蕴含着孔子"承认"思想,但均依"仁"而展开。孔子之后,继承孔子的大儒者当以孟子与荀子为代表,孟子从"性善论"的维度发展了孔子的思想,而荀子则通过阐释人性恶的一面承接了孔子的思想。孟子通过挖掘人性中的可能存在的善念,对人走向善良提供了真诚的"承认",而荀子则通过诠释外界环境对人性变恶的影响给予了透彻的分析,比较孟子而言,荀子则是从相反的视角对人变善、走上美好的道路提供了另外一个视角,可谓殊途同归,同样也是对人性的"承认"。可见,孔子的"仁"是与爱结合在一起的,"仁"是从个人情感性出发的渐进式的爱。这说明在先秦儒家思想处,"承认"思想,尤其是对人的承认与高扬是客观存在的,需要我们进一步给予深入探究。总之，相对于西方的思想而言，仁爱是以人本主义为出发点的。作为人本的爱，自孔子之后儒学仁爱观念经过发展并最终形成一整套的完整价值体系，其内容涉及人文心理素质、道德伦理以及民族精神等诸多方面。

2. 老子对人的"承认"

随着一批批珍贵文物重见天日，为我们进一步明晰先秦道家的理论思想，这其中尤其是老子的思想提供了更为清晰的资料。通行本《老子》虽然只有五千字，但其中蕴含着对人的极大重视，如果说孔子从人文的视角实现了对人的"承认"与提升，老子则从自然的角度发现了人，在道、天、地中给人找寻到了一个极为重要的位置，最为突出的是《老子·第二十五章》："有物混成先天地生。寂兮寥兮独立不改，周行而不殆，可以为天下母。吾不知其名，强字之曰道。强为之名曰大。大曰逝，逝曰远，远曰反。故道大、天大、地大、人亦大。域中有大，而人居其一焉。人法地，地法天，天法道，道法自然。"我们就从以下几个方面给予分析。

第一，通过审视"我"来彰显对人的"承认"与重视，这在《老子》中多有体现。如《老子·第十七章》："太上，下知有之。其次，亲而誉之。其次，畏之。其次，侮之。信不足焉，有不信焉。悠兮其贵言，功成事遂，百姓皆谓我自然。"对于这里的"我"，史上注家多解释为"侯王"，但笔者认为这也可以解释为修养比较高的人或者能够自然而然生存于人世间得道的人。老子此番描述在于警告世人不要因为外在过多的诱惑而迷失自我，而关键在于把握自我的本真，活在真实的状态中，这何尝不是对自身的真正"承认"。如果说第十七章的"我"是中性意义上的"我"，那么在不少的章节中则更多是以褒义的面目出现，如《老子·第二十章》："我独泊兮其未兆，如婴儿之未孩；傫傫兮若无所归。众人皆有馀，而我独若遗。我愚人之心也哉！沌沌兮。俗人昭昭，我独昏昏；俗人察察，我独闷闷。众人皆有以，而我独顽且鄙。我独异于人，而贵食母。"这里通过对"婴儿"这一存在的肯定与"承认"来加以显现"人"。"婴儿"在老子思想中是一个无过多欲望与欲求的存在，"我"通过修养身心达到与"婴儿"相通的境界，以区别于俗人，在此处，老子对不同境界的人给予的"承认"与认可的程度有着区分。这在《老子》第四十二章、第五十三章、第五十七章、第六十七章、第七十章等有着明晰的描述。

第二，通过对"众人"的描述来彰显对相异修养境界不同的人的差异式"承认"。《老子·第八章》曰："上善若水。水善利万物而不争，处众人之所恶，故几于道。居善地，心善渊，与善仁，言善信，正善治，事善能，动善时。夫唯不争，故无尤。"这里的"众人"是老子所批判的对象，老子通过对水的比拟式论述，警示所谓的众人要向水学习，领悟水的德，笔者认为老子在这里是对众人既有"承认"又有批判；《老子·第六十四章》中"其安易持，其未兆易谋。其脆易泮，其微易散。为之于未有，治之于未乱。合抱之木生于毫末，九层之台起于累土，千里之行始于足下。为者败之，执者失之。是以圣人无为故无败，无执故无失。民之从事常于几成而败之。慎终如始，则无败事。是以圣人欲不欲，不贵难得之货。学不学，复众人之所过，以辅万物之自然而不敢为。"此章老子通过对圣人、民、众人等角色的对比，在"承认"民、众人价值基础上引导他们感知圣人的存在，而圣人对民、众人的影响则通过"无为""自然"等方式展开。

第三，"圣人"在老子思想中是人世间最高的价值存在，老子的"承认"思想在描述圣人时得以很好的体现。圣人在老子思想视域中不但是不同层次体道者所追求的至高理想境界，而且又是大道落实在人世间的呈现面向之一。那么，圣人与道在老子哲学视野中有着什么样的关联呢？对此，《老子·第二十二章》曰："是以圣人抱一，为天下式"，此彰显了圣人与道的关联，圣人深谙宇宙变化之道，意在引导世人勘破此种隐含的规律与准则，其实我们在理解老子所言的圣人时,应当注意到圣人的多重面向,也就是说圣人在不同情境中可呈现为不同面目。《老子》第二十三章明确阐述了圣人与道的关系,在老子看来,圣人所体现的人道是大道落实在每一个生命中真实的体现,而非世俗意义上的人道。可见,老子言圣人重在观人事,故《老子》其余三十一处谈圣人均围绕治世而展开,老子期望由圣人这一理想人格,通过"无为"等方式生发出对理想社会的向往。因此,圣人境界体现了道在域中所现的一切真、善、美(王敏光),可谓是对人作为一种自然存在最高级别的"承认"。

圣人作为老子哲学体系中的最高理想人格,其突出特征一是在于善体道、悟道,是大道在人世间的至高境界的体现;二是在特定语境中圣人与统治者合二为一,显示为圣王的倾向。在《老子》八十一章中有二十六章谈到圣人,多以积极形象出现,圣人的治世方略落实到现实层面,具体关怀方式是无为,如《老子·第二章》有"是以圣人处无为之事,行不言之教。"重在言圣人治国之关键在于依无为等方式行事。蒋锡昌先生认为,圣人一面养成自完,一面以自完模范感化人民,让人民自生自营,自作自息,此论阐述了针对不同层次的体道者,无为展现出的不同内涵,也展现了老子通过审视圣人在双重向度展示了对不同层次人的"承认"。老子在看待人的存在时,采取的态度是首先树立人在宇宙中的地位,然而老子承认并树立人的地位并非处处以人为中心,而是站在道的立场上,采取自然与无为方式视之,并在此基础上注重人与万物生命的自化。如《老子·第五章》有"天地不仁,以万物为刍狗;圣人不仁,以百姓为刍狗。"大道对万物无任何偏爱,万物依顺自然,依道而化,秉承大道的圣人在治理国家过程中,对待百姓亦复如是。

综上观之,老子对人的"承认"与诠释侧重于政治哲学视角,落实与展现的重点在于现实世界,即使如此,老子开辟的此一向度对道家后学产生了莫大影响,尤其是对庄子对人的进一步考察。我们通过从老子对人的分析,以及从其所蕴含的本质内涵上来看,他们在不同情境中虽名不同但蕴含的内在本质却相通,可谓是多位一体。老子所言的人以及对人的承认,向世人展现是一种价值体现。总之,老子的人论开辟了先秦道家极富特色的关于宇宙、治国、人生等方面的诸多理念,为人的生存与"承认"开创出了一个全新的视界。

　　3. 墨子的"承认"思想爬梳

　　在先秦时期,墨家以墨子为开拓者及代表,墨子的思想是基于不满意儒家的思想学说的理论,墨子对人也给予了充分的认可与"承认",并在"兼爱"基础上提出了一系列主张,在现在看来仍然具有较强的启发意义,我们就从《墨子》出发,勘察墨子的"承认"思想。

　　墨子对人的重新审视与"承认"是通过"兼爱"、"非攻"、"天志"等主张加以展开。墨子认为应当恰当处理好群体价值与个体价值之间的辩证关系,方能较好地实现对人的"承认"。墨子在《墨子·兼爱下》明确提出其学说目的是"务必求兴天下之利,除天下之害",但在笔者看来,要实现为天下万民兴利除弊这一高尚的宗旨,必须做到如墨子所言:"兼爱天下之博大也,譬之日月兼照天下之无有私也",这里彰显的也即是墨子的"兼爱",我们认为从墨子的思想逻辑出发,要实现对人与人之间的互爱,前提是对每一个个体都给予认可,这也是墨子"承认"思想的一个重要组成部分。

　　在墨子看来,所有人之间的互爱能够实现,则自然能收到互为有利的效果,而这种大利正是大义的较好体现,天下之利的实现与否还有一个关键的因素,就是统治者管理国家的效果如何,而此好坏的检验标准,我们从墨子思想处可知是要符合"义",即《墨子·天志中》中的"义者,善政也。"我们进一步从墨子思想中可见审核善政的标准,是墨子设立的"三表法",以"三表法"检验之,正如《墨子·非命上》言:"故使言有三法。三法者何也? 有本之者,有原之者,有用之者。于其本之也,考之天鬼之志,圣王之事。于其原之也,征以先王之书。

用之奈何？发而为刑。此言之三法也。"我们从墨子的对"三表法"的描述中,至少看到墨子通过"三表法"实现了对圣王之事的高度认可与"承认",即百姓获益,国家获利,从而实现对圣人、百姓、国家三个层面的有机统一,彰显出了墨子为个体、为群体、为天下的美好愿望。为了更好地凸显自身所树立的理想人格,墨子通过对夏禹这一理想人格形象的完美塑造,突出了夏禹这一个体在现实中的价值倾向。在墨子看来,圣王为天下应当如《庄子·天下篇》所言"日夜不休,以自苦为极",墨子对圣王这一个体极为严格的要求,其实是建立在对圣王赋予极高价值寄托之上的,而这种期许隐含着对圣王的高度认可之上,同时圣王承担着沟通群体与个体平衡的责任与义务。

　　总之,在墨子"承认"思想中,爱与利的结合使大家受益,在客观上有利于维护社会公平与正义。"兼相爱"与"交相利"结合,在兼爱中发扬崇高的牺牲精神,其大无畏的牺牲精神堪为我们学习。在此基础上,墨子"承认"思想从"兼爱"出发,逐步彰显了为群体、为天下奔走的价值追求。

　　4. 韩非子"承认"思想探究

　　先秦时期的法家是一个复杂的群体存在,他们之间缺少系统的脉络承继,我们择取法家代表人物、集大成者韩非子为例,从韩非子的思想出发,以韩非子对人性中自私自利向度的探讨为切入口,展现"承认"思想在韩非子整体思想中的呈现与落实。在韩非子看来,儒家所讲的亲情,墨家的"兼爱",老子的"无为"与"自然"均有失偏颇,没有看到人与人之间的实质所在。父子、夫妻、君主等之间的关涉无不是以利益为前提的,因此,在此基础上他提出了一系列法治主张来治世。

　　韩非子认为"法"是实现天下大治最为重要的基础与保证,在《韩非子·八经》中有:"设法度以齐民",韩非子认为对一般民众的制约不能采取儒、道、墨等诸家的做法来实现,韩非子强调必须用"法"来约制民众才能达到效果,极力主张把人的利益抑制在功利目的之下。在对"法"的承认基础之上,在韩非子看来,"法"只是一个必要的前提,这还不够,还不足以管理好国家,还须进一步树立君主的高度权威,也只有君主才能实现"法"、"术"、"势"高度融合,在有机统一基础上加以充分利用与展开,天下方能大治,对此,韩非子在《韩非子·主道》中有:"明君无为于上,君臣竦惧乎下。明君之道,使智者尽其虑,而君因以断事,故君不穷于智;贤者敕其材,君因而任之,故君不穷于能;有功则君有其贤,有过则臣任其罪,故君不穷于名。是故不贤而为贤者师,不智而为智者正。臣有其劳,君有其成功,此之谓贤主之经也。"在这里我们可以看到,韩非子把老子的"无为之治"思想在君主治理国家过程中给予了符合自身思想特色的解读。我们认为在韩非子"承认"思想中,君主是"法"的最大体现者,"君"、"法"、"术"、"势"四个方面密切结合在一起,才是韩非子思想视野中较为理想的治国模式。

依此,我们从韩非子思想整体来看,韩非子对君权的高度认可是为了最大化发挥"法"的作用,韩非子认为明君自身首先是守"法"的表率,但在现实中,统治者往往是"寡德多欲"的人,而我们从韩非子思想中又无法看到清晰的集体监督措施。因此,韩非子学说在落实过程中往往会出现理论与实践脱节的情形。

总之,身处战国末季,韩非子看到了其他各家在实践中的缺陷,提出了异于其他诸家的主张,韩非子想要建立一个高度统一的国家,使整个国家的人们有步调一致的价值取舍标准,在此背景下国家才能发挥更大的作用,各自的作用才能得以充分实现。

以上通过对孔子、老子、墨子、韩非子四位先秦诸子"承认"思想的简约梳理,可见"承认"作为一个专门的术语虽然不在我们文化视域中出现,但"承认"思想在中华传统文化中依然存在,只不过呈现的形式不一样,蕴含的内涵也同中有异。新时代中西文化交汇下,我们在清晰解读西方"承认"思想的同时,也应当挖掘我们自身的"承认"思想特色,为当下人的多向度合理发展找寻更为积极的建议与措施。

(二) 承认社会工作思想的西方流变

发端于康德对于人是目的的论述,经费希特不断洗炼而日渐清晰的承认思想,成熟于黑格尔为承认而斗争的命题,成名于霍耐特的承认理论。

20世纪90年代,查尔斯·泰勒、阿克塞尔·霍耐特和南希·弗雷泽等发起了"承认的政治"、"为承认而斗争"、"分配的正义——再分配还是承认"等哲学议题,使得承认研究成为前沿领域。这一看似学术走秀的承认理论其实有着悠久的思想传统。

柏拉图的 Thyoms 概念被认为是承认思想发展的一个起点①(德鲁里,2007)、马基雅维利的"对荣耀的渴望"、霍布斯的"骄傲或虚荣"、卢梭的"自尊"、汉密尔顿的"对生命的爱"、麦迪逊的"野心"、以及尼采的"红面野兽"等概念都表达了黑格尔的"承认"的意蕴。

康德提出"此在",即"人是什么"的问题,或者人的意义何在?人是为了什么? 费希特、黑格尔、马克思、科耶夫、霍耐特等一致认为:人的意义在于获得承认。"人的生存目的,就在于道德的日益自我完善,就在于把自己周围的一切弄得合乎感性,还在于把周围的一切弄得合乎道德,从而使人本身日益幸福。"②(梁志学,1990)人是目的也是手段,但归根到底是目的,这一原则只能在人与人的相互承认的关系中才能实现。这种承认关系在康德"人是目的"的哲学命题中实际蕴含了三种承认关系:人与物的应然的承认关系;人与人的工具性的承认关系;人与人的目的性承认关系。

---

① [加拿大]沙蒂亚·德鲁里著,赵琦译,《亚历山大·科耶夫:后现代政治的根源》,北京:新星出版社2007年版,第322—330页。

② 梁志学主编,《费希特选集》(第一卷),北京:商务印书馆1990年版,第197、216页。

亚里士多德在《尼各马可伦理学》中提出的"友爱论"被认为是西方承认理论在古希腊哲学中发展的重要标志。康德、费希特和黑格尔发展了各自的承认学说，进而形成了较为系统的古典承认理论，并成为现代承认理论的思想源头。

亚历山大·科耶夫的相互承认的法权理论、弗朗西斯·福山的历史终结论、查尔斯·泰勒的承认政治、尤尔根·哈贝马斯的交往理论和商谈伦理、路德维希·西普的实践哲学原则以及阿克塞尔·霍耐特的社会冲突的道德逻辑都是从黑格尔出发（即或有偏远乃至背离），在对黑格尔承认理论的扬弃基础上发展出的现代承认理论。

路德维希·西普从尊重、非歧视、宽容、团结、友谊五个环节构成承认的整体出发认为个体对自身完整性的诉求作为一种强意义上的理由，应当为任何文化组织接受，进而把承认分为个体之间的承认和个体与共同体之间的承认。其论述的五个环节与社会工作的价值联结比较一致，也是本研究中重点吸收的内容框架。

马克思超越了黑格尔的"承认"是一种精神性目标的倾向，而基于异化的人与关系认为"承认"本身也产生了异化，其对象不再是荣誉而是财富和财产权，进而从黑格尔的精神现象的主奴辩证走向拜物教的主奴关系。从生产劳动、货币、社会实践和革命实践的面向深入探讨承认。"自由人联合体"是人类解放的愿景的本质维度，由是演化出生产劳动与阶级斗争是承认问题解决的关键，由是在伦理生活体系、道德体系、法权体系、阶层体系和文化体系内无不渗透作为工具与目的双重统一的承认思想。

1. 承认理论的生发

（1）康德哲学中的承认构想

现代承认理论直接受惠于黑格尔，霍耐特自然也不例外，现代承认理论家诸如查尔斯·泰勒、阿克塞尔·霍耐特、亚历山大·科耶夫等往往站在黑格尔的立场上对康德进行批判。但承认理论的构想实

际上已从康德的实践哲学中得到生发,黑格尔虽看似是立场鲜明的
康德批判者,实则仍是康德的继承者。张雪魁认为,在康德哲学中隐
含着三种承认构想,第一种承认构想存在于康德实践哲学中的"人是
目的"命题中——"在整个创造中,人所想要并能够有所支配的一切
都可以仅仅作为手段来使用,惟有人亦即每一个理性造物是目的自
身。"①"人是目的"的命题实际上可以理解为"互主体性关系",这目的
只有在社会网络中才能实现,而实践哲学的秘密就在于人与人之间
的相互承认关系。虽然康德没有明确指出这一点,但费希特的知识
学和青年黑格尔的社会哲学构想就足以将康德传统纳入承认理论视
阈。康德的"人是目的"的命题实际上蕴含着人与物的承认关系、人
与人的工具性的承认问题、人与人的目的性的承认关系。而青年黑
格尔与马克思对"市民社会"本质的揭示实际上都是站在第二种承认
关系——工具性的需要体系或生产关系上的。康德的第二种承认构
想通过《世界公民观点之下的普遍历史观念》中的"非社会性的社会
性"得到了体现,他认为人类具有将自己孤立化和社会化的两种倾
向。在孤立化的倾向中存在一种对抗性的阻力,康德认为建立普遍
法治的公民社会的关键就在于人类需要从对抗性状态转变到非对抗
性状态,从单独的个体走向联合的社会。但对抗性不一定就是社会
的阻碍,从另一个视角出发,个体之间的对抗性对社会发展起到了助
推作用,康德以"非社会性的社会性"描述了青年黑格尔的"为承认而
斗争"模式。而第三种承认构想孕育于自然因果性和自由因果性两
种因果性概念之中。俞吾金认为自由因果性这一概念本身就意味着
对互为主体性的关照,这一概念在暗示着自由在于人与人之间的关
系。这一关系同样蕴含于康德哲学的哥白尼革命之中,知性为自然

---

① [德]康德著,李秋零译,《康德三大批判合集(注释版)》,北京:中国人民大学出版社
2016年版,第602页。

立法体现了具有消极外在限制的自然因果性；理性为自然立法则体现了具有积极内在限制的自由因果性。与必然且自然的理论理性相对，实践理性是自由和道德的领域，在实践理性中，自由和道德是互为条件的，人能够摆脱"他律"走向"自律"，人从配享到获得自由这一过程就体现了主体间的承认关系。就将道德伦理与互主体关系联系起来考察而言，黑格尔、费希特、马克思、哈贝马斯、霍耐特都自觉或不自觉地做了康德的继承人。

（2）古典承认理论传统的承袭

康德作为德国古典哲学之王，他为自然立法的壮举令人敬拜，但他使本体自我与现象自我割裂的理论困境也引得一众后辈深思。如何使康德的先验自我得到统一？这是德国古典哲学亟待解决的问题。费希特针对实践哲学领域中道德与伦理的关系问题、道德与政治的关系问题提出承认理论的进一步构想。这构想经由他为克服康德先验自我的内部分裂而设计的知识学的三个原理而得到建立。费希特用"自我设定自身、自我设定非我、自我设定自我与非我"三个知识学原理对康德的先验自我进行了改造。此后，在《自然法权基础》中提出"法权概念的主体间演绎"着力解决道德与伦理的关系问题；在《伦理学体系》中提出"自我概念的主体间演绎"着力解决道德与政治的关系问题。虽然费希特为主体间演绎和承认关系的考察引入人类社会这一现实领域，但他对主体间承认条件的社会结构分析存在着市民社会的决定作用与现代政治经济学和伦理学之间密切关系的认识缺位。这些费希特尚未意识到的社会历史条件，在青年黑格尔和马克思那里拓展开来。

众所周知，黑格尔痛斥康德的形式伦理，他认为所谓自律的"善良意志"空无一物，没有外在规定性对道德法则进行规制，这"道德"就是空洞虚假的。康德后期虽然致力于"道德政治"的重建，但囿于他知识体系的先验性，他的先验自由与现实的法权是相互外在的，由此道德问题和政治问题在他那里存在关联性缺位。黑格尔的实践哲学以建立绝对的伦理总体为目的,他将政治经济学也纳入了研究体系,并使其发挥了奠基作用,马克思哲学的诸多概念都可诉诸于黑格尔。

2. 早期黑格尔的承认理论及其发展

(1) 黑格尔社会哲学的冲突逻辑

霍耐特在勾勒早期黑格尔的学说之前,首先陈述了以马基雅维利的政治学说为先声的现代政治哲学的基础。马基雅维利的学说建立在主体在一种永恒对立的利益冲突的状态中,这造成了古典政治哲学与近代政治哲学的分野。亚里士多德认为"人生来是政治动物",城邦之外,非兽即神。后亚里士多德的政治学说也延续了这一自然主义式的直觉。马基雅维利"自我持存的斗争"的学说一经发表,就与传统的哲学人类学完全断裂了。一百多年后的霍布斯也把"为自我持存而斗争"当成理论分析的关键,并以一种虚构的"一切人对一切人的战争"的人际状态为他的主权国家学说奠定了基础。青年黑格尔在受到表现主义一体化哲学的影响下对自律主义——康德道德哲学的原子论前提产生质疑,并且为了反对现代社会哲学建立在原子论基础上的契约论把国家还原成目的理性的权力运用,重新阐释了霍布斯的斗争模式。

青年黑格尔以亚里士多德的政治学说为参照系,假设了一种永远呈现着主体间共存的基本要素的处境。那么问题就在于,如何从自然伦理过渡到绝对伦理? 如何克服人的本性创造出一种集体社会生活的有序关系? 黑格尔为解决这一问题,将人类精神历史构想为一种冲突过程,社会伦理关系只能渐进地摆脱片面性和特殊性从而进入普遍有效性的领域。黑格尔为了描述伦理关系的内在结构,开始从正面处理费希特的"承认"理论,在剔除费希特"承认"理论的先验含义后,将它运用于社会生活的互动关系,把不同的交往模式描述为不同的伦理形式,他认为在这些主体间性的实践形式中包含了承认的过程。

在黑格尔看来,承认运动保证了对立主体互相依赖的一致性和必不可少的相关性。"他们自己和彼此间都通过生死的斗争来证明它们自己的存在。"[①]于是,黑格尔在承认逻辑中发现了一种具有建构意义的内在动力:主体间伦理关系基础的形成有赖于和解与冲突的交替运行,他以这种张力完善了依赖于人本性的猜想的亚里士多德的伦理生活方式概念,从自然概念走向了社会概念。

在这样的背景下,黑格尔重新阐释了霍布斯模式,将主体间的实践冲突理解为伦理事件,使他的社会理论涵盖了道德张力领域和通过冲突平息道德紧张的社会媒介。黑格尔在论证过程中将社会互动关系划分到三个领域中:家庭、社会、国家。以情感作为纽带的家庭属于原始社会关系,家庭教育发展了儿女的"个体性"使他们独立出来,从而过渡到了以法律保障承认的社会组织阶段,在此主体只拥有否定性的消极自由。黑格尔将社会生活中的冲突解释为自然伦理向绝对伦理的过渡阶段,将霍布斯的斗争模式化为"犯罪"的表现。霍耐特认为黑格尔将犯罪追溯到了承认的不完全形式。在犯罪过程中,受侵害的主体与侵害者进行斗争,双方都要证明他们人格的完整性。通过这种斗争对合法承认形式的破坏,使得每一主体做好了互相承认的准备,他们对共同体的依赖形成的共识发展为社会成员之间质的承认关系的阶段,而不仅仅是在第二阶段中个体在法律否定性的背景中呈现的形式化的总和。霍耐特认为在此必须要为在法律关系下分离的个体在共同体中提供交往基础,但遗憾的是,黑格尔并未沿着这条路线展开论证。霍耐特同样指出黑格尔在这一社会承认

[①]〔德〕黑格尔著,贺贺麟译,《精神现象学》(上卷),北京:商务图书馆 1981 年版,第 124 页。

不同阶段的理论中,并未对不同阶段中的个人概念做出明确区分。在黑格尔成熟时期的意识哲学中,黑格尔将承认理论整合进精神发展的不同阶段,从而解决了这一问题。但由于"承认"已经成为精神发展的认知步骤,个人概念的区分问题就以牺牲强有力的主体间性关系为代价,实现了意识哲学的转向。同时,在社会生活中主体间的冲突也只剩下一种作为社会普遍化向共同体整合的媒介的功能。

在意识到黑格尔后期为他的哲学体系付出的重大代价后,也就不难理解为何霍耐特会选择米德的社会心理学说对黑格尔的承认理论进行重构。米德在后形而上学框架中非思辨地重构青年黑格尔的主体间性理论的意图正与霍耐特相符,并且米德与耶拿时期的黑格尔具有不可抹煞的亲缘关系,他们都具备自我同一性的社会发生学观念,并且在政治哲学上同样批评原子主义。

(2)黑格尔冲突逻辑的动力:社会心理学基础

米德利用社会心理学通过"主我"与"客我"的区分对人类主体性作出系统的解释,他认为所谓的自我认识即"客我"依赖于互动伙伴的反馈,"主我"则代表了自我未受制约的现实行为的原动力。在米德那里,认同观念主要关涉认识的自我关系的发展,而黑格尔的兴趣则明显偏向于实践的自我关系的主体间性条件。但霍耐特认为米德的理论包含着把黑格尔承认理论的内核进行自然主义转换的工具,因为米德的思想发生了从自我意识问题到主体的道德—实践同一性之形成的转向。

米德认为只要将道德规范整合到互动交往关系的规则当中,社会心理学就发展到了新维度。我们知道,米德以"客我"指称认识形象,他认为只有主体转向"客我",并且不再以认识的自我形象而要以实践的自我形象作为目标,才能体现解决主体间冲突的道德机制。为了解释这一观念,米德通过分析儿童游戏的两个阶段,从"角色游戏"到"竞赛游戏"来说明个人事件的自我形象在互动场域中的扩展,从而将"客我"普遍化的过程。首先是"角色游戏"，米德认为儿童通过角色扮演从互动伙伴那里体认到个体的角色形象，并向互动伙伴表现出他特殊的行为期待。在第二个阶段"竞赛游戏"中，儿童行为的普遍性必须予以拓展，在这个阶段，他面对的是群体的社会普遍化行为模型。从"角色游戏"到"竞赛游戏"，儿童的自我实践形象走向成熟。米德从儿童游戏行为变化的具体事例中提取了"泛化的他者"这一解释范畴，只有通过学习"泛化的他者"的社会行为规范，一个人才能被共同体接受。"承认"概念与主体间性关系的意义在此与黑格尔在社会阶段上的划分是接近的，从"泛化的他者"角度来认识自我的个人相当于法人。但仅仅依靠"泛化的他者"的内在视角是不够的，在道德认同形成过程中，内在化的集体意志与个体化诉求之间的张力必然导致主体与社会之间的道德冲突——这也为新的承认形式提供了斗争动力，米德以这种发展构想给黑格尔"为承认而斗争"模式提供了社会心理学基础。

米德以后形而上学的回答实现了黑格尔伦理问题的唯物转向。但米德的"为承认斗争"着眼于为共同体扩大而进行集体努力的社会实践，这导致他的理论和黑格尔一样，仅仅具有有限的适用性。并且他和黑格尔面临同样的难题：主体如何获得普遍的承认或者说社会的尊重？米德试图将共同体的伦理目标等同于功能主义劳动分工的客观要求，将社会贡献与社会承认联系起来，但这与解决"泛化的他者"的伦理信念问题大相径庭。与米德相较，黑格尔的团结关系概念更为粗略，他的伦理构想完全是形式主义的——缺乏共同的伦理目标与价值取向，他的伦理构想还需要再现实化。

3. 批判传统的理论转向

（1）早期批判理论的局限：社会性缺位

霍耐特赞同哈贝马斯对早期批判理论的代表人物如霍克海默、阿多诺、马尔库塞的评论，他们的思维方式植根于意识哲学传统。在坚持马克思主义传统的历史哲学的信念上，以自然支配批判为研究方法，探讨的是人征服自然的文明史而非人际关系的文明史，是以无怪乎霍克海默和阿多诺认为"人们试图利用工具支配自然的野蛮态度是文明危机的总根源"[①]，他们始终在马克思功能主义的圈子里打转。即便边缘人物弗洛姆提出具有文化主义倾向的社会化理论，W.本雅明的交往理论洞见具有优先地位的体验的文化社会学都超越了功能主义的视阈，但他们受制于核心成员的历史哲学模型，并没有对批判理论的进一步发展产生真正影响。自然支配批判的理念贯穿了早期批判理论的发展史，固有的局限性使批判理论的代表人物未逃脱来自传统理解的马克思功能主义还原论的陷阱，这导致批判理论一直面临着社会性缺位的困境。

（2）批判理论的转向：霍耐特的突破

早期批判理论囿于马克思主义传统的功能主义还原论的困境，在福柯与哈贝马斯那里得到了克服。福柯早期的理论从知识型历史话语分析出发，提出必须使人们对自身文化有一种陌生者的感受能力，这要求一种"外部思考"，使主体消失的视角。为什么福柯会提出这样的转变？这是由于福柯从知识史的角度看到以主体科学知识为取向造成的文明灾难。对人精神痛苦的关切贯穿了福柯的理论发展史，从知识型历史话语分析转向社会微观权力分析，他对早期的分析模型进行了修正，"社会被理解为通过权力与情感渴望而给出的系统。"[②]但很快，福柯以"权力理论转向"淹没了这种二元构想。在这个理论中，福柯将社会权力的形成追溯到社会生活中无处不在的冲突，主体间不可终结的矛盾。霍耐特指出，福柯必须对社会支配秩序在行为者之间不断策略冲突中是如何形成的做出解答，而这恰恰是福

---

① 王凤才，《承认·正义·伦理》，上海：上海人民出版社 2017 年版，第 53 页。
② 同上书，第 69 页。

柯所欠缺的。但正如王凤才所说:"福柯以权力分析为基础的社会理论是对早期批判理论困境的系统理论解决"①,他的重要性是不可否认的。

　　毋庸讳言,霍耐特认为福柯粗糙的权力理论构想并未对社会整合形式提供合宜的概念工具。但这在哈贝马斯那里得到了发展,在哈贝马斯的"交往理论转向"中,社会性已经得到足够的重视和较为完善的阐发。哈贝马斯在《交往行为理论》中批评霍克海默、阿多诺的工具理性合理化过于片面,并且指出虽然霍克海默和阿多诺在后期也致力于走出主体性困境,但由于他们的理论基础过于功能化,是以不能实现由主体性到主体间性的转化,没有逃脱主体性的桎梏。②在阐述自韦伯开始的合理化理论史的过程中,哈贝马斯将劳动与互动、工具行为与交往行为对立起来。"劳动"是以达成目的为基准的目的合理性行为,"互动"则是以可理解的符号为媒介的必须遵守规范进行的交往行为,在"互动"中隐含着互动主体双方的理解和认同。这就导致了以目的合理性行为亚系统和生活世界的对立,这样的对立表明哈贝马斯接受了韦伯的社会现代化就是社会合理化的观念。但在霍耐特看来,这两种合理化过程之间并未形成逻辑上的联系——社会发展只能用社会冲突动力学来解释。并且哈贝马斯受到英美分析哲学的影响,过于注重"普遍语用学"的构建能力,使他的交往范式走向了语言哲学而非以承认为条件的社会哲学。于是哈贝马斯和他的前贤一样,都忽略了主体的道德体验,而霍耐特恰恰是将社会发展的动力诉诸于由道德体验产生的蔑视与反抗。哈贝马斯的商谈伦理学虽具有康德式实践哲学的理论困境,商谈伦理学具有的形式主义和普遍主义的特征,使其面临着道德与伦理二元化的难题,但

---

① 王凤才,《承认·正义·伦理》,上海:上海人民出版社2017年版,第74页。
② 〔德〕哈贝马斯著,曹卫东译,《交往行为理论》,上海:上海人民出版社2004年版,第373—374页。

他为霍耐特在社会领域开启了交往范式的新视角——其中包含着对行为实践结构进行合理阐释的构想雏形。由是,霍耐特的承认理论出现是必然的,他将社会承认期待附属于交往行为结构从而提出三种承认形式,用自然主义的人类学构想代替"普遍语用学"以解释交往的规范前提。这不仅是对于哈贝马斯的承袭,也是批判理论的重要突破。

4. 霍耐特的理论贡献

(1) 三种主体间承认形式

第一种主体间承认形式是作为情感纽带的爱,霍耐特强调爱不仅只含有男女性别的关系,还可以理解为友谊关系、父母子女关系,在少数人之间产生的情感纽带。在爱的关系中,两个主体都认识到他们相互依赖,双方的情感需要和个体认同将他们拴在一起。按照黑格尔的命题,爱必须被理解为"在他者中的自我存在"。爱代表着相互个体化所打破的共生状态,那么,在爱的行为中,彼此承认的显然是他者的个体依赖性。[①] 同时,在爱的关系中的主体感觉到被需求和认同的自信。但爱毕竟只能涵盖很小的范围,爱的关系不能超越基本的社会关系,要进入更广泛的领域,便需要进入法律关系领域。

第二种主体间承认形式是法律关系,在这种关系中个体会感到"自重"。只有我们认识到必须为他人承担规范义务时,才能把自己理解为权利的承担者。恰如米德在竞赛中作出的总结那样,我们必须把自己理解为"泛化的他者"。但霍耐特认为必须回答两个问题:一是获得法律承认的关系结构是什么? 二是在现代法权关系条件下,主体之间承认对方的道德责任意味着什么? 关于第一个问题,霍耐特认为在现代法权原则上,个体法权已经赋予每个人平等自由的

---

① [德]阿克塞尔·霍耐特著,胡继华译,《为承认而斗争》,上海:上海人民出版社 2005 年版,第 22 页。

权利,在现代普遍主义的法权关系下,法权的普遍有效性总是被质疑,在不同个体与共同体之间,须将"为承认而斗争"提上日程。对于第二个问题,霍耐特强调了它的重要性。霍耐特认为在"为承认而斗争"推动下,参与意志形成的新前提必须加入考虑。同时,在法权关系中,主体承认法权人格导向得到了尊重。

第三种主体间承认形式是社会尊重或"团结",在这种关系中,个体感到自豪。"团结"并非是指普通意义上的群体的形式整合,而是指在一个共同体当中以彼此对等重视为必要条件。由于对等重视,主体有机会自我实现。那么如何解决社会价值秩序的参照问题? 在现代化法权的背景中,个体所获得的尊重在多元价值取向中得到公约,实践自我关系发生了变化。

(2) 个体认同的三种蔑视形式

第一种个体认同所遭遇的蔑视形式就是"强暴",它使人身的完整性受到了损害,并且否定了人自由支配其身体的权利。"强暴"被视为最基本的蔑视形式在于它违背个体意志而剥夺了他人的人身自由,给个体造成无能为力的羞耻感。人自由支配其身体的权利本应得到外部世界的尊重,但"强暴"打破了这种尊重。肉身和灵魂的统一被外部摧毁,从而作为实践自我关系基本形式的自信就被摧毁了。

第二种蔑视形式是"剥夺权利"。个体的有效权利被社会排斥和拒绝,这种蔑视形式剥夺了在社会互动过程中获得的认知性尊重和道德责任能力。

第三种蔑视形式是"侮辱",它通过人格侮辱和心灵伤害否定个体的社会价值。本应让主体自我实现的荣誉感和自豪离他而去,使主体丧失了社会对个体自我实现方式的认同。但这种情况只有在社会尊重形式历史的个体化,社会尊重不涉及群体性质而指向个体能力时才会发生。

(3) 冲突逻辑的现实化

黑格尔也曾将犯罪动机追溯至社会蔑视体验,但他并未对社会蔑视形式进行系统性的探究,是故不曾论及蔑视与反抗的关系。在霍耐特那里,蔑视就是"承认"的否定与剥夺,是拒绝承认。在其含义中包含着对主体不同程度的心理伤害——依照蔑视具体形式对个体实践自我关系的伤害程度而定。就此而言,霍耐特回答了黑格尔和米德未曾言明的问题:"为承认而斗争"命题是如何具有现实性的?霍耐特认为,根据人的身体衰败状况能够象征性地描述蔑视体验对主体造成的后果。通过将三种蔑视形式与三种承认形式相对应,霍耐特为冲突逻辑的现实化提供契机。主体在强暴、剥夺权利和侮辱等不公正体验中的社会羞耻感可能会在社会运动中得到爆发。社会不公正体验被理解为承认形式的连续拒绝——蔑视,由此成为社会运动的道德动机。霍耐特这种转化将黑格尔与米德的基本观点转化成了具有现实性的社会理论。

由此观之,承认理论的思想在中国与西方都有着悠久的传统和深厚的基础,其内在的思想与价值与社会工作的基本价值具有内在的契合性。

二、承认社会工作的知识基础

(一) 如何认识承认社会工作

什么是承认? 动词的承认是包含了承认的主体与客体,也是主体间关系,名词的承认是目的也是方法,既是以实现承认为目标追求,同时也以承认作为实现承认的工具手段。保罗·利科给与承认以较为详尽的语词释义:将某人的观念或关于我们认识的某物的观念置于我们的心中;我认出了特征;根据人们的声音、人们的举动而辨认出这些人；据某种符号、某种标记、某种指示认出人们从未见过的人或物；我们借以认出某人或某物的标记的观念，在我们的后续工作中将占据重要地位；能够认识、能够领会、能够发现某物的真实性；通过真实的观念，价值的一面默默地凸显出来，它以后将被作为主题；至于真实，它可以是事实或规范；这不再是无关紧要的；带有否定的承认有时意味着不再关注，不再倾听；承认、接受真实的、无可争辩的东西；承认就是结束对真实的犹豫，但也提及它；并暗示服从一个人的权威；超越了"信仰的表白"，达到供认的主题："承认、坦白"；作为感谢的承认。

在中国虽然自古就有着承认的思想，但承认理论毕竟是西方的理论，我们在审视外来理论如何才能很好地移植在中国的实践当中时也是疑问颇多，须知今天的中国现实是全世界都没有，历史上也没有经历过的复杂实践，没有任何一种理论可以很好的来剪套中国。所以笔者也是尽可能融合传统的文化内核特别是面对时代的挑战和问题，这既是实践的需要也是理论发展的需要，当然也是中国文化与精神的需要。

我们界定的承认社会工作，是以承认为社会工作的核心价值理念，承认人的完整性、政治面前的权利平等、经济酬劳的分配正义、社会价值的多元，按照认同、自我承认、相互承认的工作脉络，促进人的价值的全面实现和社会的和谐发展。以尊重、追求和实现人的完整性为核心理念，以实现对相关方的"承认"。

承认社会工作偏向为社会工作的理论，是一种整合的理论取向，如果拓展进社会工作的理论范畴，它的工作流程、方法与技巧也是基于整合理论视角下的方法的整合。当然，承认社会工作也是社会工作的理论，能够为社会工作的实务干预提供实践的框架、操作的流程与要素。它的假设是问题源于主体的人没有获得应有的承认，干预工作指向实现承认。

承认社会工作的工作流程包含自我认同、自我承认、相互承认等三个环节,并融合在社会工作的通用过程模式中。承认社会工作的方法技巧整合了社会工作的核心技术,特别强调以自信、自尊、自爱、自重的寻找、建立和巩固为基础,融合优势视角,关注情境互动,以能力建设、功能恢复为突破,以仁爱、团结、包容、保障为节点,关注政治、经济、文化、社会及生态的实践指向。

概括来讲,承认社会工作是以承认为价值追求、伦理守则和操作框架,以"爱、法律、团结"为工具,以"责任分担社会工作""理性交往社会工作""认同社会工作"为工作模式,以增进归属、团结与和谐为目标,消退蔑视和对抗,实现主体间的承认,促进社会正义、公平与进步,提升个人的生活质量和社会质量的社会工作理论视角和干预模式。承认社会工作是为社会工作的承认也是承认的社会工作,包含有为社会工作的承认的理念和伦理价值,也包含为实现承认的社会工作的实务过程。前者是为社会工作的理论或认识论,后者是社会工作的操作,侧重方法论。以"和"为价值依归,以"和而不同"为保障,以尊重、追求、实现人的完整性为工作旨归。

情感领域的"承认",以需要为原则,以爱和友谊为内容,以自信为价值指向,以自爱、爱人、互爱为方法,不断提升道德情感的认知及情感行动力。法权领域的"承认",以平等为原则,以公平、正义为内容,以自尊为价值指向,以政策倡导和法制建设为方法,不断提升法制水平,达成共治。共同体领域的"承认",以团结为原则,以贡献、劳动为内容,以自豪为价值指向,以能力训练、公平分配和责任分担为方法,达成共建良好社会秩序。文化领域的"承认",以交往为原则,以多元、共融为内容,以自觉为价值指向,以核心价值的凝练、教育为方法,走向包容和谐的文化环境。

承认社会工作的"承认"存在关系的互主体性、关系发展的构成性、构成要素的不平衡性等特质。互主体性,指承认发生的主体间关

系是一种互为主体的关系,和则两利,斗则两伤,还有可能发生位置
置换。承认社会工作就是要实现主体关系的良性互动,减少蔑视体
验的发生,降低走向斗争的可能。构成性更多体现在要素多元、流
变、共生、互变。构成要素非单一性,而是存在的相关多元要素的有
机组合,且随时代主题、主要矛盾、需求和任务的变化发生转换。儿
童时期以亲情、游戏玩耍为最大需求和兴趣,也以此类的满足为最大
的承认诉求,对友情、爱情、荣誉、健康、财富等的关注相对弱化,但等
到成年的时间就会发生较大改变,青年重爱情,中年重晋升,老年重
健康,各视此等关注为最大承认。国家与社会在亡国灭种时期对民
族精神的最大褒扬是以救亡图存为最大追求和承认,视个体生死、荣
辱为小事,和平发展时期对个体价值的关注则明显提升。承认社会
工作要与时空俱进,因地制宜,因人而异,因势利导,构建良性的承认
关系。不平衡性,指承认的互构要素存在差别权力,更多是强者的主
动,弱者的跟随,跟随不上的则反抗或不合作。承认关系乃至更多关
系的平等性通常是一种理想状态,实际更多的是统领与服从,主导与
被动,压迫与反抗。承认社会工作要敢于面对不平等、非正义的不平
衡关系,以团结与和谐凝聚共识,减少对抗与冲突,实现合力最大化
的发展。

　　保罗·利科列举了近 20 种关于"承认"的概念界定,笔者觉得还
是"主体间的相互认同"更能表达本书的主旨,而这样一个意思的表
达还应满足"认同、自我承认、承认他者、相互承认"这样一个逻辑脉
络或承认实现的过程。其实这里还是要区别认同和承认的,这一点
我们稍后会有进一步的解释。而这样一个脉络也是笔者论述承认社
会工作实现承认的逻辑参照。

　　保罗·利科关于"作为认同的承认"提出了"区别真假、时间条件
下的连接、表象的没落和防止难以辨认的承认"四个维度或者是逻辑
的论述,我们结合社会工作这一主体对象的理解是"作为认同的承认

社会工作"如何在今天的时空之下区别于其他专业标示自己的独特价值,特别是作为舶来品的社会工作如何在中国的文化语境和社会脉络之下发展出自己的本土特质,区别于国外的社会工作。当然这一点更多是对社会工作本质的界定和厘清,关于何为真假的社会工作,如何在今天的时空之下建构本土社会工作的价值体系,透过表象,标识自我的与众不同。按照佩恩关于社会工作本质的三分法,我们认为个人与社会,治疗与发展,治理与改良三个脉络可以作为社会工作本质话语的思考路径。"利他使群"是关于人的价值取向,而治疗与发展是技术手段,和谐共生是关于社会的价值取向,而治理与改良是技术手段。而给予我们这一理解的影响或启发更多是来自格林伍德关于专业权威的五个要件进行说明。也许这也是社会工作自问"我是谁"的认同起点。也就是说"认同"更多倾向于"社会工作是什么"的讨论。这里比较耐人寻味的依然是作为物的社会工作是由作为人的社会工作相关主体打造的,那么关于谁是真的社会工作,谁是假的社会工作是需要不断发问、自问,不断澄清的问题。这本身也是对社会工作的承认的贡献,当然这也是对害群之马的谨防。一是不能打着社会工作的旗子而做着与之相悖的事情,二是不能混淆视听,错乱了社会工作的本质。基于当下关于社会工作的本质并不是能让所有理论研究者和实务从业者满意的情况,虽然已经有了助人活动、专业活动、福利活动、政治实践、道德实践等诸多论述,当然我们认为也许永远是众口难调,找不到终极的本质,也许正如阮太所言:如果是在变动不拘的情景中来界定,那么恒定的答案自是难以找见。2014年世界社工联合大会于7月6日至7日在澳大利亚墨尔本召开,对社会工作进行了重新定义:社会工作是以实践为基础的职业,是促进社会改变和发展、提高社会凝聚力、赋权并解放人类的一门学科。社会工作的核心准则是追求社会正义、人权、集体责任和尊重多样性。基于社会工作、社会学、人类学和本土化知识的理论基础,社会工作使人们致力于解决生活的挑战，提升生活的幸福感。

我们链接利科关于自我承认与社会工作的关系，认为这里的自我承认就是社会工作的"记忆和承诺、能力和实践"，如果理解起来有点费力的话，我们觉得对于尝试用社会工作的历史和发展、对于服务对象和社会问题的回应、承诺及贡献比较清晰。自我承认的社会工作更多论述我做了什么的问题，也就是在认同的价值内化之后的实践。记忆更多是社会工作从自发的爱的行动到专业化的实践的发展脉络（可以相对详细的表达脉络）。

关于承认他者，保罗·利科没有专门论及，而这一点在康德和费希特关于承认思想的论述中是把它作为获得承认的自含条件或获取他者承认的前提条件来看待的。我们之所以再单独表述，是因为他和社会工作的自身价值，如尊重和接纳有着天然的连接，当然也正因为如此，也就没有就此长篇说明，相信社会工作同仁是可以清晰地理解这个表述以及我们的选择的。仍需一提的是防止专业霸权，为的是从众多他者中汲取营养壮大自身，兼容并蓄中成就自身。当然关及服务对象时的价值坚持相对比较清晰。

保罗·利科关于相互承认的论述，笔者理解就是关于为承认而斗争的分层次表述，我们结合社会工作则是从专业如何与其他专业特别是竞争性专业的交往借鉴、包容成长中实现承认，而这一点恰也是当下的一大挑战：专业化服务的提供，职业化的美誉。

其次，我们论述的"承认社会工作"（划分标准参照）是"为社会工作的理论"的建构尝试，以期为社会工作提供更为扎实的理论基础和更为广阔的开展工作的视野，至于能否走到"社会工作的理论"的应用层面还是需要社会工作同仁贡献智慧。那么，我们在此处论及承认社会工作的哲学基础和伦理守则，进而展开到它的实现脉络和内容面向，甚至进一步循证实践的操作案例，而对于实践中的操作技巧只作简述，也为抛砖引玉。

（二）承认社会工作如何实现

承认社会工作为实现服务对象的承认,首先引导其从个体承认出发,关注人的自我实现和价值,即通过个体情感、能力和认知的不断提升,了解自己的承认现状、存在的改进空间及方法与可能,并能够接受这一现实状态。同时以承认他者为桥梁,通过对他者的非歧视性的接纳、包容、尊重、团结和共同体关系以及认同实现对他者的承认,而这也是自己获得他者承认的条件,从而也为相互承认铺平了道路,具有主体间性的承认得以实现。在个体和谐、内部和谐的同时,促进了人与人之间的团结和包容,并主动消解了彼此之间的蔑视和怨恨,遮蔽了否定的因素,凸显了肯定的面向。也就是沿着认同、自我承认、相互承认,进而实现整体承认的路径。

在实践中,依据从众多关于社会工作本质的概念中扎根提炼的承认社会工作的基本内涵,按照从认同到承认,从当事人的记忆建构到相关主体的责任分担,达成各主体间友好的承认状态,积淀成优秀的承认社会资本和文化习俗。

"我选择社会工作不是因为有钱而是因为有爱"。这一句话道出了社会工作对于情感的高度投放和关注。社会工作发端于西方,有宗教信仰的背景,也是富太太们的爱心零食,既是打发时间,充实生命的与人为善,也是践行信仰,迈向天堂的现世修行。伴随专业化的发展,即或在技术至上的时期,社会工作依然不是只靠技术就可胜任的职业,当然也不是有爱就能实现的选择,而是充满价值的灵魂与持续提升的技术的融合。

（三）承认社会工作的价值伦理

价值就是主体判断对象善恶美丑、是非曲直的标准。价值具有相对的稳定性,即在不同的历史阶段,对于不同的主体,其对对象的评判保持有相对的一致性；伴随时代的发展或需要，又具有时空下的流变，表现出变动性。以美丑为例："佳音不共声皆乐于耳，美色不同面皆快于目"是对美丑的稳定标准。环肥燕瘦而各有美态，是不同时代对美持有甚或相反的判断。而尊重、平等、博爱与正义则成为亘古不变而日益强势的话语，这也是人类发自灵魂深处的价值诉求。

"伦理"是处理人与人之间关系的基本守则也是最为基本的道德要求和法律精神的依托。"楚王好细腰，宫中多饿死"，就是对于因为某些人的价值判断而致使相关群体行为演变的结果。

"伦理"与"价值"互为主体，伦理是价值的现实操作规则，价值是伦理背后的哲学。价值是认知的判断，伦理是行动的要求。如"人人有距而不逾"，有距是价值判断，不逾是伦理守则；再如"君子爱财，取之有道"，爱财是价值判断，取之有道是伦理守则；又如"朋友之妻虽美，不可欺"，美是判断，不欺是伦理。

社会的失范在社会工作领域往往是指伦理的失范，其透视的是文化价值的迷失。因为对标准的模糊或有意的抛弃和跨越而致使关系凌乱，在今天也是常见，所以才有重振社会精神的需要。

社会工作是一门道德实践科学，重视人作为行为主体的价值，遵循以人为本的专业理念，当然以服务对象为中心，并不是人类中心主义，因为她同时还强调生态和谐。其中，以案主为中心，即从个体层面强调服务对象自决，尊重服务对象的决定和意愿（完全民事行为主体），维护服务对象利益最大化同时亦强调整体人的利益。这也就是不仅在价值坚持方面以人（服务对象）为本，伦理守则方面也以人为本（整体人），强调社会责任。承认社会工作以对案主（服务对象）的承认为价值追求，承认服务对象作为专业帮助的一方存在需求没有被满足的状况，也就是承认没有完全实现的状态，认为实现或满足承认的需求是解决问题的关键所在，同时认识到，还应承认服务对象作为人的一员，全面发展和得到完整的承认既是个体的人的一种表达和诉求,同时也是整体人得以获取承认,实现全面发展和完整承认的条件。进而,承认社会工作既要关注个体人的承认,也要关注人与人之间的承认。

我国的社会工作价值体系应该依据国情,特别是构建和谐社会的需要,吸收国际社会工作发展的成果,根据社会工作当前的发展特点,重视道德建设、体现社会发展的要求,注重社会和谐、家庭和睦和服务的"人情味"。

在情感领域的博爱,融和宽泛的仁爱、友爱以及情爱(两性爱情之爱)与亲爱(血亲之爱),还包含敬爱和怜爱等人类最柔软的情感。爱的基础是尊重,爱是人类主动给予或自觉期待的满足感和幸福感,包括思想意识、精神体验、行为状态、物质需求等,使得爱的氛围不仅包裹了个人,而且弥漫了整个社会,人人都有强烈的归属感。爱泛指博爱、仁爱、友爱(伦理守则)、情爱、性爱、亲爱(形式)等。而所谓重情就是仁爱、人情社会、差序格局;关系就是人本、公平、正义、和谐、尊重、包容、团结。

在法权领域主要是公平正义。公平正义是人类文明的重要标志,是衡量一个国家或社会文明发展的标准。社会和谐、人际和睦,无疑是以公平正义为重要条件。而公平正义的创造和维持离不开公共权威,离不开公共行政。如果以政府为核心的公共组织及其公共行政不能倡导公平正义、不能奉行公平正义、不能主持公平正义,国家和社会就不会有公平正义。

在社会领域就是和谐与尊重。和谐是对立事物之间在一定的条件下的具体、动态、相对、辩证的统一,它是不同事物之间相同相成、相辅相成、相反相成、互助合作、互利互惠、互促互补、共同发展的关系,这是辩证唯物主义和谐观的基本观点。主要包括民主法治、公平正义、诚信友爱、充满活力、安定有序、人与自然和谐相处。和谐就是大道,团结,集体主义,包容。尊重对每个社会工作者来讲都是最基础、最核心的要求,人生的价值不在索取而在奉献,这就必须尊重人的价值,理解人,尊重人,关心人。特别是对老年人、残疾人、贫困者,不能把他们当作社会包袱,而应当看作是社会财富。在人与人的关系上树立平等、互助、合作的观念,使社会工作成为沟通和调节人际关系以及协调个人与社会的关系桥梁。

概括来讲,承认社会工作的价值追求就是爱、公平、正义、和谐。承认社会工作的伦理原则:尊重、非歧视、接纳、包容、团结、友爱。

三、 承认社会工作的社会职责

社会工作的承认是爱、信、敬。爱,首先要自爱,爱惜自己的身体和声誉以及理想追求,再推己及人到爱他人、成人之美,最后形成互爱。爱是一种能力,特别是持续的爱。信,首先是自信,自信就是喜欢自己,爱自己,承认自己,扩展到社会领域就是信任,让别人喜欢自己,爱自己,承认自己。自信于自己做人的原则即能力所及的追求,再推己及人到信任他人,形成互信。敬,首先是自尊,悦纳自己,不容别人歧视与侮辱,再推己及人到尊敬他人、相敬如宾,形成互敬。进而化解人与自身、人与他者、人与社会、人与自然的矛盾,达到和谐共生。

社会工作的职责是解决社会问题,维护社会公平,促进社会和谐,推动社会进步。具体到承认社会工作而言,应是用承认的理念认识和解决问题,用承认的伦理与价值维护社会的正义与公平,用承认改变生活,改变社会,推动社会进步,提升社会质量。

优化社会建设的理念:进行"民主法治、公平正义、诚信友爱、充满活力、安定有序、人与自然和谐相处",和谐社会建设的基本理念是共建、共治、共享,其核心要义就是和,就是承认,就是凝聚全体国民的力量,团结不同利益群体,提升发展士气,实现民族复兴和国家富强。其中"和"的思想作为中华民族普遍的一种价值观念和理想追求,涵盖了和善、和谐、和平、和睦、祥和、中和等含义,蕴涵着政通人和、和衷共济、和以处众、内和外顺等深刻的哲学思想和理念。在人与自然的关系上,信奉"天人合一";在人与人的关系上,主张"和睦相处";在人与社会的关系上,强调"合群济众";在各种文明的关系上,崇尚"善解能容"。"和"不是绝对的同一,而是"和而不同"。古代文化和哲学思想中的"和谐"观念在一定意义上是对古代社会原始和谐状态的反映,在中国思想史上具有现实的进步意义。构建社会主义和谐社会,是新的历史条件下对我国优秀传统文化的吸收和借鉴。

丰富社会体制建设的要素:让承认成为体制建设的重要元素,在政治体制建设中更加关注公平与正义对社会发展的贡献、警惕蔑视带来的社会危害,不断提升人民群众参与国家治理的参与感、成就感和能力,进一步深化国家、民族与执政认同。在经济体制建设中,着力处理好劳动分工与分配的关系,在保证效率的前提下缩小收入差距,增进每一个群体的获得感和满足感,增强收入与能力的匹配感。在文化体制建设中,让百家争鸣、百花齐放的基本方针深入人心,深化多元文化的兼容并蓄、交互生长,特别是对地方文化、边缘文化的保护,提升每一个文化与价值群体的自信和归属感。在社会建设中,让强政府、大社会成为共识性的现实,不断激发社会的活力,促进多层社会结构的团结、融合,提升政府的大事运筹效能,持续创新社会治理。在生态建设中,尊重自然、敬畏自然,高度协调人与自然的关系,追求"天人合一",碧水、青山、蓝天与洁净的空气是最大的财富,是美好生活的重要标志,是幸福感的核心要素。

拓宽社会资本积聚的路径:让承认成为每一个人的处事哲学、生活方式、人生态度,成为交往与关系的指导原则。于个体而言,安和处顺,平衡内心与外物,协调个人与自然、他人、社会、国家的关系;于整体而言,形成一种友爱、互信、尊重、团结、积极向上的氛围。一方面,降低社会摩擦,弱化社会矛盾,消退蔑视带来的风险和支付的额外成本,为让社会和群体团结与凝聚成理想的命运共同体提供了更好更多的社会资本。另一方面,承认个体差异,建立基本的保障制度,每一个国民无后顾之忧,拥有体面的尊严的生活,每一个个体都拥有高质量的生活的同时实现提升社会质量的目标。

四、承认社会工作的干预曲目

社会工作的国际定义是促进社会改革和发展、提高社会凝聚力、赋权并解放人类的一门学科,是以实践为基础的一门职业。社会工作的核心准则是追求社会正义、人权、集体责任和尊重多样性。基于社会工作、社会学、人类学和本土化知识的理论基础,承认社会工作鼓励人们和各类机构为应对生活挑战和改善福利要重视主体价值的认同,增进人、社会、国家及周遭环境的相互承认,不断提升社会的凝聚力,促进个体与社会的和谐。由此可见,社会工作关涉的内容既有宏大的社会发展议题,也有微观的个人能力及社会适应问题。

(一) 承认社会工作的指涉领域

以往社会工作领域的划分主要依据服务内容和对象进行,主要包括儿童及青少年服务、老年人社会服务、妇女社会服务、(残障人士)康复服务、社会救助、就业(促进)服务等。我们则进一步力图简洁而又全面地表述社会工作的工作领域,从中找出普遍性或共同性的内容作为领域划分的重要参照,结合承认的概念,我们把承认社会工作的领域划分为:情感领域、法权领域、社会(关系)领域、文化领域等四大领域。

情感领域:《心理学大辞典》中认为:"情感是人对客观事物是否满足自己的需要而产生的态度体验,是态度在生理上一种较复杂而又稳定的生理评价和体验。"情感的产生源于人的生存本能,是人类性格的重要组成部分,我们所做的事情中有很大一部分是受到情感的驱使,也就是说,情感会控制我们的行为和决定。主要面向儿童、青少年的发展,亲子关系、家庭婚姻辅导、老年人照顾等涉及社会关系处理、适应的各类人群问题,都与情感密不可分,也是介入、干预的重要观测点。情感领域以爱为形式,以需要为原则,指向的是自爱。

法权领域:关于法权的解释并不太多,其中有法权关系的介绍,根据马克思的研究,简言之就是指由国家保护着的,以法律手段调整社会而出现的一种社会现象和社会关系。这种关系和要求基于法律而产生,以人们在社会生产和其他活动中应当严格遵守的权利和义务为内容。本研究的法权领域侧重于与法律调节有关的权利和义务。诸多社会问题的产生往往是制度性的问题,即由于制度的制定,特别是执行带来的不公平、不正义的后果,或产生的重大社会分化、矛盾等。工人罢工、劳资纠纷等敏感问题以及贫困等莫不与法权相关。所以扶贫济困、转业安置、就业、劳资、分配等宏观社会问题的分析、干预都属于法权领域的重要内容。法权领域主要面向发展、教育等关系权利、公平、正义的法权议题,以平等为形式,以公平为原则,指向的是自尊。

社会领域(共同体):由人与环境形成的关系总和即谓之社会,人的本质属性就是社会性,这种社会性体现在各种关系的处理,这里的社会就是人与人关系的总和,包含了个体之间的关系、个体与集体的关系、个体与国家的关系,还有群体与群体之间的关系、群体与国家之间的关系。而非广义的包含政治、经济、文化及生态的社会,而其关注的核心问题是关系。在社会学中,社会指的是由有一定联系、相互依存的人们组成的超乎个人的、有机的整体。马克思主义的观点认为,社会是人们通过交往形成的社会关系的总和,是人类生活的共同体。如何更好的协调人与人、人与自然、人与市场、人与国家、人与社会的关系,建设和谐、美丽、文明的人类命运共同体等都是社会领域的重要内容。社会领域主要面向阶层、分工、贫困、拆迁、灾害等因自然、社会、经济发展产生的矛盾问题。以尊重为形式，以贡献为原则，指向的是自豪。

文化领域：文化是一个无所不包的奇特类目，是智慧族群精神的既有，是族群所有物质表象与精神内在的整体，是群体社会现象传承、创造与发展的总和。具体人类文化内容是指族群的历史、地理、风土人情、传统习俗、工具、附属物、生活方式、宗教信仰、文学艺术、规范、律法、制度、思维方式、价值观念、审美情趣、精神图腾等等。文化既包括世界观、人生观、价值观等具有意识形态性质的部分，又包括自然科学和技术、语言和文字等非意识形态的部分。我们认为文化的核心是价值，关系民族、宗教、信仰、人口流动等关及价值认同、认知等都属于其内容，以共存为形式，以包容为原则，指向的是自信。

这四大领域并不是油水分离的，而是水乳交融的，也就是某一群体或某一问题不只是一个领域协调处理不当的结果，而可能是关及其他，虽然是某一个领域问题的表现，但深入分析其成因却可能是其他领域问题的结果。另外，从情感、权利、责任和利益进行考虑，也是承认社会工作的领域范围划分的一种思路。

（二）承认社会工作的关系主体

社会工作作为一门实践性、服务性很强的应用型专业与职业，广义的相关主体涉及人、社会、市场、国家。承认社会工作的相关群体界定为：服务提供者、服务使用者、服务购买者、潜在相关者、非持份第三方。在实践操作中为了更好识别，我们把社会工作的承认关系简单划分为政府、服务提供者、服务接收者和非持份的第三方。其中服务提供者我们又可以从广义与狭义上进行区分，广义的服务提供者除了社会工作专业服务人员之外，还应包括民政工作者、社会工作教育者及其对象。狭义的服务提供者仅指受雇佣的社会工作专职人员。鉴于后文会从走向承认的社会工作人员分析其走向承认的过程,为了清晰起见,这里采用狭义的分析方法。服务提供者指社会工作机构、组织与从业人员,服务使用者主要指服务对象,服务购买者是政府或其他为承担社会责任购买相关社会服务的个人或组织。潜在相关者即是以上三类群体的预备军或准群体,如社会工作专业的学生就是服务提供者的后备军。非持份的第三方是与以上四类群体都不重合的利益不相关者,这并不是说他们永远不会成为以上四者,只是从发展趋势来看短期内不会成为。在这里有一个特殊群体是评估者,在专业上来讲他们与服务的提供者或潜在者在专业上有一定交集,但一旦进入实践场域,他们的界限是要划定清楚的,即在伦理上反对既是裁判员又是运动员的提供具体服务而又承担评估工作的机构与个人出现,此类现象是对社会工作承认的伤害。

其间的关系也相对复杂,为简单透析起见,我们把多元复杂的关系简化为三方,即受众或服务使用者(接受系统)、从业者或服务提供者(媒介系统)、第三方。第四象限是社会工作认可度都比较低,第二象限是只有社会工作从业者的自说自话、自为和尚未引起受众满意和第三方含政府的关注和认可,第三象限是社会工作自我认可不高,而服务对象相对满意:社会工作为对象带来了福利,但其本身自我承认交叉,第一象限是社会工作发展最为理想的状态和趋向。

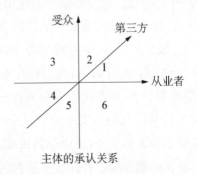

主体的承认关系

（三）承认社会工作的实现形式

在群体服务的情感领域，承认社会工作的实现形式是爱，以需要为原则，即主体对客体的承认是以爱的形式表达与实现的：博爱、仁爱、关爱、怜爱、友爱、情爱、亲爱、敬爱。基于不同的对象和不同的情境生发出不同的情感：面对一般大众的是博爱与仁爱的情怀；而对弱势群体更多的是怜爱和关爱，一种悲天悯人的情怀；而对熟人更多的是友爱和情爱；对亲人更多的是亲爱和敬爱，也散射到社会中令人尊重的关键人物。情感领域各种爱的形式与表达，不仅给予了主体间的温暖和慰藉，而且给与了爱的对象以生命的自信。同时，承认是充满权力争斗的，以情感为例，占优者也就是权力拥有者对爱的承认或被承认都相对容易发生。承认在情感领域的表现形式为爱，给与某种爱的表示，是对主体和双方关系的承认，也是对情感的承认。爱的分类表较复杂和多元，自上而下的关爱、怜爱，自下而上的敬爱，平等的友爱、情爱，宽泛的博爱，普适的仁爱等。在社会工作领域的"爱"比较难以处理的是度，情感付出与对回报渴望的平衡。没有无缘无故的爱，恰如没有无缘无故的恨。情感没有付出尚有渴求，一旦付出则渴求回报难以遮掩。刚开始的情感是一种比较宽泛的接纳与包容，比较容易相处与发生，期待相对较低并保有理性，但在与日俱增的交流中期待也在增加，包容却与之相反，矛盾随之增加，甚至因爱生恨。所以会有相处若如初相逢，到底终无怨恨心。友情、爱情都是如此，所以保持爱的距离和期待以及处理情感的付出与回报至关重要。敬爱、怜爱与关爱之所以被承认相对容易是在于被承认形式是对象的接受，这种接受是对象的需要。即或如此，我们在救助保护中也发现，伴随怜爱、关爱行动的正常化，其所带来的满足的边际效用在下降，接受方渐趋平淡，而同时两者的关系却日益加深。由是，接受方逐渐走向此种行动是救助方的正常化行为，当然从爱心援助本身来讲不以回报为追求,但本身却不等于没有对对方回报的期待,虽然自己不会接受对方的回报或反馈,否则自己的行动就失去了起初的意义和价值,乃至个人的成就感。而爱以需求为原则,就是一方之所给乃对象之所需,否则,实质的承认难能发生。而需求具有稀缺性,即因为没有所以需要,一旦拥有体验,需求效用即下降。由是,情感的满足与给与,特别是持续的给与与满足变得艰难,所以情感的维持需要不断创新和改进提供的内容。现实中亲人、朋友的反目成仇和白眼狼的评判屡有发生,不是不爱了,而是爱陈旧了,没有新意了,不是一方最大的需求了,但关系深入,期待却在增加,增加的需求没有满足,情感的罅隙慢慢扩大。

承认在法权领域的表达与实现形式是公平、正义,以平等为原则。平等,即在政治与权力领域,为了长治久安,统治者对被统治者以及统治者之间、被统治者之间,是基于正义、公平达成的一种平等契约。平等具体分为相对平等和绝对平等,绝对的平等是最大的不平等,相对平等即适度差异化的平等才是真正的平等,平等是弱者对强者的一种诉求,是承认社会工作对公平正义的追求。

承认在社会领域的表达和实现形式是尊重,以贡献为原则,考察的是个人获得自尊与尊重是通过自己的努力和成就实现的。在日常生活中,人们往往有一种倾向,即认为比自己强的人是值得尊重的。"强"可以借助社会学家韦伯的社会分层标准来解读,即社会地位、权利、金钱三者只要其中一项比自己强,那么就容易赢得周围部分人的尊重。而于社会工作这个专业或职业而言,尊重的对象是所有前来寻求帮助的服务对象,不论其身份贵贱。同时由于此职业设立的初衷是解决社会问题,那么它所接触的对象多为那些老、弱、病、残、幼,简言之,是处在社会边缘或是社会较为底层的弱势群体。普通大众对他人产生尊重的情感,不外乎这样几种情况:一是出于对他人高尚品格的赞赏;二是对于他人在某方面有突出能力的钦佩;三是对社会作出卓越贡献者的欣赏；四是对与自己有过帮助者的感激。而对于社会工作者，尊重服务对象是没条件可言的。在康德哲学中尊重他人是最为重要的道德原则，他认为，每一个人(仅仅因为他是人)都具有内在价值，不论我们是否喜欢这个人，也不论他对我们是否有用或是否做了对我们不利的行为。所以，根据康德的道德原则，一个社会工作者最好的策略就是尊重服务对象以及其选择，把服务对象当作有能力选择且能对选择的后果负责任的个体。

日常生活中，"尊重"是发自心中的一种情感体验，可能会促使当事人在对待被尊重者言行举止上面发生一些变化，也有可能只是把这种情感深藏于内心，转变为自己变化动力，或者转瞬即逝、不会产生实际的效果。但社会工作中的尊重是服务对象基于真实需求的求助行为——社会工作者根据自己对服务对象求助行为的理解而采取主动行为——服务对象的反应——社会工作者对服务对象反应的反应——服务对象的进一步反应……直至服务结束。总之，它是社会工作者与受助者的互动过程，在这个过程中双方互为行动的主体和客体；它也是一个渐进的、不断促使服务对象改变，逐渐达到目标的过程。而对服务对象的尊重则可以帮助受助者尽快地融入到这个过程中，快速地与社会工作者建立互信的良好关系，进而激发其改变的潜能，促进目标的顺利达成；同时，对服务对象的尊重，也为其展现了一种新的行为方式和情感体验，会对其人际互动模式提供好的借鉴。日常生活中的"尊重"是完全人化的行为，只受到道德的约束；而专业伦理中的"尊重"不再是个人的行为，而是整个社工行业必须遵循的操行之一。若有违背，不仅会受到道德的谴责，还会受到服务机构乃至整个社工行业的批判。

承认在文化领域表达和实现形式是共生，以包容为原则。不管是被强迫还是自愿，世界各国文化都是在尊重他民族的文化特性和民族间的文化差异中多元包容、共生发展的，并在体现出文化接受的主动性和灵活性中不断走向开放、完善自己的文化结构的。中华文化博大精深、兼容并蓄，蕴涵着丰富的包容共生思想，主要体现在五个方面："修身养性"的身心共生观，"和而不同"的人本共生观，"天人合一"的自然共生观，"仁者爱人"的社会共生观，"命运共同体"的人类共生观。散射出对主体自我、他者、自然、社会与人类的承认，在全球性问题日趋严重，人类面临重大生存考验的今天，挖掘承认这一思想对积极保护地球家园，构建和谐世界有重要意义。

另外，对于全球化、市场化的现实，市场领域亦可以单独表达，它主要面向交换、分配等产生的经济问题。以交换为形式，以利益为原则，指向的是自足。

（四）承认社会工作的表现程度

关于承认的程度细分，王思斌老师参照马克斯·韦伯的理论模型进行了形式承认与实质承认的细分，极具有启发性和创造性。笔者又受王凤才老师关于承认研究提出为蔑视而反抗的话题，将承认细分为五个阶段，分别代表不同程度的承认状态，而在形式"承认"之前分为蔑视、否定两种最为反动的承认形式，将形式承认界定为伪承认，将实质"承认"分为认同和承认两种形式。

蔑视：承认最为极端的否定形式是蔑视，蔑视是构成承认理论的核心概念，被霍耐特创造性地表示为承认的等价否定物。他认为人的完整性源于人的承认的完整性，就是自信、自尊与自豪的现实存在，而作为其斗争的另一个面向就是蔑视，承认一旦落败，必然滑向其否定的一面，进而主体表现出自馁、自卑、自贬和羞耻。蔑视是承认的极端否定形式。作为承认理论的一大创新，霍耐特提出蔑视具有强暴、剥夺权利、侮辱三种形式。蔑视的经验使个体面临着一种伤害的危险，可能把整个人的同一性带向崩溃的边缘，蔑视体验是人类社会反抗的基本道德动机。因为蔑视是对人的尊严的最大否定，最能挑起人斗争的欲望。

强暴是第一种蔑视形式,它主要指的是对肉体的虐待。身体是主体存在的重要标示,对身体的虐待(暴力、强奸、杀戮)是作为承认的否定形式对主体的完整性的伤害,也是对个人最根本的贬黜手段,哪怕是违背个体意愿的身体控制,对个体而言都不仅是虐待本身带来的伤痛体验和记忆,还有对这种伤害与强迫反抗无力的主体性的丧失感,持久伤害了早期建立的协调自身的自信。强暴的后果是它对个体因为"爱的承认关系"而获得的自信的否定,使得主体在实践交往中丧失对自己和世界信赖的基础,进而在心理甚至身体层面影响了与其他主体的互动。

蔑视的第二种形式是剥夺权利,就是剥夺了个体在持续的社会化过程中获得的对自己身体的理所当然的尊重,对自己作为共同体成员应该具有的参与体制的平等权利和道德责任的体验。也就是说个体被排斥在平等参与秩序,表达主张,行使道德责任的机会之外,主体在破碎了前期在社会化进程中建立的规范性期望的同时,体验到自己不再作为一个具有道德判断能力的主体而得到承认。这种蔑视经验不仅导致个体自尊的失落,还影响到与周围其他人进行交往互动的能力。

蔑视的第三种形式是侮辱或贬黜,就是一定社会与文化对个体、群体的自我价值、社会价值及其实现方式的贬损。这种蔑视形式给主体带来的消极体验不仅是对其"荣誉、尊严"的否定,还使得其无法在共同体中找到自己存在的肯定意义和前期沉淀的价值认同。这样一种自尊的丧失,剥夺了个体将自己作为有能力与特性而应受到重视以实现自我敬重的机会,进而丧失了因为自我实现而获得社会认可的承认的可能。

蔑视(竞争者的蔑视为主)其实也可分为形式的蔑视和实质的蔑视,形式的蔑视具体化到个人可以包含有身体神态和动作的蔑视,语言的蔑视,实际行动的蔑视等,这也是最为强烈的承认的反面。它不仅包含了否定还极具诬蔑与鄙夷。

无处不在的蔑视通过眼神、话语、动作消解着生而为人的自信、自尊,借用暴力和强权进行的强奸、虐待和杀戮挑战着众生平等的道德底线,强盗逻辑构筑的话语体系迷茫了挣扎存活的时间之路。无论是身体的生物死亡、精神的心理死亡,还是文化价值的社会死亡,蔑视从来都不是帮凶,而是最大的恶魔。

凡此种种的蔑视也是记忆社会工作中关于创伤康复的思考起点,成为在家暴、强奸、伤害等群体的工作中需要关注的视点。而对社会工作的发展历程而言,诸如"刮痧"当中对于社工负面形象的刻画,借助南飞雁将某一所谓"社工"的罪责无限放大,企图抹黑社会工作等的不良设计也须保持政治上的谨慎,当然强化自身还是必要。

否定:说到否定,也就是肯定的反面,相对于蔑视而言,它是一种真诚的直接的表达,其中没有虚假的狡计,也没有态度恶劣的鄙视、蔑视,就是简单的不认可,直接给予的拒绝。类似新中国成立初期对于社会工作、心理学、社会学的排斥,没有感情色彩,是主体基于一定文化和价值的一种认知和判断进而在对话交往中的诚恳表达。于社会工作而言,否定的形式大多就是口头的否定。实质的否定体现在实践当中就是对于社会工作的全面排斥。而人类本质中最殷切的需求是渴望被肯定,可以说"肯定"是对人价值的最大褒奖。

伪承认:更多体现在社会工作的承认方面。是典型的形式承认,表面好似认可与承认,而实际是形式的表达,实则没有走进你的价值世界,而是关涉到实质的价值澄清,他依然是没有看到你的存在。而在实践当中虽然不像否定那么决绝的排斥社会工作,是骑墙和观望,也在尽其所能的不予明确的肯定或否定。此时,社会工作最大的努力与突破就是表现自己的专业特质并在实践中取得成就,同时整合资源获得观望者的信任。

接纳：就是将服务对象作为完整的个人、差异化的个人来看待，而没有更多基于自身价值判断的排斥或认同。接纳不是接受，而是价值中立的看待，是把服务对象作为一个真实的人来看待，他仅仅是你的服务对象，目前他就是这个状态。对于社会工作而言既是给予施展的舞台，让其表演，为工作带来改变的模样和可能，也为不改变带来负面影响作辩护。

认同：此种认同不同于社会工作的自我认同，它是作为另外一个主题对于社会工作价值及其实践的认可。伴随社会工作在专业和职业的进程中有着不俗的表现，特别是其价值观和实践取得的效果得到普遍认可。

承认：是社会工作相对比较熟知的，不仅对其价值认同，而且在实践当中感受到了社会工作对服务于专业承诺的执行。

当我们深刻理解了蔑视与否定，对于不同程度的承认，特别是伴随认识的深化而走向承认，那么理解其间的度的差异就相对简单，所以，依次简化表述。

五、 承认社会工作的实施过程

承认是一个过程，按照保罗·利科的观点，包含作为认同的承认、自我承认和相互承认三个环节，其中以主体间的相互承认最为重要，既是目的也是手段。如果逐一对三种承认进行分析，难免重复而无意义，为简单清楚起见，主要以相互承认为靶子进行多维分析，其中因为表达的需要，难免会在某个节点谈及另外两种。

承认社会工作的实施与目标达成包含作为认同的承认、自我承认和相互承认三个相互联系的阶段。作为认同的承认，于"为社会工作的承认"而言就是社会工作如何获得社会的承认、其获得承认的本质、区别于竞争者的特质有哪些；于"承认的社会工作"而言就是服务对象以自己的独特性和完整性得到社会的识别与尊重。作为自我承认，于"为社会工作的承认"而言是指社会工作对自身坚信的价值和持有的技术的自信和坚持；于"承认的社会工作"而言就是审视自己的优势，定位生而为人的价值和尊严。作为相互承认，就是主体间的默契及达成的契约，于"为社会工作的承认"而言就是与他专业、他模式差异存在，互有补益，共同致力于社会发展的目标实现；于"承认的社会工作"而言就是主体间的相互包容，团结，进而成为命运共同体的状态。包含了不同内容的承认向度与多主体的主体间关系的复杂作用，并以不同的承认程度细分呈现出来。

保罗·利科认为承认的过程是按照"作为认同的承认—自我承认—互相承认"的逻辑演进，笔者在论述走向承认的社会工作过程的脉络时也基本参照这一思路展开。康德在他的认知理论中第一次使用了"承认"这个哲学词语，对它的释义恰如《罗伯特法语大词典》：通过把对象的意象连接起来，将与对象相关的知觉连接起来，心灵、思想把握（一个对象）；通过记忆、判断或行动进行区别、认同、认识。此时，认同和区别构成了一对不可分的词语并成为判断的基础，而判断是解决承认—认同的不二法门。笛卡尔以"区分真假"第一个从断裂行动分析判断，将"物"的"同"与"异"分离开来；康德认为认同就是"时间"条件下的连接，对于"某物"承认就是基于时间之下通过一般性和特殊性识别他们。

也就是说作为社会工作的承认是从社会工作的认同开始的，认同的是社会工作的一般属性和本质属性，同时是需要和相关概念从判断一般属性中厘清边界，从特别属性中找出差异，进而在把握本质属性中辨别真假，最终实现完整的认同的。而社会工作及其本质是在流变的时空中被多元主体不断建构出来的，既表现为不同国家、地区和发展时期、阶段的差异，又表现为政府、社会工作实施主体、社会工作服务主体和行动环境的互动，还表现为对时代主题、问题需求和服务供给的因应变动。所以要想把握无限丰富而又不断发展变化的社会工作,仅靠裁剪和模仿难得要义,倘若不能给出相对清晰的属性厘定,难免会让相关主体失去方向进而消弭社会工作存在的价值。知其难为仍要竭力前往,是我辈使命担当的必然选择。社会工作的自我认同与专业化和职业化的发展密不可分,在走向承认的社会工作论述中做详细论述,而作为一个整合型的专业与学科,承认他者已经自含其中,相互承认的重点也就落在了作为认同的承认这个关键点,此处就重点论述作为认同的承认,其他不再赘述。

作为认同的社会工作,按照保罗·利科关于承认的过程的思路,其实是承认社会工作区别于竞争者的差异与特质,所以,我们在这里探讨的是承认社会工作的本质,首先需要界定的是社会工作的本质。

社会工作的概念存在多元的界定,社会工作的本质也是处于不断的流变当中,基于不同的时空和考量给予了不尽相同的解释。伴随时空的转换,事物的性质发生流变在所难免,在飞速发展的实践面前执拗地追寻本质是需要勇气的,即或如此,结果也未必能够如愿。流变的社会工作本质是否需要研究者给予界定呢?笔者认为是需要的。正如很多教师、学生和家长未必完全理解学校和教育的本质,但教育研究者是要给予界定和厘清的,不知本质而摸着石头过河搞教育是有风险的,也是低效的,虽然我们到如今给教育的界定也难能尽如人意,职业型、教学型、研究型的学校之间分歧颇大,但我想其中培养人才是共识,那么其本质我们或许可推测,教育是深入骨髓的一种高贵,让你认识自己、找见自己、成就自己的同时成就他人。也许这是带有形而上的味道,但我们想还是有价值的。正因为如此,孩子虽然不懂甚至不愿去学校,却因为国家教育体制设计的高瞻远瞩而引领家人及受教育者实现了代际传递。

笔者在梳理有关社会工作本质的研究中发现,社会工作的本质也就是社会工作价值的规定性,决定了社会工作的使命担当和角色扮演。

而作为舶来品的社会工作在国外的本质讨论和概念界定中尚未一统天下，来到今天历史上从未有过的迅猛发展的中国，本土化的进程中存在争论实属正常。众多研究者围绕不同侧面探寻社会工作的本质必然发现其表现为不同的属性，仅从一个面向界定社会工作的本质很难得到认同，形成不了共识，社会工作的发展就会表现出无所适从的盲目性，可见对于社会工作本质的界定不仅是专业发展、职业推进的前期工作，其实也伴随着社会工作的终老。阮曾媛琪教授把社会工作放在历史的脉络中，从"两极化"的角度来分析理解社会工作的本质，也就是说当下对于社会工作的本质表述在短期内难以达成满意的共识，因为基于不同的面向可以给出多元的回答。

当然也有研究者认为，社会工作本质应当是由不同时空的实践主体建构，不能由研究者提出。我们是不认同后一个观点的。我们觉得，很多研究者也是实践者，只有给出科学的顶层设计，整个实践才能变得有方向且高效。当然这个框架不是不可以修正的，不能变成理论的框架束缚实践的多样发展。正如同前边所讲的教育的本质，一般从业者可以不知，特别是受教育者，但教育的顶层设计者不能也不清楚，虽然今天的教育好似也有了类似的表征，比如重能轻德等。

所以我们想要阐述社会工作的本质是必要的，特别是基于当下的一些乱象（比如一些机构盲目扩张，搞得好似企业连锁店，我们不是说所有的机构都不可以，虽然这一点我也是质疑的，但至少是绝大部分机构是没有这个能力的，当赢利的趋向高于盈利为发展时，对社会工作的社会形象是不利的；还有源于机构压榨社工导致的社工人才流动），进行价值的澄清还是蛮迫切的。

笔者对于作为认同的社会工作正是基于以上的概念展开，也想表述阮曾媛琪教授关于社会工作的概念及本质应是放在一定情景之下来思考的,笔者认为她核心的表述应该是说社会工作的认识是处于流变过程中,伴随情景的发展变化也应该给予社会工作再认识。基于康德"时间"条件下的连接,也就是社会工作概念的演变,而其中核心的认同是指社会工作的本质到底是什么,也是类似社会工作是什么的源问题。

笔者在这里先梳理一下概念的界定,当然它也关涉到社会工作的本质认同的流变。笔者认为概念的多元本就说明认识社会工作需要不同的视角和场域,这里没有绝对的对与错,只是立足点与侧重点的差异,恰恰又为全面认知社会工作拓展了空间。

(1) 社会工作是一种助人自助活动。王思斌老师还进一步延伸到社会工作的本质就是助人活动,这一点也是在关涉社会工作本质界定中为数不多的明示。虽然存在某些领域的特别是一些特定人群的工作中,社会工作是不可能让其实现自助的,这是比较个体化的一种表述,没有把视野放宽到社会层面来,能否真正涵盖社会工作的本质等等的争论,但仍不失为从某一侧面对社会工作进行抽象的表述。

(2) 社会工作是一种助人过程。其实这一概念界定和前者在本质上是一致的,只不过把它动态化地延展到过程,凸显了时间的连续性。

(3) 社会工作是一种助人方法。本观点也是一种关涉到本质的一种论述,并在某种层面为我们理解个案、小组、家庭、社区、社会行政甚或社会工作研究、教学、评估和督导等微观到宏观的方法提供了理论基础。没有科学的方法,社会工作也就丧失掉了自己的实践能力和应用特色,同样,这也是标识它为一门应用性学科的最大特质。

(4) 社会工作是一种专业。本观点其实是关于社会工作合法性的表述,特别是社会工作走进大学课堂,树立专业权威的前提条件,而在某一层面它也是作为一门科学的必备特质,恰恰这一点是获取专业认同与承认的重要一步。虽然在既成事实的今天它变得好似可有可无，甚或感觉是画蛇添足，但在社会工作的发展史上，这一观点的确证是具有里程碑性质的事件，是专业承认的关键过程和节点。进而在专业必备的要件中不断完善社会工作，这也是进而走向更为广阔领域承认的关键一步。

（5）社会工作是一种制度。这一点是把社会工作作为政治实践的一种表述明示出来，这对于今天社会工作的发展意义重大，特别是中国社会工作的发展之所以取得如此迅猛的发展和成就，不能脱离政府的倡导和支持，而这本身也是获得政治认同与承认的关键认知。当然也是获取政治合法性的关键自我认知，进而才能成为政府认知的关键。

在笔者看来，是次表述既是对诸多表述的进一步抽象，更是一种补充，也就是说它是对职业化合法性的一种诉求。虽然此种表述好似只有宏观的社会视角和普适价值的诉求，其实也暗含了微观上对于个体的人的关注，只不过把他放在了社会变迁和环境互动的脉络之下，更为全面地概括了社会工作的本质。

2014 年世界社工联合大会在澳洲举行，给社会工作概念作了重新定义：社会工作是以实践为基础的职业，是促进社会改变和发展、提高社会凝聚力、赋权并解放人类的一门学科。社会工作的核心准则是追求社会正义、人权、集体责任和尊重多样性。基于社会工作、社会学、人类学和本土化知识的理论基础，社会工作使人们致力于解决生活的挑战，提升生活的幸福感。这一表达更加凸显了社会工作的实践性和职业特征，并把宏观的社会关怀进一步具体，当然在本土化的过程中应该把它和社会主义的核心价值观的表述融合，打造更加具有中国文化特质、作风气派和实践特色的本土概念。

而关于其临近学科的属性该如何界定仍存在质疑，比如，福利性，难道其他学科就没有福利性？正如马克思所言，人的本质属性是社会性，其他群体真的就没有吗？从价值特征上论述可以有尊重、接纳、个别化等,从方法特征上可以看到个案、小组、家庭、社区、行政等,从学科特征看其专业性,从行业特征考察职业化,从社会功能考察福利性,各有其考察侧重,正如任文启质疑,心理学、医学就没有助人自助的功能或特征吗?

童敏认为:西方社会工作的百年专业化历史一直围绕个案服务模式和社区发展模式演化发展,强调科学、理性的专业化个案服务模式和注重融合、公平的能力导向的社区发展模式,反映出社会工作的本质诉求:一是提供关爱的专业化服务是社会工作的核心内涵;二是个人与环境的互动是社会工作的基本逻辑框架。

徐选国认为创造性地提出迈向社区公共性的"以社区为本位"范式下的社会工作本质是社会性。

尹保华则以现代社会工作产生和发展的思想渊源、专业社会工作的金三角、中国传统文化的渊源以及当代中国社会发展的强烈诉求等四个方面为论据,提出"高度人文关怀:社会工作的本质新释"。

范燕宁则在对现实世界的批判反思中提出社会工作的专业本质是一种福利性、制度性、专业性的助人活动。

社会工作是什么,不仅内在规定了社会工作的伦理和价值、使命和前进的方向,也指明了社会工作从业人员的服务内容、角色扮演和责任分担,从而为社会工作整个理论研究和实务探索提供了实践的场域划分。但社会工作的理论和实务基于对象是人与社会的特质决定了它们都是随情境不断变化的,并在反向修正着社会工作的本质,因此关于社会工作本质的讨论也就一直进行,难能达成终极共识,这是人文社会科学的建构性特质,笔者因之也有了尝试界定的勇气。

笔者在梳理社会工作本质的研究材料之后,结合中国的文化脉络和实践状况给出以下分析:一体多面是社会工作的一大特征,基于当前社会工作的发展要想从某一点概括出社会工作的本质属性还为时尚早,人类社会走到马克思时代才界定出人的本质属性是社会性,今天对于社会工作的本质属性还没有发展到可以给出结论的时段,只能从多个侧面分类表述,即或如此,仍难免疏漏和留有争议。基于当下笔者的认知水平,暂从以下几个侧面来论及社会工作的本质:作为道德实践的社会工作本质主要体现在价值关怀方面的利他使能,融合社会主义核心价值观,在尊重、接纳、个别化的价值基础上,面向社会的公平、正义,以利他主义为指导,关注服务对象的功能恢复以及和环境的良性互动;建立在道德实践研究基础上的是作为学科实践的社会工作,其本质主要体现在教育方面的专业性,它建立了融合多个学科的知识体系,并把专业实践和专业价值观放在无比重要的高度;让专业顺利落地的是作为职业实践的社会工作,其本质主要体现在社会服务方面的福利性,它是对于人类福祉和个人福利整体追求与双向关注;作为政治实践的社会工作本质主要体现在社会治理方面的和谐共生,作为社会建设的重要内容的社会工作是以和谐社会为目标,打造人类发展的生命共同体。也许其中的任何一个方面都无法成为社会工作区别于其他竞争对象的独一无二的特有属性,但综合以上多个面向特质的社会工作则具有了标识自身与众不同的存在价值。

(一) 作为道德实践的社会工作具有利他性

具有慈善事业传统的社会工作包含道德性和利他性特质,延续了社会工作自诞生以来对社会弱势群体的道德关怀和人道主义救助取向。1601年,英国伊丽莎白济贫法的出台就是为了向社会弱势群体提供必要的援助。我国古代的社会福利思想如孔子:《礼运·大同篇》"老有所终,壮有所用,幼有所长,鳏寡孤独";孟子:"老吾老,以及人之老";墨子:"饥者得食,寒者得衣,劳者得息","老而无妻子者有所侍养,以寿其终;幼弱孤童之无父母者,有所依放,以长身","有力者疾以助人,有财者勉以分人"等含有丰富的社会互助、社会福利、社会政策、社会行政的道德关怀内容。而一系列的实践包含浓厚的利他性："保息六政"与"荒政十二"、九惠之教、仓储救济等。

　　谢立中老师认为社会工作的本质应概括为"助人为本"（谢立中，2001）；王思斌老师认为社会工作在本质上是"利他主义的社会互动"；朱志强老师认为社会工作的本质是"道德实践和政治实践"。而这几种观点具有内在价值的道德一致性，其外在表现为统一的利他性。杰罗姆·韦克菲尔德指出，利他是社会工作"以人为本"使命的根本，利他主义是人性的重要组成，社会工作的利他性体现了其区别于其他专业的本质属性（杰罗姆·韦克菲尔德，2012）。当然医学等专业的利他性也是非常丰富的，这也是利他性不足以成为社会工作全部本质的一个原因，正因为如此，我们从多面向来检视社会工作，以给出本质属性的最好投影。

（二）作为专业实践的社会工作具有科学性

　　1957年格林伍德（E. Greenwood）提出专业的五项基本特征（attributes of professions）：（1）一套理论体系（a body of theory）；（2）专业的权威（professional authority）；（3）共同信守的伦理守则（code of ethics）；（4）社会或社区的认可（sanction of the community）；（5）专业文化（professional culture）。社会工作具有了专业性的基本特征，同时它融合了社会学、心理学、政治学、管理学、经济学、教育学和人类学等多门学科的核心课程，建构出了自己的学科体系。以社会学概论、社会工作概论、管理学概论、教育学、心理学、人类行为与社会环境、社会工作伦理与价值等基础课程，以及直接工作方法方面和间接工作方法方面的方法类课程和研究课程，充满价值的专业教育和实践为本的技能训练让这个学科表现出了较强的专业识别度。社会工作专业也经历了从无到有、从少到多，从大学教育到研究生教育，从发达城市到遍布全国的地域分布这样一个快速成长过程,其教育者和受教育者的数量快速增加,从业人员数量迅猛增加,政府也有建设宏大社会工作人才队伍的发展规划。政府购买服务和岗位的工作也快速推进。社会工作在解决社会发展遗留问题的能力也得到认可,特别是 2008 年汶川地震后社会工作在解危济困方面的重大突出表现又加分颇多,其专业认可度快速提升。

(三) 作为职业实践的社会工作具有福利性

美国社会工作者协会(NASW)把社会工作专业的使命定义为促进个人和社会的福祉。社会工作者通过优化环境资源来最大限度地发挥人们的能力,并以此激发人们的潜能,社会工作者采取赋权法来提升个体的优势和潜能,促使他们成长。

社会福利是指国家依法为所有公民普遍提供旨在保证一定生活水平和尽可能提高生活质量的资金和服务的社会保险制度,有广义和狭义之分。广义的社会福利是指提高广大社会成员生活水平的各种政策和社会服务,旨在解决广大社会成员在各个方面的福利待遇问题。狭义的社会福利是指对生活能力较弱的儿童、老人、母子家庭、残疾人、慢性精神病人等的社会照顾和社会服务。社会福利所包括的内容十分广泛,不仅包括生活、教育、医疗方面的福利待遇,而且包括交通、文娱、体育、欣赏等方面的待遇。社会福利是一种服务政策和服务措施,其目的在于提高广大社会成员的物质和精神生活水平,使之得到更多的享受。同时,社会福利也是一种职责,是在社会保障的基础上保护和延续有机体生命力的一种社会功能。

社会福利与社会工作的同源性。回顾西方社会福利和社会工作的发展历史,可以发现,西方国家的社会工作发展史就是一部社会福利发展史。西方社会福利制度的历史演变中包括几个重要环节,如英国伊丽莎白济贫法、德国汉堡制和爱尔伯福制、慈善组织会社和睦邻组织运动,以及欧美国家社会安全制度的普遍建立等,都体现了人类源远流长的社会福利思想,体现了深刻的利他主义精神,反映了对社会平等和正义的终极价值追求。① 正是得益于社会福利制度,在社会福利实践中逐步确立了社会工作在现代化进程中的制度角色与专业地位。

社会福利与社会工作的同构性。纵观社会工作发展历史,社会福利与社会工作之间逐渐形成服务与处境、形式与内容、手段与目的、制度与方法的内在同构关系。正是这种内在同构关系,使得社会工作与社会福利成为西方现代社会结构和生活方式的重要组成部分,构成西方现代社会发展进程不可或缺的社会机制。尽管社会工作随着社会的变迁与演化而不断发展,并且在内涵和领域上不断丰富,但是,归根结底,社会工作需要以社会福利为基础,以社会服务机构为工作场域,从而形成社会工作与社会福利的多元关系。②

社会福利与社会工作的共变性。社会福利与社会工作除了具有同源性、同构性外,二者在新的历史形势下还具有共变性。首先,社会福利体制转变,为社会工作有效介入创造了更多契机。其次,社会福利社区化,成为社会工作介入社会福利的重要平台。西方福利国家危机后,以社区福利为核心的福利模式,为社会工作发挥立足社区、服务社会的功能提供了重要平台。最后,社会工作专业教育成为培养社会福利人才的重要路径。多层次、专业化的社会工作专业教育模式,为社会福利与服务提供了人才资源,亦反过来促进社会工作专业的发展。

社会福利与社会工作的共生性。从一般的原则上讲,社会福利是构成社会工作服务的主要内容,社会工作所提供的服务即是社会

---

① WAKEFIELD, J., Is A ltruism Part of Human Nature? *Theoretical Foundation for the Helping Professions*, *Social Services Review*, 1993, Vol. 67(3), pp. 406 - 458.

② MACAROV, D., *Social Welfare Structure and Practice*, California: Sage, 1995, p. xvi.

福利服务,因此,如果缺少了社会福利,则不能称为社会工作。另外,有欧美学者指出,社会福利是一个包括社会工作、公共福利和其他社会项目服务的大概念,社会工作实践只是社会福利服务的重要组成部分。[①] 社会福利服务的传递,需要坚持专业社会工作价值理念,借助专业手段,才能有效实施。正是由于这种共生关系,才不断推动和促进西方社会福利与社会工作之间的和谐互动关系,实现彼此在维护西方社会稳定和促进社会发展进程方面的互构性目标与功能。

社会服务所活动的意义在于对造成生活问题的不良社会环境进行评估。慈善组织协会的指导实践强调个人责任,社会服务是宏观社会实践的基础,试图通过大幅度机构、群体和社会整改来确保每个人的福祉。社会工作者的职业道德规范强调,"给那些处于社会弱势地位的人授权是社会工作者职业责任的一部分"。

中国的经济增长及其带来的社会变化要求训练有素的社会工作专业人员,这些人可以确保中国人民个体及其家庭和社会的福祉。因此就需要一批专门从业人员。社会工作专业所培养的社会工作者是其中的中坚力量。从而使社会福利服务专业化、合理化、科学化。因此将来的福利服务是由受雇于专门服务机构的社会工作者来实施。

社区福利:社会工作介入社会福利的平台。基于福利国家危机和社会福利需求多样化的趋势,西方国家普遍掀起了福利社区化的浪潮。福利社区化的主旨是福利服务的社区化,达到促成社区中"互相照顾"的模式,即"社区福利"。在我国,随着社会转型、经济转轨,社会福利走向了多元化、社会化道路,但以什么主体作为新型福利的依托是值得政府和学界认真考虑的问题。在笔者撰写本书时,我国

① SKIDMORE, R. A., Thackeray, M. G. & Farley, O. W., *Introduction to Social Work*, London: Prentice-Hall, 1991, p. 3.

的社区福利建设过程还没有引入职业化和专业化的社区工作制度。这种制度性的缺失难以有效地吸引专业人才加入社区工作，从而致使社区建设和社区工作始终是粗放发展。缺乏内涵发展的社区福利建设，难以紧贴居民实际需求，更遑论提供专业性和高质量的社区服务与管理，也很难提高社区工作机构及社区工作者的社会声望，同样难以提高居民的社区归属感和认同度，而这些恰恰是社区福利建设的基础。因此组建职业化、专业化的社区工作者队伍既是社区福利建设的重要内容，也是社区福利建设的重要条件。

社会工作者：福利政策推行的实践者。我国福利体制高度分散而且分隔，实际得到社会服务和社会保障的情况，主要还是依据职业群体、经济部门和地理区域而分化。实际上，由农民、低收入家庭、失业者和残疾人组成的社会弱势阶层已经出现。总的来说，政府更愿意担当起服务的管理者和推动者的角色，而不是服务的直接提供者。在政府的主要责任还只是通过调查式的项目照顾那些弱势群体时候，其他政府所不能顾及的人群则需要由其他团体或组织来提供。更多的福利服务需求的出现意味着对于这些服务在规划、管理、提供和评估方面的社会福利专业人员的需求在不断上升。而社会工作者出于其专业性以及助人自助的价值理念，无疑可以充当福利服务的提供者、实践者的角色。从社区福利和社会工作者专业素养双方面考虑，社会工作者在社区化社会福利服务中可以充当以下角色：一是居民参与社区社会福利的组织者；二是政府与民间的中介者；三是社区服务的提供者；四是社区社会福利服务专业化的推进者。

（四）作为政治实践的社会工作具有公义性

朱志强老师认为社会工作是一种政治实践；Fred Powell 在《社会工作的政治学》一书中建构了"历史—当代"分析范式，尝试提出一种能够包容诸多视角与实践取向的社会工作发展模式,旨在迈向"一个以包容性社会中的社会公正为追求的公民社会工作模式"①。强调社会工作的政治任务是要回应社会排斥及其背后的社会不公正现实,并倡导一种"良知政治学"(a politics of conscience)。他将政治与道德紧密结合,强调支撑社会工作的主要力量是道德使命(moral imperative),即社会工作怀有持久追求社会公正的信念,相信人类的行动能创造一个包容所有公民的包容性社会(an inclusive society for all citizens)。其倡导的社会工作政治学思想,主要是赋予社会工作在实现一种伦理的、道德的公民社会中的重要角色,也为探索公民社会工作模式(civic model of social work)奠定了政治和道德基础。从历史的视角来看,社会工作的起源、发展,无不与特定的政治、道德、社会脉络密切相关,因此,强调社会工作的道德和政治属性,是一种回归社会工作原初意涵、分析当代社会工作处境的重要视角(徐选国、戚玉,2014)。社会工作的建构主义范式迎合了当前国际社会工作演变的最新趋势。国际社会福利委员会(IF-SW)、国际社会工作教育联盟(IASSW)于 2014 年 7 月在澳大利亚墨尔本召开的"世界社会工作、教育与社会发展联合大会(2014)"上圈定了社会工作国际化定义:"社会工作是一个以实践为本的职业及学科,它推动社会变迁与发展,增强社会凝聚力,赋权并促进人的解放;社会正义、人权、集体责任和尊重多样性等是社会工作的核心准则;基于社会工作、社会科学、人文科学和本土知识的理论,社会工作使个人和组织去应对人生挑战并增进福祉。"这个定义相较之前的定义,具有以下突出的特征:一是社会工作的目标从个体潜能开挖转向促进社会发展与赋权并重;二是社会工作的伦理准则从基本的人权和公正转向社会公正、

---

① Fred Powell, *The Politics of Social Work*, London, Sousand Oaks, New Delhi: Sage Publications, 2001, p. 3.

人权、责任和尊重多样性的统一；三是社会工作的理论体系明确了本土知识与专业知识及人文社会科学的同等重要性；四是强调社会工作实务不仅应该关注个体自助，还要注重对外在社会结构的调适，以实现个体与社会的福祉。这种转向把社会工作职业和学科从强调个体的、非均衡的、普世的、被动的状态推向了强调整体的、均衡的、本土的、主动的高度（葛道顺，2015）。在中国的社会工作实践中，道德性和政治性也有所体现，其中，道德性主要体现在社会工作对于社会转型时代衍生的各类弱势群体的关怀，有学者从社会工作的正义维度对其进行了探讨（皮湘林，2012）；而政治性体现在社会工作在和谐社会建设背景下扮演社会管理和公共服务创新的重要推动者（徐永祥，2007）。

综上可见，关于社会工作是什么的表述各有侧重，都是在不同的时空情景之下，特别是面对不同的使命进行的界定，只用某一表述好似都不全面，但要全部涵盖又未免拉杂，对于社会工作的本质表述在短期内是难以达成满意的共识，因为基于不同的面向可以给出多元的回答。

六、 承认社会工作的实践原则

德国当代实践哲学代表人物路德维希·西普以对个体与组织间关系的考察为切入点，力图完成对传统承认理论的历史学—人类学改造。通过这一改造，西普使承认理论摆脱了意识哲学的桎梏，并将"承认"展示为由尊重、非歧视、宽容、团结、友谊五个环节构成的整体。我们认为可以把此观点转化为承认在不同阶段的实践原则。由是，我们把接纳、宽容、尊重、团结、友好作为宏观意义上承认的五大原则。而在不同的承认场域我们应该坚持的实践原则则有待进一步操作化。

（一）接纳

接纳，从词源意义进行分析，主要有结交、接受、接待、采纳等几种用法。

1. 结交罗致

①《后汉书·岑彭传》："光武深接纳之。"

②《三国志·魏志·吕布传》："先是，司徒王允以布州里壮健，厚接纳之。"

③《古今小说·羊角哀舍命全交》："宫门外设一宾馆，令上大夫裴仲接纳天下之士。"

④邹鲁《广西光复》："并开华熙客栈，实欲借此为机关，接纳志士以谋大举。"

2. 接待，招待

《水浒传》第七三回："里面太公张时，看见李逵生得凶恶，暗地教人出来接纳。"

3. 接受

①秦牧《艺海拾贝》："他必然是较多地接纳了人民观点的人。"

②赵树理《三里湾·三个场上》："当大家猜透他的谜，不愿接纳他的时候，金生说：'……可以让他试一年'。"

关于接纳理念的争议在国内外存在着不同的情况。在《社会工作专业学生对弱势群体接纳的研究》一文中提到了接纳这一理念的发展及现状，其中，国内大致可以分为王思斌与徐道稳两种主张：从理解接纳的含义来看，北大教授王思斌认为，接纳是一种容忍的了解，包括接纳服务对象的优点和缺点、积极和消极的情绪、建设性和破坏性的态度及行为。徐道稳从作为助人的社会工作、专业的社会工作和制度的社会工作三个方面论述社会工作的价值取向，其中接纳原则作为一种专业的价值取向，它意味着对服务对象的接受、相信和尊重,但不是对服务对象的意愿、价值判断和主观要求全盘接受。

顾东辉教授和王思斌教授都把接纳看作是社会工作者对服务对象无条件的尊重和接受,而徐道稳认为接纳不仅仅是单纯的全盘尊重和接受,社会工作者在接纳服务对象时,需要立足于尊重和接受的基础之上,但也需要根据服务对象的实际状况和要求,修正服务对象偏颇的思想观念,帮助和引导服务对象做出有利于服务对象的选择和决定。

而国外对于接纳和改变的意义存在着不同的说法:Michnael Ignatieff 和 Richard Titmuss 给接纳的定义是通过欣赏人的品质和不求特别回报的方式来对陌生人需求的回应。Reynolds 和 Miller 都强调了理解在接纳原则中的重要性。Weick 和 Pope 认为接纳意味着尊重别人的自主性,意味着承认其他人与自己存在不同之处,即使是不喜欢也不能试图去改变别人的性格,甚至控制别人。Benjamin 从人际关系和内在交互作用的模型中得出,接纳就是与他人的和谐相处的情感联系,尊重他人的自主性,同样也让他人在没有严厉的批评或改变的压力下自由行动。随着对接纳的进一步研究,学者们对于接纳的定义归纳得越来越具体,也从理解、尊重服务对象要求的角度逐步延伸到接受服务对象的行动和自主性。

对于接纳的意义,Benjamin 和 Miller 都认为社会工作者对服务对象的接纳可以让他们感觉到自己有价值、有尊严、有能力,即使他们身处困难之中,他们也能在这种感觉下得到前进的动力。虽然接纳有着较广泛的含义,提醒我们尽可能减小控制,与服务对象不会产生相互作用,但并不表明服务对象的特殊行为也需要被接纳(例如伤害别人或自己),也不意味着社会工作者不能对服务对象施以影响。Linehan 和 Downing 就表示接纳和改变不是对立面,选择其中一个并不代表要放弃另一个,要认识到两个概念之间的辩证关系——接纳是改变的一种形式并使改变成为一种可能,二者可以共存。Krill

曾指出,在服务过程中,社会工作者与服务对象的关系是一项具有生产性的决定因素,而这种关系包含了社会工作者与服务对象间彼此接纳与尊重。社会工作者在助人过程中体现的人格特征是其内在修养的体现,他把这种特质称为核心条件或促进要件。它与一般的素质不同,有其特殊性,是工作职业对其从业人员的要求,并以助人为目的。当社会工作者持续表现出这些特质时,人在情境中的危机会降低,助人的可能性也相应提高。

我们将之作为承认社会工作原则的"接纳",其实是一个群体从心理和行动上,像对待自己人一样对待外来者,是一个群体对待差异群体或多样化社会的态度、能力的反映。接纳不代表接受,也不代表内化。所谓接纳是应我允许你以客体的身份,以你独特的结构存在于我的内在。接受是我接纳并支持你的思想、做法。内化是你的一切都符合我的思维系统,你已化为我的一部分,与我是同一整体的存在。

承认社会工作的接纳是将服务对象作为一个完整的人来看待,其有着自己的优势和限制,甚或所谓的高尚与卑劣,但其是我们的服务对象。对于社会问题也是,不存在没有问题的社会,任何一项决策都如硬币的两面,会带来结果的发展与困境,但只有将其接纳,放置于社会发展的脉络,不是抱怨,而是责任与使命之下的解决策略寻找。

现在,接纳、非歧视变成社会工作的理念的同时外延也不断拓宽。例如周总理提出的"求同存异",本身也是包容和接纳的体现。非歧视所带来的个人或团体融入感,包容接纳所带来的进一步的团结,最终所实现的社会和谐稳定,个人获得感和存在感也是社会工作所想要实现的最终目标。社会工作者本身要学会接纳,这是建立专业关系的基础;也是相信服务对象拥有潜力,教导其助人自助的体悟;同样是社会工作这一专业对社会包容性更强的愿景,在社会工作专业内,对这一话题的研究也越来越多,逐渐深入,力图用专业的方法和理念渗入其中。

同时,接纳最重要的一个态度就是非歧视,而要论及非歧视首先要从歧视开始。

歧视是直接针对某个特殊群体成员的行为。歧视是由偏见的认识和态度引起的,直接指向偏见目标或受害者的那些否定性的消极行为的表现。歧视源于偏见,歧视的表现程度变换很大,从带有感情色彩的表情性语言交往或社会交往中的故意回避,到暴力行为,乃至种族灭绝或宗教性大屠杀。

社会学角度下的歧视就是人对人就某个缺陷、缺点、能力、出身以不平等的眼光对待,使之得到不同程度的损失,多带贬义色彩,属于外界因素引发的一种人格扭曲。它是不同利益群体间发生的一种情感反应及行为,歧视一般由歧视方和被歧视方两个利益群体构成。一般情况下,歧视方由于担忧被歧视方对自己的地位、权利、利益、习惯、文化等造成威胁或挑战,而在言论或行为上对被歧视方,进行丑化、中伤、隔离,甚至伤害。歧视实际上是歧视方在寻找说不出口的理由,使不合理不合法不公平不正义的事情维持下去,达到维护歧视方的地位、权利、利益、习惯、文化的目的。

经济中的非歧视性原则(Non-discriminatory)是指在国际贸易中,一缔约国在实行某种限制或禁止措施时不得对其他缔约国实施歧视待遇。非歧视性原则又叫无差别原则,是针对歧视性待遇的一项缔约原则。如果缔约国一方对另一方不用对其他任何国家所同样不适用的限制或禁止,即为非歧视性原则。这一原则包括两个方面,一个是最惠国待遇,另一个是国民待遇。

日常的歧视的类型主要有工资歧视,指从事相同工作的员工,一部分人由于非经济个人特征而导致所获工资收入低于另一部分人。就业歧视,指在其他条件相同的情况下,甚至部分劳动力供给者具有更好的劳动力供给条件,但是由于这部分劳动力个人的非经济特征而遭到雇主的拒绝,因而承受着不适当的失业比重。职业歧视,指在劳动力市场上,某些劳动力即使完全有能力胜任,却因非经济的个人特征而导致被限制或禁止进入某些职业,或者被排挤到同一职业中的过低档次的位置上。人力资本投资歧视,指某些劳动力因非经济个人特征导致较少获得能够提高劳动生产率的正规教育、在职培训以及较好的健康照顾等的机会。还有种族歧视、年龄歧视、疾病歧视等。

但以往的社会学研究尚未给出非歧视原则的明确定义,我们认为非歧视原则可以依据歧视原则相对立的一面来进行解释。非歧视即为社会利益群体中不存在或产生针对某个特殊群体成员的行为。即不以偏见认识或态度,直指偏见目标或受害者的具有否定性的消极行为的表现。持有了一份价值的相对中立,理解了将之作为服务对象的当下与过往应该做一个区隔,即或这种不堪的过往是一种罪错,甚或有意为之的,更莫说是不知与无意,我们看到的是即将到来的可能与改变。

(二) 宽容

关于宽容的基本解释是"宽大有气量,不计较不追究,包涵,原谅"。

1. 宽厚能容忍

《庄子·天下》:"常宽容于物,不削于人,可谓至极。"

《后汉书·傅燮传》:"陛下仁德宽容,多所不忍,故阉竖弄权,忠臣不进。"

2. 包容,原谅,不计较

《宋书·郑鲜之传》:"我本无术学,言义尤浅,比时言论,诸贤多见宽容。"

3. 宽恕

清李渔《风筝误·拒奸》："你不从就罢了，何须告诉母亲，待我陪个不是，求你宽容了罢。"

鲁迅《且介亭杂文末编·死》："损着别人的牙眼，却反对报复，主张宽容的人，万勿和他接近。"

4. 宽舒从容的神色

南朝宋刘义庆《世说新语·雅量》："桓公伏甲设馔，广延朝士，因此欲诛谢安、王坦之。王甚遽，问谢曰：'当作何计？'谢神意不变，谓文度曰：'晋阼存亡，在此一行！'相与俱前。王之恐状转见于色；谢之宽容愈表于貌。"

包容指容纳；即指宽容大度。语出《汉书·五行志下》："上不宽大包容臣下，则不能居圣位。"

"包容"一词源于古法语，在 15 世纪是"耐力、毅力"的意思，到 19 世纪 70 年代被心理学使用，意指不排斥或不忽视，尤其是对外来者、非主流群体、社会不利（弱势）群体等而言。社会包容是社会排斥的对立面。世界银行指出，社会包容是提高社会不利（弱势）群体社会参与能力、机会与尊严的过程。

1. 包容

《汉书·五行志下》："上不宽大包容臣下，则不能居圣位。"

苏轼《上神宗皇帝书》："若陛下多方包容，则人才取次可用。"

《明史·蔡时鼎传》："貌退让而心贪竞，外包容而中忮刻。"

《玉娇梨》第二十回："二人俱系旧故，尚望仍前优待，以示包容。"

2. 容纳

前蜀杜光庭《皇后修三元大醮词》："气分二象，垂包容覆载之私。"

明李东阳《大行皇帝挽歌辞》："草木有情皆长养，乾坤无地不包容。"

贺敬之《雷锋之歌》:"七大洲的风雨,亿万人的斗争——在胸中包容。"

承认社会工作的宽容更加强调面对人的思想及行为产生的结果,特别是对人与社会带来不良影响的后果给与宽恕,以更加开放的姿态和宽广的胸怀予以包容,给与改正的机会与可能,以暴制暴,而非以怨报怨。

(三)尊重

尊重是一个汉语词汇,基本意思是尊敬、重视,古语是指将对方视为比自己地位高而必须重视的心态及其言行,现在已逐渐引申为平等相待的心态及其言行。在现代汉语词典第五版中,尊重有三种意义:(1)尊敬,敬重;(2)重视并严肃对待;(3)庄重(指行为)。我们可以看出,就尊重原初的意义而言,它只能被给予父母、老师、长者等在上下等级中处于高位或优位的对象。

国外比较有权威的词典《斯坦福哲学百科全书》中给予尊重的界定是:一般而言,尊重表示主体对客体理解的一种特定模式,根据其对客体的知觉做出一种恰当的回应。这里强调的是恰当的回应,并没有像中国汉语词典中给的几个解释那样,强调尊卑有序、等级观念。从语言学的角度解释,我们不难发现中国和西方国家对尊重的内涵的理解是存在着差异的,中国更多地体现了一种等级观念,而西方没有体现该涵义,他们强调的可能是一种平等的关系。

1. 自尊的内涵

自尊(self-esteem),即自我尊重,是个体对其社会角色进行自我评价的结果。自尊是通过社会比较形成的,是个体对其社会角色进行自我评价的结果。自尊首先表现为自我尊重和自我爱护。自尊还包含要他人、集体和社会对自己尊重的期望。

2. 尊重的实务困境

"尊重"虽然是社会工作的伦理价值之一,对专业关系的建立、对服务的有效开展都有很显著的影响，但在实务操作过程中，却存在很多困境。

尊重是一种情感体验，很难进行量化，因此在提供服务的过程中，工作者对服务对象是否给予了尊重、尊重的程度如何、对服务效果有何影响都很难去评估。

社会工作者对服务对象的尊重、接纳程度，往往与他本人的人性观有关。而且，即使同样对人性抱有积极看法的，也会有层次差异。

尊重意味着完整接纳而不是完全接纳。"承认首先意味着尊重他人的完整性，将他者视为具有同样情感与需求的人。"社会工作者把每个服务对象看做是有人权、价值、情感和独立人格的人，这是相互尊重与平等的前提。尊重意味着接纳一个人的优点和缺点，而不仅是接受服务对象的光明面，而排斥其消极面。尊重也意味着接纳一个价值观和自己不同甚至是差距很大的求助者，并与之平等交流。比如，当求助者的某些见解很片面、滑稽甚至是无理取闹，却一味地自以为是；或是求助者身上有令人厌恶、痛恨的恶习。这些很容易使得社会工作者产生排斥，进而流露出不满和指责。为此，社会工作者应该充分地了解自己的价值观，并不断培养良好的文化能力、锻炼自身的心理素质，只有这样才能更好地理解服务对象的思想、行为及其需求，也才能做到处变不惊，更有效地与服务对象合作并顺利应对和解决问题。

（四）团结

团结指为了实现共同的利益和目标，人们在思想和行动上相互一致、相互统一、相互关怀照应的社会关系和道德规范，它与"分裂"相对立。团结有着广泛的社会内涵，有阶级团结、民族团结、集体团结、党内团结、同学团结、国际团结等等。为了集中力量实现共同理想或完成共同任务而联合或结合（《当代汉语词典》）。在阶级任务和利益一致的基础上,为实现共同的目标,达到信仰和行动统一的、互相帮助和真诚支持的道德原则和行为规范(《中国工人阶级大百科》)。

团结的起源:

团结最早是从西方社会理论引进而来的,并非是中文所固有名词,开始的时候只是用于基督教上的,表示公民在法律上的合作责任和兄弟之爱,后来用于法律和政治上与现代的自由和政治组成相关,多表示政党之间的合作关系等。团结不管在哪个领域,都经历了很长的时间才进入到人们的视野中。

真正地对社会学领域中团结进行系统的研究要数迪尔凯姆。迪尔凯姆针对 19 世纪西方社会从前工业社会向工业社会转型的过程中出现的各种社会危机,提出"社会团结"的思想,迪尔凯姆认为社会团结是指社会把不同个人与群体粘合在一起的有机整体,形成具有社会凝聚力的和谐状态,并且在其《社会分工论》中提出了"机械团结"和"有机团结"的概念。

团结的发展:

(1) 原始社会:改造自然,齐心克服困难。团结被视为最基本的道德准则。

众人拾柴火焰高;

人心齐,泰山移。

(2) 阶级社会:团结的道德要求带有阶级性,利益的划分和整合依靠团结的规范。

(3) 社会主义社会:人们根本利益一致,实现全中国各族人民的大团结。

社会团结的发展:

(1) 西方的社会学理论引进国内。

(2) 迪尔凯姆的中译本的著述逐渐增多。

（3）从现代性的角度来研究迪尔凯姆，主要是围绕着现代性的意义和社会关怀等问题进行讨论的。

（4）社会学方法论的研究，主要是围绕着《社会学方法的准则》、《自杀论》、《宗教生活的基本形式》展开的研究和讨论。

（5）宗教方面研究，关于迪尔凯姆的宗教的研究并没有在国内得到很大的关注。

（6）关于法律的研究，在《社会分工论》一书中，涂尔干从社会团结与法律的关系方面来探讨了法律问题，目前法律社会学逐渐成为人们研究的热点。

（五）友谊

友谊是人们在交往活动中产生的一种特殊情感，它与交往活动中所产生的一般好感是有本质区别的；同时它是一种来自双向（或交互）关系的情感，即双方共同凝结的情感，任何单方面的示好，不能称为友谊。它以亲密为核心成分，亲密性也就成为衡量友谊程度的一个重要指标。关于友谊的具体表述有以下几种：

1. 朋友间的交情

明李贽《朋友篇》："去华（潘去华）友朋之义最笃，故是《纂》《闇然堂类纂》首纂笃友谊。"清昭梿《啸亭杂录·顾总河》："〔顾琮〕果于友谊，公之督河时，前督完颜伟病于署中，家属已先行，公为之守护汤药，旬日无倦。"邹韬奋《友谊与职权》："友谊是天地间最宝贵的东西，深挚的友谊是人生最大的一种安慰。"

2. 朋友

《廿载繁华梦》第八回："次日即请齐友谊亲串，同赴梅酌。"

3. 友好和睦

袁鹰《远方之歌·五封信》："黑非洲啊黑非洲，全世界都伸出了友谊的手。"

在中国传统社会中友谊更多体现在人情方面。黄光国在《人情与面子：中国人的权力游戏》一文中指出中国人一般拥有三大类人际关系：情感性关系、工具性关系和混合性关系。情感关系更加持久、稳定，情感成分超过物质功利成分，如家庭、密友、朋友团体等原级团体中的人际关系，都属于此。工具关系则更为短暂、易逝，功利成分大于情感成分，如店员与顾客、公车司机与乘客等人际关系即是。而混合性关系则是空间上连成一个社会关系网络，时间上保持一定的延续性，情感成分和工具成分所占的比重不分上下，如亲戚、师生、同学、同乡、同事、邻居和一般朋友等角色关系即属此列。中国人往往会选择人类社会中的混合性关系属性，通过感情来维系人际关系。

社会学家指出，收入和社会地位不同的人之所以能有各自的幸福感，在很大程度上是因为友情因素的存在。罗杰斯(Rogers,1985)对这种亲密性作了三点概括：能够向朋友表露自己的思想感情和内心秘密；对朋友充分信任，确信其"自我表白"将为朋友所尊重，不会被轻易外泄或用以反对自己；限于被特殊评价的友谊关系中，即限于少数的密友或知己之间。

第二章

承认社会工作的实践循证

　　社会工作的发展过程本身就是一个承认的过程,经历了一个从无到有,从弱到强,从非正式的自愿与志愿到职业化与专业化的发展过程,社会工作自身获得承认的实践所包含的哲学、理念、价值与技术,就可以为相关主体的发展提供参照与循证依据。

一、 走向循证的社会工作

　　作为临床医学重大突破的循证方法,因其具有重复实验和套用优势的"科学性"在医学界获得了一致好评和推崇,并被多学科无限复制和移植。即或如此,中国社会工作,受限于发展水平,特别是基于社会关系、特定情境、个别化人的专业特质,在实践和理论领域都难能把循证作为社会工作研究的最高追求(何雪松,2004)。但在社会科学饱受经济能力和科学性质疑而回应乏力等情况之下,循证为社会工作的转向发展开辟了一线晴空。

(一) 建构循证社会工作的可能

　　在循证已经成为或将成为社会科学研究与实践的一个热词的当下,去梳理循证思想的滥觞与流变,是廓清循证内涵,促进研究与实践,特别是为社会科学寻找动力与资源以迈向良好发展的不二法门。

1. 循证的思想溯源

"循证"一词来源于循证医学(EBM:Evidence-Based Medicine),EBM 最早由加拿大 McMaster 大学的 David L. Sackett、Brain R. Haynes、Gordon H. Guyatt 等组成的研究小组于 1992 年正式命名[1]。但以"遵循证据而非权威"为核心观念的循证思想则古已有之:古希腊医师希波克拉底(Hippocrates)(公元前 460—公元前 377 年)首次将观察性研究引入医学领域,提出医学成果不仅来自合理的理论,也要依靠综合推理的经验[2];其后,循证的思想经历了一个多种学科与技术的综合发展期。Sackett 认为这可以追溯到 1789 年后法国的巴黎学派[3],以 Pierre Louis 为代表的医生反对仅仅依据中世纪以来的古典理论就对患者作出的决策。其关键意义在于 Louis 认为一切临床的结论不能盲从于任何专家意见和医学理论,而应该遵照临床观察事实。

1898 年,医师 Fibiger 发表了著名的血清治疗白喉的半随机对照试验(按入院先后顺序分配治疗),证明了血清治疗的有效性,使血清治疗白喉不再没有证据[4],这些研究都使得 EBM 的思想得到了进一步发展。1948 年,英国医学研究会主持开展的链霉素治疗肺结核疗效的研究开启了随机对照试验(randomized controlled trials,

---

① Evidence-Based Medicine Working Group, Evidence based medicine, *A new approach to teaching the practice of medicine*. JAMA, 1992,268(17), pp. 2420 - 2425.

② Hippocrates. *Precepts*. I: *Works* (translated by WHS Jones), London: Wm. Heinemann, 1923, p. 1, p. 313.

③ Sackett D. L. , Richardson W. S. , Rosenberg W, et al. *Evidence-based medicine. How to practice and t each EBM*, Edinburgh: Chrurchill Li vingston, 1997, pp. 1 - 60.

④ Hróbjartsson A. , Gotzsche P. C. , Gluud C. , *The controlledclinical trial turns 100 years: Fibiger's trial of serumtreatment of diphtheria*, BMJ, 1998, pp. 1243 - 1245.

RCTs）的时代。①

如何在浩如烟海的文献信息中筛选出对临床医师所面临的临床问题的最恰当、最佳证据成为循证医学发展要解决的核心问题。在1972年，英国医生及流行病学家 Archie Cochrane 在《Effectiveness And Efficiency：Random Reflections on Health Services》（《疗效与效益，健康服务中的随机反映》）一书中特别强调"应用随机对照试验证据的重要性是因为它比其他任何证据来源更为可靠"②，由此奠定了现代 EBM 的思想。

随着随机对照试验的不断发展，不仅样本量悬殊较大，而且质量参差不齐，最大的问题是结论存在矛盾。临床医生应该根据哪个针对特种病进行的随机对照治疗试验结论来指导临床的决策呢？1979年 Archie 及其同事经过不懈探索后提出系统评价（systematic review，SR)的理论：应该根据特定病种及疗法，将所有相关随机对照试验放在一起进行综合分析，并随着新的临床试验的出现不断更新，这样就可得出更为可靠的结论。③ 根据妊娠与分娩的 RCT 结果，Lain Chalmers 等在1987年撰写的关于激素对有早产倾向的母亲系统评价，肯定了糖皮质的有效性。这一发现在欧洲的推广应用，降低了30%～50%的欧洲新生儿死亡率。系统评价成为 RCT 和系统评价方面一个真正的里程碑。Archie Cochrane 指出："没有按照专业组织一个定期调整，所有相关的随机化对照试验的批判总结对我们

① A Medical Research Council Investigation, *Streptomycin Treatment of Pulmonary Tuberculosis*, BMJ, 1948,2(4582), pp. 769-782.

② Shah H. M., Chung K. C., *Archie Cochrane and his visionfor evidence-based medicine.* Plast Reconstr Surg, 2009, 124（3）：982-988. Cochrane A. L., *Effectiveness And Efficiency：Random Reflections on Health Services*, Control Clin Trials, 1989,10(4), pp. 428-433.

③ Cochrane A. L., *1931-1971：A critical review, with particularreference to the medical profession.*, London：Office of HealthEconomics, 1979,pp. 1-11.

这个行业来说是一个很大的批评。"由此推动医学研究中的 Meta-分析应用。在 1976 年,心理学家 Glass 提出 Meta-分析的统计学方法[1],1982 年成立的国际临床流行病学网(International Clinical Epidemiology, INCLNE),标志着循证医学已逐渐成熟,其发展所需的各类技术支撑渐趋完善。

David L. Sackett 和 Gordon H. Guyatt 研究小组于 1996 年在 BMJ 杂志发文详细阐述了 EBM 的概念[2]:慎重、准确和明智地应用所能获得的最好研究证据来确定患者治疗措施;EBM 的定义随着实践的不断深入而修正为:EBM 是最佳研究证据、临床经验与患者独特价值观和个体情况的结合。[3]

2. 走向循证的社会工作

"EBP"(Evidence-Based Practice)是临床实践的跨学科方法,它开始于医学的"Evidence-Based medicine"(EBM),核心思想是要求医疗决策应尽量依据客观的研究结果。1997 年,萨基特为循证实践下了一个定义,认为循证实践是"在做出个人护理决策时,认真、明确和明智地使用目前最好的证据"[4]。他认为循证医学在本质上是临床医师在进行医疗决策时,依靠的是科学的证据而不是医师的直觉。

1992 年后这一方法被传播到其他领域,如听觉学、语言病理学、牙科学、护理学、心理学、教育学,图书馆和信息科学、社会工作(学)。"Evidence-Based Practice"直译为"证据为本的实践",何雪松即采用

---

① Glass G. V. , Primary, secondary, and meta-analysis of research, *Educ Res*, 1976(5), pp. 3 - 8.

② Sackett D. L. , Rosenberg W. M. , Gray J. A. , et al. Evidence based medicine: what it is and what it isn't, *Clin Orthop Relat Res*, 2007,455(2), pp. 3 - 5.

③ Straus S. , Richardson W. S. , Glasziou P. , et al. *Evidencebased medicine: How to practice and teach EBM*, (3rd ed), Edinburgh: Churchill Livingstone, 2005.

④ Sackett D. L. , Straus, S. E. , Richardson, W. S. , Rosenberg, W. 5 & Haynes, R. B. *Evidence-based medicine: How to practice and teach EBM* (2nd ed.). Edinburgh: Churchill-Livingstone, 1997.

这一译法，按照杨文登的说法是"1996 年，学者王吉耀正式将 Evidence-Based"译为"循证"，得到学界的广泛认可，读写起来更为简洁，于是选用"循证实践"。除了简洁和更具学术味道之外，笔者还觉得"证据为本"过于凸显实证主义的倾向，感情上更容易接受"循证"，不是出于对实证主义的质疑，而是对社会工作更应具有人文和艺术的价值偏向。不过郭伟和认为"循证"比证据为本更加让人感受到实证主义的压力。

E. 甘布丽尔在 1999 年首次将循证医学的概念引入社会工作领域。但她并没有给出非常清晰的定义，基本上照搬了循证医学的概念。有社会工作者借鉴萨基特循证医学的定义进而提出了以证据为基础的社会工作。在 2000 年，对社会工作循证实践的定义是，"循证实践，是将最好的研究证据、社工的临床技术及经验以及服务对象的选择和评估结合起来，作为对某个服务对象制定服务方案的依据"。2003 年，学者 Sheldon 将社会工作的循证实践定义为："社会工作者严谨、清晰和明智地利用当前最好的证据对服务的使用者进行决策"。中国在 2008 年第 20 版的《社会工作百科全书》中，正式收录"循证实践"词条，认为"循证实践是一种教育与实践范式，包括一系列旨在帮助实践者与管理人员识别、选择与执行对案主进行有效干预的预定步骤"。

（二）循证之于社会工作的当代挑战

走向循证的社会工作，在知识观上回避不了关于社会科学与自然科学背后哲学的讨论，在实践中获得承认的道路也绕不过价值承担与独特性、科学性、有效性的呈现，在中国当下更要处理少证甚至无证可循的尴尬。

1. 知识观的通约与澄清

李凯尔特认为，自然科学是抽象的，是基于经验的，目的是得到一般规律;人文社会科学研究是具体的,它关心个别的和独特的价值观。自然科学与社会科学的差异在罗伊·布哈斯卡(Roy B haskar)看来主要是在"本体论的限制"方面。社会结构不像自然结构,不存在独立于人的支配而活动的东西,不存在独立于人的活动的动因力概念,社会结构只可能相对地持续,从而它们作为基础的倾向在空时不变量的意义上不可能是普适的。[①] 那么作为社会科学的社会工作的知识观与作为自然科学的医学的知识观是不可通约的。

不论其分类界限多么模糊,自然科学、社会科学和人文学科这三大部类在其本性和特征上还是存在比较明显的区别。"科学和人文学科的区别在于其分析和解释的方向;科学从多样性和特殊性走向统一性、一致性、简单性和必然性;相反,人文学科则突出独特性、意外性、复杂性和创造性"。"在社会科学中,我们不能通过即时的实在达到对其他人的理解,即时实在被告知他们的行为和信念改变了。即时实在的反应特征意味着,在社会科学中,不能存在最终的答案,只要某个另外的人愿意以不同于在我们答案中规定的方式行动。因此,力图使社会科学太密切地模仿自然科学,是愚蠢的"[②]。那么,关注其学科本质或服务所向时,不同知识观的两个学科是否可以通约呢?

蔡元培说:"治文学者,恒蔑视科学,而不知近世文学,全以科学为基础;……治自然科学者,局守一门,而不稍涉哲学,而不知哲学即科学之归宿,其中如自然哲学一部,尤为科学家需要;治哲学者,以能读懂古书为足用,不耐烦于科学之实验,而不知哲学之基础不外科学,即最超然之玄学,亦不能与科学全无关。"(刘为民,1994)从大的原则讲,没有健全的理由把科学与非科学(人文学科以及社会科学)

---

① J. Margolis, *Science without Unity*, *Reconciling the Human and Natural Sciences*, Basil Blackwell, 1987, p. 348.

② R. G. A. Dolby, *Uncertain Knowledge*, *An Image of Science for a Changing World*, Cambridge University Press, 1996, pp. 182 – 183.

区别开来,不论逻辑经验论的可证实原则或可确认原则,还是波普尔的可证伪原则,都不能完全做到这一点。直至今日,关于社会科学是不是自然科学意义上的科学,依然争论不休。"在'接近'人的意义上,所有科学都是人文的,是在人的实践活动的过程中产生的,仅就它们或迟或早在人的实践中被使用而言,它们的结果具有价值。在这种意义上,正是自然科学、社会科学、技术科学和人文科学都是关于人的科学。"①

B. 巴伯(B. Barber)说过:"科学作为整体,边界是模糊的,它融合于普通、日常的实践活动之中。分支科学彼此之间以意料不到然而富有成果的方式相互重叠、渗透。这一切在社会科学中同样存在。""科学粗略地划分成自然科学和社会科学二类,并非像通常假定的那样,这二类完全割裂。"②这种通约和借鉴使得临床医学的循证理念进入社会工作领域时获得了学科的热烈欢迎。同时,面对科学主义和量化评估的强势话语,社会工作证明自己的科学性和有效性变得有据可循。

审视当下中国的社会工作发展,应将其放在中国的大历史中判断中国社会工作发展的成就,放在人类社会的大历史中判断中国社会工作的发展成就对人类社会的意义;放在人类命运共同体的发展趋势中判断中国社会工作的发展模式对人类命运共同体发展的意义;放在中国社会多样性和差异性中判断中国社会工作的进一步发展应面对的问题。诚然,理论或方法的最初面世,难免因不尽完美而存有挑战,这是可以理解和接受的,在批判继承中前行才是正道。关于循证社会工作也是多方言表,甚至相互批评、指责,笔者认为应以丰富与发展社会工作为出发点和落脚点,直面中国当下的社会问题,

---

① V. Ilyin, A. Kalinkin, *The Nature of Science*, *An Epistemological Analysis*, Moscow: Progress Publishers, 1988, p. 191.
② 〔美〕巴伯著,顾昕等译,《科学与社会秩序》,三联书店 1991 年版,第 283 页。

聚焦工作对象的需求,服务于学科专业的发展,各方在保留争议、寻求共识、兼容并蓄中协同发展。循证医学的突破和推广延展到社会工作领域成为了一种选择和方向,依此增进社会工作的科学性和有效性的举证不仅无可厚非,甚至要予以褒奖。循证的有效使用为被动嵌入与融入主流话语的社会工作追求承认、实现承认至少开辟了一条可能之路。

2. 为承认而循证的实践

保罗·利科认为承认的过程包括记忆和区别、自我承认与认同。其中区别重点讨论的是不同于他物的差异与独特性,也是自我与公众关于对象的认知与记忆,自我承认与认同主要是给予对象实践结果的肯定。社会工作要获得社会与专业的承认,必然要清晰地呈现自己的独特性、有效性,还有基于科学标准的科学性。

(1) 服务对象需求和问题的回应

社会工作的本质与使命在微观上面向的是服务对象的需求和问题,而问题往往源于需求没有被有效满足。对问题与需求回应的效能关及社会工作存在的价值与意义。对问题进行分类和厘清,对需求进行深层的探析是保证社会工作服务效果的基础。人类的需求和问题在很多方面是有共性的,所以通过先前需求及问题的剖析和干预建立档案库以备后来近似案例处遇的参照使用,既为时间等方面上的成本节省,提升了效率,又为干预找到了防范服务风险的证据。如此这般,通过案例库的不断建设,保证科学性的同时提升工作效率,逐步改善服务质量,丰厚了服务对象的福利,更好体现了社会工作的本质和使命担当。

(2) 适应环境变化的改良

人是环境中的人、脉络中的人,局限的关注服务对象本身往往不能从根本上解决问题,改造和营建良好的社会环境是社会工作的本质与使命在宏观面向的重要内容。这一点更多体现在宏观的社会工作方法方面,在社会政策、社会行政和社区项目的实验、推广和改造后拓展方面具有诸多先例。而不同地区和主体为改良环境所做的尝试和探索无疑对后来者有示范借鉴和启发诱导的功效,在文化和资源相对近似的环境改造中借用成功经验,在容易获得政策和社会支持的同时,规避风险、节约成本和提高效率也自在其中,不仅能为服务对象提供高质量的服务,还能因资源的节省额外拓展服务项目和服务群体。

（3）政府评估的需要

在当下大政府和强政府的中国语境下,社会工作的发展机遇更多源自政府因需要而进行的自上而下的大力推动,政府购买服务是社会工作发展最为重要的资源和舞台,营造和政府相互依赖的伙伴关系是现实理性的道路选择。面对社会的质疑和挑战,政府基于政治考量而进行的社会工作服务评估因为功能和目的定位不同而存在政府和社会工作服务的张力在所难免。评估标准制定的相对量化和程序化是社会工作服务需要适应和协商的。而这样一个评估标准背后对科学性和有效性的传统理解需要社会工作提供实践的证据。这也是社会工作走向承认过程中获取政治合法性的被动表述。

（4）科学标准的诉求

自科技革命为人类带来翻天覆地的变化以后,自然科学就成了科学的代名词,社会科学经历了长期的斗争却日渐式微下,在不断强化社会一隅的同时,对科学的理解也渐趋同与自然科学的标准。大数据与量化的大行其道,好似无往不胜的表明证据是客观的、是最有力的、是唯一的科学,要么证据说话,要么选择闭嘴。特别是伴随物质与经济的日渐膨胀,科学强大到唯我独尊、舍我其谁的独霸天下局势。昔日昂首挺胸的文人斯文已不多见,夹缝中凭借兴趣和价值不断坚持而又艰难抗争的社会科学转向自然科学的标准来证明自身科学性的委曲求全却俯拾即是。不只是为发声,也有为更多发声的舞台与可能,不断建构证据,并倡导证据为本,依此来繁荣学科是社会工作获取科学性认可的变相诉求。

3. 理想类型证据的现实遭遇

社会工作的本质是处理人与社会的关系,以实现二者的良性发展,医学是实现人的身体的康复。服务对象虽然都是人,但一个是关注人的具有共性和稳定性的生理,一个是聚焦人的极具个性和变动的社会关系和心理。实践中不断流变的社会工作本质给证据的生产带来了诸多挑战。

笔者认为证据于社会工作而言存在三种理想类型:平行错过、偶然遭遇和理想重合。所谓平行错过是指先前的证据与当下处理的案例存在表象的高度相似,但深入探究会发现其在本质上特别是基于因果分析没有交叉点的情况,只能是两条平行线。所谓偶然遭遇是指所循之证与处理案例存在一个或几个相似点,但除此之外并没有更多的交汇之处的情况。所谓理想重合是指所循之证与处理案例表象高度重合的情况,我们知道天底下没有完全相同的两片树叶,更没有完全相同的两个人,即或表象比较近似的服务对象也存在文化脉络等方面的个体差异。综上可见,理想状况的可循之证在社会工作实践中难能发生,最多是案例参照而绝不可以照搬套用。如果忽视了知识范式的差异和服务对象的个别化,置社会工作本质使命和专业初心于不顾,而醉心于科学与实证必将误入歧途。

(1) 不同于自然科学的社会科学证据

自然科学的证据可以无限制的反复进行实验和操纵控制实验的条件,有着严格固定的步骤,强烈主张价值无涉,其生成的知识也是在符合此类实验条件才可能有效的证据。社会科学特别是以人为服务对象的社会工作在伦理上不允许拿人做实验,在实践中知识发挥作用的条件也不可控,加之人的千差万别和环境的变动不居不可能具备自然科学知识实验的理想环境和条件。此时社会工作实践的知识证据只能作为参照的案例,仍然需要实践者的技能和智慧参与其中。特别是强价值介入的持有者认为,从证据的选择到证据链的建立,尤其证据使用时的个别化加工无不包含有主体性的创造,价值中立难能做到,也不必成为一种原则性限制。

（2）差异于量化方法下的质化证据

量化研究对代表性和一般性的知识追求达到了无限精致和痴迷的状态,这在严谨的自然科学领域是必要的,也是值得赞美和推广的。这在用来验证结论的正确概率方面具有得天独厚的优势,但是在社会工作领域的一般性总是以特殊性表现出来的,而在干预和实践的领域,一般性的知识只能提供参照。另外基于服务对象利益与价值的最大考量,验证在这里不仅不必要而且变得危险。也正是如此,量化研究获取的一般性知识证据使用就要万分谨慎,如果仅用于免责的呈堂供词,那就大可不必。以典型性和特殊性的质化研究对人和情境的个别化给予了充分考虑,对于知识的推延从来都是持谨慎态度。它提供的知识证据始终呼唤实践主体智慧和技能的融入。

（3）区别于自然物特性的构成性证据

关于自然物的证据具有相当大的稳定性,虽然不排除较大变异的可能。特别是源于医学的证据,病症一旦确诊,其治疗方案很少考虑个体差异,虽然用药和手术针对病人过往病史和体质特征会有变通,但基于工作的对象——疾病却是相对稳定的,在某类疾病取得的成功治疗案例就可以在张三或李四身上推演。但对于社会工作的对象——人与社会却大有不同,证据之间存有结构性因素的同时,不断生成新的结构成为证据生成的重要特质。就比如当下推进的精准扶贫,贫穷的成因各有不同,如有制度性的:移民和拆迁;如有自然环境的:非旱即涝和资源贫乏;如有家庭系统的:子女众多或家庭成员突患大病;如有个人层面的:天生残障、文化程度低、懒惰、不务正业、吸食毒品或突遇车祸致伤残等等。如此不等的成因在脱贫过程当中如不区别对待而采取一味的输血式扶贫,那么只能是数字上的暂时脱贫。如果一味采取开发式扶贫希望通过项目带动扶贫,而贫困对象中的确存在无论怎么用优势视角也无法进行增能而实现自助的状况。即或同一类致贫对象,而个体差异较大,用在 A 上成功的案例套用在 B 往往难奏其效。伴随实践的深入,证据与主体间关系的推延又会生成新的构成性关系,影响着进一步实践中证据的使用。

(三) 循证社会工作的建构与发展

纵观 EBP 的研究,大体沿着实证主义的思路,关注科学标准和量化证据,客观化社会世界,探寻变量的因果关系,进而忽视了社会环境的构成性和处遇情境的独特性,遮蔽了社会实践的反思性,异化了行为主体的能动性,强化了不公正的专业关系,弱化了人类知识生产的多样性,这也为改进社会工作的循证明晰了方向。

笔者本着"中体西用、兼容并蓄、竞争发展"的知识立场,不唯"西方文化中心",亦不"本土自大",从循证实践的内涵出发,结合社会工作的本质,尊重服务对象的完整性和个别化,考虑文化和环境的差异性和变动性,纳入教育者、研究者、实践者和服务对象等主体的多元对话,认为"循证社会工作是社会工作者充分发挥自己的专业技能和实践智慧,整合工作对象的个别化及其和环境互动的独特性、构成性,批判、反思地参照研究者、教育者和实践者的知识证据,回应需求和问题的干预模式"。

1. 循证社会工作的证据生成及结构

基于学科属性、知识观和对象的不同,自然科学和社会科学的证据存在差异是可以理解的事实。那么借用了医学的循证实践进入到社会工作领域无疑要经历社会工作化的过程。这里主要论及的就是知识证据的生产是个什么样子:实践者基于实务的实操知识证据的生成,教育者基于实习和实验教学的技能知识证据积累,研究者基于实践的智慧知识证据建构。

在当下中国的实践脉络当中,社会工作的可循之证相对有限。起步较晚是发展上的客观限制,盲目照搬套用或自大是认知上的主观限制,水平相对不高是质量上的现实限制。加之平行错过、偶然遭遇和理想重合状况之下的证据稀缺,"循证社会工作"还是一个未来式和探索式(虽然基于行动和实务的,特别是社会工作的行动研究一直包含对前期经验的反思和改进,而这一思想是涵盖了循证而又超越了循证的)。在此笔者仅基于展望和建设的视角去积淀可循之证:首先是社会工作者在一线实务中获得的实践经验。此类证据没有实验条件的附加和研究的假设,是社会工作者提供的实务智慧,因而相对容易接受和理解,就是在实务当中成功案例和经验的梳理。其次是教育工作者和学生在教学实习当中获得的实践经验。此类证据主要汇集了教育实习中成功的经验和案例,也包含教育工作者对研究成果和实习中服务对象问题回应下的实验室模拟且科学有效的经验总结。再次是教育工作者和研究者在教学和研究当中获得的理论经验。此类证据中的研究结论和理论发现是回应服务对象问题、需求和实际干预的知识生产成果,也包含了被实践证明科学有效的实验案例和相关研究成果的综述。最后是社会工作者发挥自己的实践智慧依据一般化到个别化的路径将上述证据梳理、整合、聚焦为和服务对象相关的一级类别证据,和服务对象需求和问题相关的二级评估证据,和服务对象的生存环境、文化脉络、个别化特质相关的三级个别化证据,以及融合社会工作者实践智慧批判、反思和建构的四级实操证据。

循证社会工作的证据生成是社会工作者运用自己的实践智慧将社会工作的可循之证融入服务对象的文化与环境的脉络之中,考虑服务对象个别化因素的运用。

以上证据的生成首先是社会工作实践者将以上三类知识和服务

对象类别进行连接生成一级证据,然后是结合服务对象的问题和需求类别进行筛选的二级证据,接下来是和服务对象的生存现状、独特性和情境性进行链接筛选的三级证据,最后是基于以上状况和知识进行批判反思存留的用于实务的操作性证据。社会工作实践的有趣之处还在于每一次的实践都与以往不同,即或好似具有内在结构的证据及其生成也处在不断地解构和重构之中。

2. 循证社会工作的实践逻辑

从"循证社会工作"的概念界定可以看到循证社会工作实践的场域构成包含了三个主体:知识生产主体(也就是证据提供系统)、实践主体(也就是社会工作者系统)、服务对象主体。他们链接、咬合、互动进而推动社会工作实践的前行。

(1)证据获取的实验及其限制

实验是自然科学获取证据的最佳途径,但对于社会科学而言却未必是理想选择。基于社会工作伦理的考量,研究者进行干预前测和后测的实验对比可以接受,但是选择对照组进行干预和放任的比较实验则相对谨慎。特别是对象不同于静止之物,其个别化特征极其明显,用所谓一般化或成功、有效的概率来做推演极其危险和不可取。那么此时的实验往往局限于实践中的自然状态,也就是非人为刻意安排的对照而是恰好存有的比较。另外在教学阶段的实验也应该遵循对实验对象无伤害的原则,而此时的对象与实际工作的对象无论是真正的问题和需求还是环境都存有较大不同,此时实验性质的证据使用也要十分谨慎,这也是后文讨论批判及反思性地运用证据的原因。

(2)证据选择的案例及其参照

社会工作教学、研究和实操中积累的成功案例作为理想的证据,为高效开展社会工作服务提供了便利,同时也为责任追究提供了较好的辩护之词。即或如此,仍要考虑变化不居的实践和对象,且不可以只为经济和免责而照抄照搬。一定要充分考虑工作对象所处的环境与案例环境的差异,还有两者文化脉络的不同而区别对待,特别是要考虑工作对象的个体差异,采用个别化的服务策略,案例只是提供的参照而绝非公式。用固定、僵化的公式去套丰富多彩的实践和千差万异的人是注定不得要旨而归于歧途的。这里参照的是处遇框架、技巧和应对的哲学,学习的是实践背后成功要素抽象化的智慧。

（3）实践的路径和步骤

实践有法却无定法,社会科学的研究与实践本亦没有最好的方法,只有认知与情景之下最适合的路径选择,笔者在甘布丽尔循证社会工作通用模式的基础上,提炼循证社会工作的实践路径与步骤,为循证社会工作的发展抛砖引玉,以期凤鸣。

一是需求为本的问题建构。社会工作本不以问题导向为主要视角,但基于资源和效能的考虑,秉持优势视角聚焦问题确是现实的较好选择。服务对象问题的产生往往源于需求没有被有效满足。人的需求千差万别但却又有规律可循,恰如历史从未重现,但却经常相似。由是,我们爬梳对象的情境和需求,去伪存真澄清出问题及情境背后的互通因素,充分挖掘与实践和决策相关的信息,建构成可以回答的问题,通过提炼和聚焦将问题类化。甘布丽尔总结了循证实践过程中的五类问题:有效性问题、预防问题、评估问题、描述性问题、风险问题。[1]此种分类是对问题的宏观划分,在实际操作中还需进一步细化为某一对象的某类问题,如青少年的网络成瘾问题、社区扶贫问题等。

二是回应类化问题的证据梳理。依据情境和需求的问题类化进行问题分类的研究综述,能够给予类化问题回答的证据主要来源于相关书籍、期刊、杂志、报纸、网络电子读物、会议文件、治疗或实践指

---

[1] GAMBRILL E E., *Critical in thinking in clinical practice*(2nd), Hoboken, NJ: John Wiley and Sons, 2005, pp. 289 - 293.

南等,这些证据大致包括了理论研究的证据、实践者经验及教育的证据、基于服务对象独特性、批判性、反思性的建构数据以及从前人实践的成功案例和研究成果中建立的证据库。

三是批判反思的证据筛选。限于平行错过、偶然遭遇和理想重合的案例现实,必须要融合行动者的实践智慧,敢于质问和挑战,特别是当下人文社科知识对于田野和实践智慧的轻视,一定要时刻存有反思和批判的思维,保持对四级证据和类化问题后梳理的证据库真假的敏感,进而发展出可以参照和遵循的证据。

四是处遇策略的主体性设计。基于处境的策略设计要充分考量时、空、人、事、关系,特别是主体的价值偏好和文化背景以及主体间的互动、普遍存在的不同行动者的差异。传统循证过分强调证据而对主体的轻视,不仅违背了社会工作案主中心的原则,同时也挑战平等的价值追求,让高高在上的证据压制了主体的价值诉求,无视对话和专业关系在干预中的作用。

五是案主中心的构成性方案实施。处遇方案的实施围绕的是服务对象的利益和福祉,指向的是服务目标的实现和对象问题的解决。整个处遇过程并非一成不变,而是开放的,无论是主体还是干预要素和情景,特别是三者的互动时刻处于流变当中,建构、解构和重构的状况持续发生,没有因时、因地、因事、因人制宜的使用证据,僵死的方案可能只是一种束缚和制约,不能为人与社会的解放带来任何转机。由上观之,社会工作的循证就是从平行错过、偶然遭遇和理想重合的案例中汲取实践智慧,结合服务对象个别化的特质和情景脉络制定相对合理化的实践方案。

六是成效为本与随机对照的干预评估。干预效果是评价研究结果与实施方案优劣的重要尺度,循证社会工作的评价应以质化的服务对象需求的满足、能力的增加、问题的解决以及社会效益为重点考核指标,此时,基线测量和干预后改变的比较变得异常重要。而非以实施者的自说自话或者工作量的饱满程度为参照。根据评估者的经验及服务的探访和观察严格进行随机对照检测,并提升随机对照中干预效果证据在评估指标中的占比,随机对照的抽检样本以达到理论饱和为追求。

七是评估结果的运用及反思实践的证据积累。循证社会工作应该是从问题建构到依据先前证据进行干预并形成新的可循之证的闭环,特别强调是次干预效果对后来干预提供循证的意义、价值和贡献。由是,整个实践的过程记录以及对次干预的反思,尤其在可以改进的空间与新的发现方面进一步的思考和检测十分重要。这也使得每一次的干预都成为下次干预的循证起点,让循证成为一个无限循环而又不断上升的螺旋。

3. 循证社会工作发展的迷思

循证社会工作面向社会科学特质的发展,首先要回应社会工作实践无证可循的境况,也就是人类知识的第一次经验该如何处理的问题。另外还有在紧急情况之下,受限于实践主体知识的相对有限性来不及循证的实践如何进行的问题。此时,实践智慧指导下的专业技能是无可替代的选择。其次要回应循证的有限性的问题。因为社会工作的过往案例存在平行错过、偶然遭遇和理想重合等几种类型,那么完全雷同案例的高度稀有使得所循之证总是相对有限,所以此时所谓"循证"准确而言应为案例参照。再次应回应循证无力的问题。任何僵化的经验都无法生搬硬套在鲜活的对象主体和无限丰富、千变万化的实践上,批判、反思和建构的实践再次彰显实践智慧的大有作为。

(1)立足实务研究的案例积累

基于文化传统和地区的多元差异,当下社会工作的实践案例应结合对象需求和在地情境,逐渐融合理论和实务智慧发展出可以为类似情境和对象提供参照的证据。受限于提供者理论、实务、财力和人力的当下实际,实务又以专业化为主导深度挖掘,经营服务品牌和特色项目,避免多元化倾向的蜻蜓点水、浅尝辄止的活动串串烧。由是之,政府、机构、学校等广博领域的不断探索与积淀,形成有深度、有特色的服务项目,可循之证成为可能。

(2) 迈向行动研究的知识生产

自康德以来,包括马克思主义者,特别是中国革命的实践,给予我们无限丰富的实践经验。实证主义的探索为之作了基础性的贡献,循证实践又推动了实践研究上了一个台阶,当下的行动研究,特别是参与式行动研究为社会科学,特别是社会工作学科开辟了更为广阔和鲜活的知识生产前路。行动研究,特别是参与式行动研究注重研究者和被研究者、服务提供者和接受者之间的互动,更加关注对象的主体性和能动性,强调服务的平等性,既是对人的尊重也是研究创新的重要转向,把实践研究推到了新的高度。

(3) 注满批判反思的实践创新

社会工作的价值承担与干预效果张力讨论的背后更多是日常生活实践与专业实践之间的关系。布迪厄认为,日常生活的实践场域是由客观社会结构、主观行动结构和符号体系结构建构生成,通过专业思维对常识知识的系统化提升形成体系化的科学知识,并反过来指导生活实践。借助对个人行动路线及其所在的社会场域结构的反思,突破社会结构对个人行动的支配,进而实现社会解放。社会工作通过反思性与批判性的个人与社会行动突破日常生活的惯性,推动个体的解放和社会的转型。由是,不同于实证主义客观化社会世界,追求量化的因果关系,弱化、异化社会人的主体性、能动性与创造性的知识思路清晰呈现。

(4) 持有构成性的使命追问

社会工作的专业使命引导与规定着社会工作的发展,特别是循证社会工作的发展,关于使命的探讨与争论从没有停止,也不会停止,综观来看,主要围绕社会工作作为政治实践、道德实践、职业实践和专业实践在慈善、助人自助、范式差异、解放和变革、流动与多元及后现代等方面展开。实践性很强的社会工作,面对情境与个别化的差异,对文化与结构,多样与构成的反思也如实践一般,无限丰富而又飞速发展,若要循证,依照后现代的"构成性哲学"指引"从日常微观实践中把握各种结构,包括人与社会等,并向永远处于动态中的新的可能性开放",也是对社会工作专业使命追问的尝试性回答。

二、 走向承认的社会工作专业

"社会工作"作为一种凝聚"爱"和"技术"的新兴专业,由英语 Social Work 直译而来,其秉承"助人自助"的专业理念,很快跨越成为上帝选民的富太太的"爱心零食"的宗教行动,经历了从志愿性活动到行业性工作,再到专业化工作的发展历程。虽然大多数国家很早就有帮助弱势群体的部门或事业,但作为一门助人的专业及学科的社会工作,它起源于西方国家,截至今天才仅有 100 多年的历史。专业的社会工作经历时间虽短,但因其较好地回应了社会需求,所以获得了较快发展。在我国,专业意义上的社会工作在解放之前就有了,但是新中国建立后因为多种原因中断了数十年,直到 20 世纪 80 年代后期才得以恢复。因经济社会发展的需要,在 2000 年之后获得了迅猛发展,特别是 2006 年以后。这样一个从无到有,从非正式到正式,从志愿服务到专业化发展的过程也是社会工作专业获得承认的过程。而这样一个走向承认的过程暗含了一个专业的承诺面向即社会工作要做什么,包含有伦理、价值和目标;还有一个专业的记忆面向即社会工作能做什么、做了什么;还有一个实践面向即做的怎样、效果如何。这些面向集中体现在专业自身的成长以及国家和社会对社会工作的态度上。

（一）社会工作专业的成长发展之路

20世纪50年代后期，格林伍德提出社会工作的五个专业特质分别是：系统化理论体系、专业权威、社区认可、规定的伦理守则和专业文化。20世纪90年代，加文（Garvin）和特罗普曼（Tropman）提出社会工作专业的七条标准，即知识体系、理论基础、大学训练、产生收入、对实践者的专业控制、对专业活动的内在道德或伦理控制、可以测量或观察的结果。通过整合诸多"专业标准"可知，作为一个"专业"其获得承认的标志应该包含有：专业权威、伦理守则、知识体系、组织文化、学校训练以及经济收入。

1. 专业权威的日益确立

芮奇蒙德（Richmond）在1917年出版的《社会诊断》（Social Diagnosis）一书，被认为是专业社会工作诞生的标志，其意义是巨大的，至少它开创了个案工作的社会诊断模式。芮奇蒙德（Richmond）在《社会诊断》中提出了界定个案工作以及社会工作者在诊断过程中职责的一些原则，把个案看成是特殊过程构成的。这些特殊过程通过有意识地调适个人自身、个人与他人、人与社会环境的适应来发展人格。它认为社会工作是用特殊方法来实现改变服务对象的过程，提出了系统收集资料来理解个人的有组织的方法。《社会诊断》成为了社会工作应该做什么的规范与标准，芮奇蒙德（Richmond）也被称为专业社会工作的创始人。

2. 伦理守则的逐渐完善

社会工作特有的伦理价值是社会工作与其他职业相区别的显著特征。社会工作专业伦理是一套指导专业人员从事专业活动的道德指引，是在其哲学理念与价值取向基础上发展起来的。何厉宇认为西方社会工作伦理的发展动因主要来自基督教伦理、人道主义、福利思想与民主价值观等（何厉宇，2012）；王思斌老师认为，社会工作起源于西方,受宗教理念、工业文明发展的影响,特别是受功利主义哲学思想的影响,伦理上注重个人的价值与尊严,强调服务对象个人的独立性和自决精神,带有强烈的个人主义色彩。经过长期的发展,在社会工作价值的指引下,社会工作者对机构、同工、服务对象、社会、国家和专业的伦理操守不断得以充实和完善,尽管出于不同的价值考量,不同的文化脉络之下的具体守则存有差异,但在诚实、保守秘密、生活品质、最小伤害、自主自决、差别平等和保护生命等方面基本达成共识,甚或在伦理排序方面也渐趋一致。这不仅有效地保障了社会工作的专业权威,也有效地保护了社会工作者及其服务对象,规范了专业的发展。

3. 知识体系的不断完善

社会工作受到社会科学尤其是社会学的极大影响是在 19 世纪末 20 世纪初以后。大家普遍认为,社会工作者的中心任务是发现社会问题的根源,确定问题的成因,通过介入解决问题,社会病态也得以消除。工业革命之后科学技术的繁荣发展为社会工作的发展提供了又一重要条件。社会工作不断整合社会学、人类学、教育学、经济学、政治学、管理学、心理学以及哲学等多个学科的关于人与社会、人与自然、人与国家以及人与人、人与其自身等的知识,进行嫁接移植,为我所用,将社会工作打造成了一个整合的学科与专业,拥有了自己的知识体系。由此可知,专业社会工作的发展和现代科学的发展是不可分割的。这里以社会工作的理论为例,提姆斯(N. Timms)依据社会工作梳理其与社会工作实践的关联程度,将其划分为两个层次,第一层次是外借理论或基础理论,也就是人们通常所讲的社会工作的理论基础。他们主要对人的行为与社会运行的规则和机制以及人与社会的本质等进行解释,这些知识主要来自于社会学、人类学、教育学、心理学、管理学、政治学、经济学、精神医学、医学等。第二层次是实施理论,也就是直接用于指导社会工作实践以及达成社会工作服务目标的知识,主要使命是解释说明社会工作实践活动本身的目的、性质、方法和过程,这些知识主要来自社会工作的实践经验积累。大卫·豪(David Howe)则从功能出发将社会工作理论划分为"为社会工作的理论"与"社会工作的理论"两个层次。"为社会工作的理论"是指社会工作理论的知识基础或哲学,"社会工作的理论"则是指社会工作理论中直接指导实践活动的操作性理论。

19世纪末20世纪初,西方社会工作已经进入了专业发展阶段,主要表现在社会工作的专业培训、专业教育的发展和社会工作的科学化。哥伦比亚大学和芝加哥大学开始尝试开设与社会工作相关的课程,探索社会工作专业化的理论基础。美国学者玛丽·埃伦·芮奇蒙德于1917年出版了《社会诊断》一书,该书主要从社会学的角度强调社会因素的重要性。在理解个体行为的同时,她把医学知识应用到专业社会工作中,社会工作开始向多学科的方向发展,该书的基本目的是促进社会工作发展成为独立的知识体系,一种可转移的专业技术。

4. 专业教育的迅猛发展

美国在1898年成立了纽约慈善学院,并在此基础上训练了一批受薪的"友善访问员";同时期宣告成立专业学院的还有荷兰阿姆斯特丹社会工作学院,并开设两年制社会工作教育课程;1904年成立的纽约社会工作学院;1910年开始开设社会工作相关课程的美国芝加哥大学、哥伦比亚大学等;1912年开设了医疗社会工作课程的波士顿社会工作学院,这些课程为社会工作从行业性工作向专业性工作的转变提供了理论和知识的储备。

20世纪50年代初,专家霍丽斯·泰勒做的有关社会工作教育从"技术训练"层面提升为"理论研究"层面的报告在社会工作教育领域引起重大波澜,社会工作教育的重点也从"补救与治疗"转为"预防与发展"。自20世纪初美国就发展了社会工作学位课程,迄今已经形成了比较完善的学术取向的社会工作教育体系,不仅注重实习教育,而且与其他社会科学学科一样,非常重视普适性逻辑科学知识的教授和研究性课程的教学,目前本科、硕士与博士研究生教育都具有较大规模与较高水平,使社会工作成为高等教育中一个非常活跃的独立的社会科学学科。就美国来说,在"美国社会工作教育委员会"(National Council on Social Work Education,NCSWE)批准的大学中取得社会工作本科及以上的专业学位才能成为社会工作者。截止到 2000 年,全美共批准了 421 个社会工作本科、约 140 个硕士和 71 个博士项目。每年大约有 7.4 万名全日制或半工半读的学生到这些学校进行学习。

根据有关文献,在中国,首先是燕京大学清河实验区、沪东大学等教会大学实验区开展了社会工作。其中一些为农村社区提供教育、公共卫生服务和工业工人服务,在服务过程中注重工人的基本生活条件,如工资待遇、劳动环境、工厂福利等。城市社会工作得到了进一步拓展和实践,农村建设运动的形式也多种多样,重道德,重农民,重合作,重自助,具有共同价值观念的职业社会工作,体现了对人的发展和教育的重视。农村社会关注环境本身,更重要的是关注人与环境的和谐关系。1949 年,中华人民共和国成立后,政府完全承担扶贫济贫工作,并且大力推进其发展。但 1952 年,随着社会学的取消,社会工作教育逐渐消失。

改革开放以来,我们党的工作重心开始逐步向社会建设转移,经济建设和社会工作是社会建设的重要制度和手段,许多经验表明,社会工作的专业思想、目标和方法对社会建设起着不可替代的作用。1978 年,伴随着改革开放,解决社会福利问题的体制机制发生了变化,计划经济体制到社会主义市场经济体制的转变使得一些新问题无法解决,需要我们对原有的福利制度进行改革和完善。同时,为适应市场经济体制的需要,必须加快专业社会工作的发展。首先,专业社会工作的发展是政府职能转变的要求。但是,随着改革的不断深入,政府已不再像过去那样无所不能,社会福利和社会事务的趋势将是"社会福利社会办"和"人民当家作主"。其次,企业职能的转变需要专业人才的发展。在计划经济转变为市场经济以后,企业改变了对职工生活和福利负全部责任的方式,把社会福利和服务项目的担子甩给了社会,为社会工作专业的发展催生了新的契机和平台。这时候核心家庭已经成为在我国比较普遍的家庭结构形式,这使得家庭在养老扶幼方面举步维艰,发展社会福利事业已刻不容缓,家庭结构和功能的转型需要专业社会工作的发展。最后,随着社会转型的加快,邻里关系趋于弱化,使人们需要专业的社会服务,这也对发展专业社会工作提出了新的要求。

北京大学社会学系获准开设社会工作专业,高校社会工作专业的设置开启了我国社会工作专业的新起点。此后,我国社会工作专业走上了与西方国家不同的发展道路。1994 年,中国社会工作教育协会成立,1999 年前以北京大学为代表的 28 所高校开办社会工作专业,2000 年新增 27 所,2001 年新增 36 所,2002 年新增 35 所,2003 年新增 26 所,2004 年新增 21 所,2005 年新增 15 所,2006 年新增 12 所,2007 年新增 13 所,2008 年新增 14 所,2009 年新增 16 所,2010 年新增 18 所,2011 年新增 8 所,2012 年新增 23 所,2013 年新增 10 所,2014 年新增 11 所,2015 年新增 11 所,2016 年新增 14 所,2018 新增 12 所。其间只有 2017 年没有新增,截至目前共计 351 所学校开设社会工作专业。同时,2009 年增设社会工作硕士(MSW)专业学位,全国首批开展社会工作硕士专业学位教育试点工作的研究生培养单位一共有 33 所,从 2010 年开始招生,之后根据需要在 2010 年、2011 年、2014 年、2016 年、2018 年对社会工作专业硕士招收单位进行了扩充,到目前为止共 148 所院校招收社会工作专业硕士。截至2018 年,中国高校设置社会工作博士点的高校已达 17 所。综上可见,由于社会工作人才在社会建设领域功能的发挥,社会工作在国家的专业设置方面日益受到重视。社工专业教育的快速发展,为中国社会工作储备了大量的专业人才,使社会工作专业承认的道路进入了一个新的阶段。

另外,从业人员的收入逐渐走高,在发达国家和地区,从事社会工作是一项非常高尚和体面的工作,而且收入很高。它被称为"社会工程师"、"社会治疗师"等,并与医生和律师一起成为三大热门专业之一。在中国香港地区及其周边地区,社会工作者有着较高且稳定的工资收入,高级社会工作者年薪可达到40万港元以上,即或初级社会工作者的月薪也在1.2万到1.8万港元之间。同时,社会工作的组织文化建设不断完善,这都是社会工作逐渐得到承认的表现。

(二) 社会工作专业的国家承认之路

社会工作最先在西方国家获得承认。德国俾斯麦政府在19世纪80年代颁布和实施了一系列的社会保障制度,标志着现代社会福利制度的建立和快速发展。在第二次世界大战后,伴随西方社会福利制度的快速发展,国家部门对社会福利事务不断进行干预,很多国家进入了"福利国家"阶段,这是政府对社会工作认可的重要表现,客观上加快了社会工作规范化和专业化的进程。随着社会历史的变迁,世界各国及地区正在逐步建立并完善满足其社会需求的社会工作体系。美国的社会工作相对发达,经济的快速发展带动社会需求相应增加的同时,促进了社会工作体系的进一步完善。由此可见,国家干预对推动社会工作发展具有关键性的驱动作用。

中国政府对社会工作的推动是晚近的事情,但却获得了跨越式的发展。从党在十六届六中全会通过的《关于构建社会主义和谐社会若干重大问题的决定》(以下简称"决议")可看出,当前我国党和政府对社会工作的发展投入了极大的热情,《决定》指出要"建设宏大的社会工作人才队伍",《决定》认为："造就一支结构合理、素质优良的社会工作人才队伍,是构建社会主义和谐社会的迫切需要。"并从健全政策措施和制度保障,加强专业培训,确定职业规范和从业标准,制定人才培养规划,吸纳社会工作人才就业等方面就如何建设宏大的社会工作人才队伍提出了具体措施。政府购买社会工作岗位和社会工作服务的日常化和规模化,是社会工作在我国获得政治承认的重要标志。

1. 身份的承认

中国社会工作在过去的十年中逐步获得了政治承认与职业承认,逐渐明晰了自身的专业身份。国家民政部于 2007 年确定了首批社会工作人才队伍建设试点地区和单位,人事部和民政部在 2008 年开始设立社会工作者职业水平考试,到 2009 年,民政部确定了第二批社会工作人才队伍建设试点单位。2011 年,党中央颁布的《关于加强社会工作专业人才队伍建设的意见》是第一个中央关于社会工作专业人才的专门文件,也是当前今后一段时期全国社会工作专业人才队伍建设的指导性纲领。中组部等 19 个部委在 2012 年颁布了社会工作专业人才队伍建设中长期规划。同年,中国共产党十八大报告提出要加快形成政社分开、职责分明、依法自治的现代化社会组织体制,这无疑进一步加快了社会工作的发展,把社会组织摆到了更加突出重要的位置。这种依靠中央政府的顶层设计制度化推进的发展策略是对社会工作身份的最好承认。

2. 能力的承认

社会工作要依靠在治理实践中所体现的治理能力以便在社会治理中发挥作用。目前对其能力的承认主要涵盖服务承认和专业性承认两个方面。在专业性承认方面:《社会工作专业人才队伍建设中长期发展规划(2011—2020 年)》和《关于加强社会工作专业人才队伍建设的意见》的相继出台,基本明确了社会工作人才队伍的专业化发展方向和路径。2012 年修订的《国家职业大典》,把社会工作者定位为"专业技术人员",并强调其是"提供社会服务的专门人员",这是对社会工作人才队伍的专业性承认。在服务承认方面:一是民政、教育、医疗卫生、劳动与就业和司法等诸多领域中的社会工作岗位,得到了突破性发展,专业岗位设置与开发得到制度性推动。二是2012 年以来,中央财政每年安排 2 亿资金购买社会工作服务,政府购买社会工作服务也初具规模。政府也通过购买服务的方式明确专业要求或专项购买服务来加大在社会工作方面的投入。

3. 规范的承认

就拿美国来说,社会工作在美国的发展已有 100 多年,为美国社会的稳定和发展做出了重大贡献,是一个相对成熟的职业。截至2012 年底,美国社会工作者达 64.2 万人。在美国,从事社会工作的人必须接受系统的社会工作培训。像医生和律师一样,只有获得社会工作的专业资格,社会工作者才能从事社会工作专业服务。

美国社会工作专业呈现出四个显著特征:一是工作领域的集中。90％的工作岗位在社会服务和社会福利领域,社会工作者多是提供面对面的专业服务。二是拥有社会工作专业的学士学位是进入社会工作岗位的基本门槛。三是社会工作者之间有着密切的联系。许多行业协会都与社会工作者的就业机构建立了合作关系,大约有65％的社会工作者是行业协会的成员,社会工作者之间的联系比较密切。美国最大的社会工作者协会是全国社会工作者协会(现为180,000 名成员),成立于 1955 年,负责其成员的培训和认证。也就是说,社会工作专业的学士学位在获得协会的专业认证后,可以开展社会工作硕士可以做的工作。四是专业人才分配的区域不平衡。大多数美国大学都集中在城市,有许多毕业生主修社会工作,社会工作者在城市竞争工作,这给毕业生带来了就业压力,但在农村社区有很多就业机会。

(三) 社会工作专业的社会承认之路

1. 社会问题引发对社工的需求

在英国工业革命和法国大革命之后,慈善事业逐渐开始向专业社会工作转变。社会工作产生的时代背景即为工业化、市场经济等在欧美的发展,使得物品丰富财富增长,整个社会经济结构也发生了巨大变化,但与此同时也出现了许多中世纪没有的社会问题。工业革命、市场经济的功绩是非常巨大的,但随之而来所产生的社会问题亦是十分尖锐的。社会生产力的迅速发展,进一步加深了资本主义的基本矛盾。贫穷、失业、盗窃、抢劫、卖淫嫖娼、赌博等社会问题日益增多,社会亟待治理这些病态现象。这种情况下,仅靠慈善和公益事业显然是不能满足客观要求的,这就需要有专业技能和专业知识的社会工作从业人员来解决这些新出现的社会问题。

从西方早期的社会工作实践可以看出,由于工业革命和市场经济的快速发展,使得家庭传统的自保和邻里互助功能无法满足解决现实问题的需要,政府和社会在社会福利中的作用日益受到关注。工业化破坏了旧的劳动生产方式,降低了农业和手工业的安全,增加了失业。城市化的快速发展不仅瓦解了农村社区的传统功能,而且破坏了旧的城市环境,导致了社会的分裂和区隔。城市化的发展也对家庭领域产生了影响,家庭活动的范围越来越小,功能越来越小,导致代际关系空前疏离。时代在变,社会上仍然存在贫困,新问题不断涌现,这一系列现象表明,社会发展对社会工作提出了新的更高的要求。

2. 社会需要催生专业社会工作

随着社会问题的加剧和社会工作专业化的发展,人们对社会工作的要求和期望越来越高,在数量和质量上,仅仅依靠非专业人员以爱、善、信、助的信念来解决社会问题是远远不够的。因此,越来越多的人开始呼吁从事专业的社会工作。社会问题需要专门的受薪人员来解决,例如贫困是由多种原因造成的,如常见病、物质短缺、道德败坏、精神缺陷、意外事件等,而这些复杂原因造成的问题需要专业的受薪人员。1877年在美国成立的水牛慈善团体,1886年在美国兴起的睦邻组织运动等都促进了行业性社会工作的发展。

3. 专业服务促进专业承认

英、美等国家的睦邻组织运动、德国首相俾斯麦社会保险制度的实施、美国罗斯福新政中社会安全法案的颁布和实行、英国贝弗里奇社会保障计划的实施及推广,都在很大程度上促进了社会工作队伍的发展和壮大。与慈善事业相比,社会工作是社会文明的更大进步,它在一定程度上反映了社会责任和人道主义的理念,社会工作既包括社会救济事业,也包括更积极的社会福利事业。此外,社会工作不仅采取各种救济措施,而且拓展专门的技术和专业管理方法,以改善社会生活,预防社会问题。文明,促进了人类社会的管理。

1870年,伦敦市成立了慈善组织会社,为了规范无序的救济,设立了"友善访问员",进行家庭调查和救济,并采取一对一、面对面的方法对穷人进行教育,以建立他们对生活的信心。还为老人、病人和孤儿提供精神支援和一些生活服务,这与友善访问员的服务个案社会工作方法有些相似,虽然缺乏系统的理论和专业技术支持,但早已超越单纯的慈善行为。牧师巴涅特1884年在伦敦东郊建立了第一个社区组织——汤恩比馆,招募剑桥大学和牛津大学的师生作为志愿者,经过对志愿者的短期培训,让其进入社区,与穷人同吃住,由是建立了良好的专业关系。这些志愿者有事先制定明确的工作计划,通过挖掘社区资源、倡导互助合作开展相关专业服务以满足居民的实际需要,解决社区存在的问题。这种互助合作服务事实上是一种依靠群体激励和社区合作来解决问题的方法,不同于慈善组织和社团的一对一的道德教育,它已经具备了小组和社区社会工作的雏形。

在社会工作发展的早期阶段，无论是政府法令的颁布还是慈善机构的服务发展，都只是被动地应对工业革命带来的后果。个案、团体和社区社会工作只是摸索，贫困检查人员、赈灾工作者、友善访问员等大多是由有爱心的人组成的，这一切都还不系统。1942年的贝弗里奇报告提出，要在政府的统一管理下，建立从"摇篮到坟墓"的全面的社会保障制度，这在较大程度上促进了社会工作的发展，社会工作者为服务对象提供物质援助并逐渐成为社会福利资源的载体、整合者和传递者。此外，社会工作者开始提供精神和社会服务，超越了先前的物质帮扶局限。另外，社会工作开始大量地整合社会学、心理学、管理学、人类学、哲学等学科，最终走上了专业化和职业化的道路。

在中国，社会工作是一门新兴学科，其承认的获取主要来自魅力权威和法律理性权威。社会工作专业的魅力权威主要是指为提高社会工作专业公众认识度而提供的服务。公共认可是社会工作魅力权威的基础条件，公众认可度越高，专业权威越高。专业声誉是公众对特定职业认可的最常用衡量标准，因此，专业认可、声望是最具直接形式的魅力权威。此外，公众寻求社会工作专业服务或被动接受社会工作专业服务的积极性，也是检验公众对社会工作专业认可度的重要标准。

近年来，社会工作培养的专业人才对社会治理做出的贡献越来越突出。总体而言，这些治理贡献主要体现在福利贡献和创新贡献上。社会工作专业人员积极推动公共服务的进一步改善，结合当地实际，构建"三社联动"服务模式。此外，社会工作专业人员通过服务实践和政策宣传，积极推动福利共享和福利进步。同时，社会工作专业人员关注边缘群体、特殊困难儿童、特殊困难老人、农民工和其他群体的福利需求，他们利用服务活动促进发展和加强社会福利服务安全。在创新贡献方面，社会工作者提供的服务包括服务创新管理和服务导向治理。社会工作专业人员成为社会工作专业的重要实践者、社会创新和公益创业模式的构建者，而且社会工作者的实践在一定程度上证明了服务导向治理理念的正确性和可行性。社会工作专业人才积极探索社会创新和公共服务创新，提出更多的创意和可持续的社会问题解决模式和社会服务供给模式，这与传统的管理不同。还有就是社会工作参与当下的精准扶贫工作，助力一带一路，社会组织走出国门等。

总之，在社会快速转型和工业化、市场化和现代化迅猛发展的背景下，推进社会工作已成为经济社会发展到一定阶段的必然要求，也是现代社会解决社会问题的重要制度安排。社会工作坚持"双赢"的理念，依据专业理论、方法、技术提供的服务在协调社会关系、缓解社会矛盾、防范与解决社会问题、促进社会发展等方面的针对性、有效性和专业性被日益承认，社会工作专业成为了现代社会结构不可或缺的一部分。

三、 走向承认的社会工作职业

职业认同是一个由价值认同、情感认同、能力认同、社会认同等因子构成的多维度结构。对于社会工作而言，其职业认同涉及的主体主要是政府、社会、服务对象和社会工作者（基于目前的实际状况准确表述应是社会工作从业者），这四个主体相互影响共同建构了社会工作的职业认同。其走向承认的过程暗含了一个"认同—自我承认—相互承认"的脉络。

改革开放四十年，伴随经济的发展，专业社会工作在我国社会治理中的作用逐渐显现，社会工作职业日益得到承认。我国社会工作职业的重大发展更多得益于 2006 年党的十六届六中全会提出的一项重要决定，就是"构建一支规模宏大、结构合理、素质优良"的社会工作人才队伍。加之,在近几年的政府工作报告中李克强总理提出"要发展专业社会工作人才队伍"。这些党和政府的文件充分肯定了社会工作在社会治理创新、实现国家治理现代化方面的重要作用,也给我们指明了未来的发展方向。与此同时,我们也应清楚地看到,我国社会工作职业化发展的道路依然存有诸多障碍,社会工作职业的社会知晓度、认可度还有很大进步空间,职业化发展的合力仍需要进一步提高,承认之路在朝向光明中饱含曲折。

(一) 中国社会工作职业发展现状

学界目前并没有一个关于"社会工作职业化"概念的明确定义,学者们从不同角度尝试来给出一个明晰的内涵与外延。这本身也是社会工作职业化的承认的过程。孙莹从职业化的构成要素出发,认为社会工作的职业化要素包括职业区隔、职业资格、职业资格等级、职业认证、职业保护和监督等内容(孙莹,2006)。文军从功能的角度,认为社会工作的职业化是指社会工作能够通过相关职业人群发挥其社会功能,实现其专业理念和价值(文军,2008)。

这些定义都同时强调了社会工作职业的发展与社会承认存在密切关系,也就是说社会承认的基础是社会工作职业在社会运行与发展中所发挥的社会功能,以及对社会问题的回应。

我国社会工作作为职业,仍处于刚刚起步的阶段,在专业化和职业化的道路上都存在着诸多挑战。任何一个新的事物在进入一个新的环境里都有一个适应期。西方的社会工作的专业化道路经历了百余年的发展,一套独立的专业化体系才得以形成,而我国的社会工作恢复及发展总计才三十年,西方社会工作的职业化都是以西方的国家体制和经济制度为基础的,这和我国的文化背景存在着较大差异。近几年,在中央以及地方各级政府的大力推动下,中国内地的社会工作蓬勃发展,日益进入职业化的正轨。目前国家正在通过完善人才选拔制度,制定人才激励和评价机制,给予部分正式员工岗位编制,有规划的对专业人才进行继续教育培训,以及规范的薪酬支付等等。开展的建设具有专业水平的宏大社会工作人才队伍等都是社会工作职业被逐渐认同与承认的过程。中国政府出台了一系列政策文件为国内社会工作的职业化发展提供了一个较好的环境。在这些政策文件的鼓励引导下,尤其是在广东珠三角、上海、北京等地,社会工作的职业化队伍已初具雏形,并在全国范围内取得了很大进展。

上海市为了在源头上有效地预防和减少犯罪行为,同时也为了开展针对社区吸毒戒毒人员、刑释解教人员及“失学、失业、失管”的青少年等“高危人群”的相关帮扶工作,在 2003 年 8 月凭借政府来扶持社会工作服务相关机构的创建,政府购买服务及让社工机构来落实社区服务的途径来发展社会工作职业化。深圳市吸收和借鉴了上海市经验,于 2007 年末开展社会工作职业化,践行了“民间运作”原则,主要体现在以下三方面:一是社工机构同政府部门没有相关利益,这就使得社工机构并未成为政府工作部门;二是通过政府购买社会服务的方式,这就表明社工是独立的社会个体,而非政府部门人员;三是为了避免某一社工机构在购买服务上实现垄断,政府通过公开招投标的方式购买服务。从 2008 年开始,广州市通过政府购买服务的方式,由社工机构承接社会服务运营,以社区内的家庭、青少年儿童、老年人等重点群体为服务中心,以社区低保人群等困难群体为服务重点,以街道为单位面向全体社区居民开设“家庭综合服务中心”,进而推动社会工作职业化进程。

(二) 走向承认的社会工作职业价值观

社会工作参与社会治理,是一股重要的服务型治理社会力量,有了社会工作专业服务,那些困境人士和弱势群体就能更有效地获得社会对他们的支持,增强他们的获得感和幸福感,维护新时代的和谐、稳定发展。同时,时代也驱使着社会工作者砥砺前行,在一次次的助人服务中,社工秉承社会工作的基本内涵:助人自助。在人生而平等,却又不平等的现实社会中,为弱者群体所需要,为之重拾人权的尊严和人生的价值,维护社会公义。

社会工作从业人员通过为服务对象提供专业性服务这样一个平台,获得社会关于职业的承认和认可。特别是贯穿服务过程的"尊重"、"接纳"、"个别化"等职业价值观,同时强调建立和维持社会工作者与服务对象之间的职业关系,要求社会工作者提供社会服务来满足需要。

社会工作在中国治理格局中从政府管理时代的工具角色转变为服务角色。社会工作是社会事务治理的一个重要主体,立足于专业服务,目标是减少社会冲突,实现社会和谐,达成社会良性运行。社会工作者对弱势群体、困难群体和特殊群体的帮扶,不是只关注具体和表象问题的嘘寒问暖,而是从问题和需求出发,依据专业的价值伦理和实操方法进行评估,找到问题的症结,通过人际帮助、心理辅导,以及必要的物质关怀等,调动服务对象自身内生动力,立足于能力的提升,着眼于系统资源的挖掘,达至问题的根本解决。

(三)走向承认的社会工作职业情感归属

社会工作职业化是社会对社会工作职业身份表达承认的具体形式,这体现在社会工作从业者通过社会工作职业获得社会角色的依附,从而获得社会身份和社会参与机会,社会工作从业者通过自身在社会工作职业中的努力获得报酬和尊重,一方面是维持自身的生存,另一方面是维护自身利益。对于社会工作者来说,职业认同表现为生存意义上的劳动报酬、社会意义上的职业认同和价值意义上的伦理责任。

社会工作职业资格考生人数日益增加是从业者对社会工作承认

的主体表现。我国社会工作职业化的开端还要追溯到上个世纪末的上海。2003 年上海浦东新区开内地之先河,率先开展社会工作者职业资格考试工作。2006 年,国家人事部和民政部联合颁布《社会工作者职业水平评价暂行规定》,开始建立我国的社会工作者职业水平评价制度。2008 年中国大陆举办第一届全国社会工作职业水平考试,是我国社会工作走向职业化进程中具有里程碑意义的事件。

全国社会工作者职业资格水平考试历经十多年的发展,已经成为全国范围内规模较大的考试之一。参加考试的人数日益增多,2017 年报考人数为 33.18 万人,同比增长 10%,是又一历史新高。同时关于社会工作者职业资格考试的通过率也有显著提高。截止到2016 年底全国一共有 28 万人通过了社会工作者职业资格考试,持证社工人数不断增加。

社会工作职业从业主体渐趋多元化是社会对社会工作承认的普遍化表现。参加社会工作职业资格考试的人员,由传统民政工作者、劳动部门工作者、社区工作者,逐步扩展到社会组织从业人员、社会工作专业学生、共青团干部、高校司法工作者、妇女工作者、工会工作者等。社会工作专业毕业生、社区工作者和社会组织从业人员是资格考试的三大主力队伍,同时,伴随各个领域对社会工作的了解加深,医生、护士、警察、公务员、教师和其他行业的工作人员也加入到社会工作者职业资格考试的队伍中来。

持证社工在社会组织就业具有优势是社会对社会工作承认的专业体现:在国家颁布的各种政策利好推动下,各省市各领域的社会组织都鼓励员工考取社会工作证书。除此之外,目前许多社会组织在招募工作人员时,将优先考虑持有社会工作职业资格证书的申请人。一方面,许多社会组织的标准化评价和具有社会工作证件的专业工作者人数会影响社会组织的整体得分。虽然规模不大,但社会团体在招聘人员时还是比较倾向于持有社工证书;另一方面,持社工证员工也可以初步反映他们在一定程度上具有一定的社会工作者的专业素质和技能。因此,许多社会组织都要求员工具备社工证件,并给予相应的奖励。为了鼓励员工积极参与社会工作者的职业考试,许多地区的民政局或社会工作协会组织并开展了职业考试培训,为参加社会工作者职业考试的考生提供免费培训和指导,并为获得社会工作证书的雇员增加工资。

(四) 走向承认的社会工作职业行为能力

社会工作以其科学的方法、深入细致的服务促进着社会建设的精细化发展,增加社会的正能量和社会韧性,成为现代社会建设的重要组成部分。作为社会工作者,为人民提供直接专业服务,减少社会问题;作为福利的传递者,提升居民的社会和政治认同;透过促进大众公民意识的增长,增进社会治理;通过服务发现问题与不足,倡导完善社会政策。

记忆的视角看社会工作的能力承认:从历史上看,社会工作是一种秉承"助人自助"核心理念的职业,是工业化背景下出现的社会问题和慈善服务世俗化的必然要求。19世纪下半叶,英国和美国相继成立了慈善组织会社。随着工业化的快速发展和失业人数的增加,英国牧师巴涅特在伦敦东区创建了"Tonby House 汤恩比馆"。同时,美国还创立了多种形式的"睦邻组织",寻求改善个人和社会生活的最佳途径。在这一时期,社会工作的主要目的是解决社会问题,满足人们的需要。工作的主要对象是穷人,而大多数工作者是志愿者。这一时期是社会工作发展的初级阶段,即志愿工作时期。19世纪末20世纪初,社会工作的性质由志愿性转向专业性,逐渐成为一个拿薪职业。在此期间,欧美各国政府认识到享受社会保障和福利是公民最基本的权利,相继颁布了一系列社会福利和保障性法律法规。切实解决社会问题,保障公民合法权益。在这期间,社会工作不再仅仅依靠志愿者来解决来承担。社会问题日益恶化,迫切需要有专门知识的人去解决,这无疑促进了专业社会工作者的诞生。

职业定位与购买的承认:社会工作者的专业性得到广泛认可。在 2012 年《国家职业大典》的修订中,社会工作者的定位从"商业、服务人员"变更为"专业技术人员"。2015 年国家出台了《关于加快推进社会救助领域社会工作发展的意见》、《关于加强青少年事务社会工作专业人才队伍建设的意见》、《中华人民共和国反家庭暴力法》,这是继《社会救助暂行办法》之后,再次将社会工作纳入国家层面的法律法规。除此之外,《全国精神卫生工作规划(2015—2020 年)》、《全国社区戒毒社区康复工作规划(2016—2020 年)》也将社会工作专业人才队伍建设纳入其中。

受《关于加强社会工作专业人才队伍建设的意见》等文件的鼓舞,社会工作专业岗位的设置与开发得到制度性、系统性地推进。医疗卫生、司法、教育、劳动就业等部门发展迅速,社会工作人才队伍开始分化为不同领域。司法社会工作者、救助社会工作者、助残社会工作者、青少年事务社会工作者、医务社会工作者、学校社会工作者等大量涌现。中央和地方各级政府购买社会工作服务也发展迅速,中央政府自 2012 年以来,每年拨款 2 亿元购买社会工作服务。上行下效,各级地方政府也积极实践购买社工服务的做法,并加大了对社会工作的投资,其中广东省 2009—2013 五年累计投入近 20 亿元购买社工服务。

以上这些都充分表明了在社会治理实践中,社会工作人才占有的重要地位,社会工作人才队伍的治理实践能力得到了政府与社会的尊重和认可。

职业贡献的承认:社会工作职业化的动力源自专业发展和制度推动。众所周知,并非所有的专业性工作都发展成职业。原因在于职业更加强调专业工作符合社会的价值取向,它所做出的专业贡献能够响应和满足这种需要。社会工作者通过提供专业性服务在满足服务对象福利需求的同时,促进福利的公平性和最大化。社会工作者在促进服务对象社会适应的同时,优化了服务对象与社会环境的关系,增进了社会团结。

在当代中国,社会工作者积极推动公共服务的改善,重新建立不同于传统公共服务的服务模式,如由社区、社会工作者和社会组织组成的"三社联动"服务模式,以及"社工义工,两工互动"服务机制。通过服务实践和政策宣传,社会工作者关注福利边缘群体的福利需求,如特殊困难儿童、农民工和其他群体,已被纳入福利服务的范围。

社会工作者所强调的服务导向理念与我国基于服务创新管理构建服务导向治理的基本理念是一致的。社会工作者已经成为基于服务创新管理构建服务型治理的重要实践者,成为社会创新和公益创新模式的构建者。例如,公益企业家精神和社会企业家精神提出了不同于传统管理的更具有创造性和可持续的社会问题解决模式和社会服务供给模式,对社会工作专业贡献的认可增强了社会工作价值的自豪感(张海,2016)。

(五) 从职业评价来看社会工作职业的承认状况

社会工作职业是一种制度性的专业帮助活动,是社会工作者与社会互动的秩序,必须由国家、行业和专业专门制度来规范和制约,这些制度规范着社会工作者与服务对象之间的专业关系。同事、单位或机构以及政府和公众,在社会工作者与他们之间的互动规则和模式中发挥着规范作用。

社会工作职业化发展的一个重要前提是在一定程度上能够满足政治需要,符合社会的政治取向,为社会工作专业化发展获得必要的政治支持。社会工作同其他职业一样,在政治认同下,被赋予了平等的权利和发展机会。

中央基于民生问题比较突出的现实,近些年来对社会建设给予了特殊的重视。《中共中央关于构建社会主义和谐社会若干重大问题的决定》提出"要以解决人民群众最关心、最直接、最现实的利益问题为重点,着力发展社会事业、促进社会公平正义、建设和谐文化、完善社会管理、增强社会创造活力,走共同富裕道路,推动社会建设与经济建设、政治建设、文化建设协调发展。"推进社会治理、社会建设的一项重要力量就是社会工作。要贯彻落实党中央的战略决策,要推进与加强社会建设,要提升社会治理现代化水平,就需要大量的社会工作人才,这都为我国社会工作加快发展、社会工作职业化推进提供了难得的机遇。

从国内职业化发展的宏观层面来看,随着社会的发展,党和政府已经认识到专业社会工作在社会发展中的重要作用。社会工作在新中国作为一项国家职业制度建设始于2006年,中共中央在第十六届中央委员会第六次会议上通过的《中共中央关于构建社会主义和谐社会若干重大问题的决定》中提出了"要建设一支宏大的中国社会工作专业人才队伍"的目标和"建立健全以培养、评价、使用、激励为主要内容的政策措施和制度保障,确定职业规范和从业标准,加强专业培训,提高社会工作专业水平"的条件,说明已经将社会工作专业人才队伍的建设纳入了中国共产党行动计划中,社会工作专业人才队伍的建设已经成为中国各级党委的重要工作内容之一。同年,人事部和民政部联合出台了《社会工作者职业水平评价暂行规定》、《助理社会工作师、社会工作师职业水平考试实施办法》两个文件,标志着我国正式建立了以社会工作者职业水平为标准的评价制度。2010年《中国人才规划(2010—2020年)》将社会工作者列为第六类人才;2011年11月,中央组织部、中央政法委、国家民政部等18部委联合发布《关于加强社会工作专业人才队伍建设的意见》,社会工作在新中国迎来了最好的发展时期。《国家职业大典》

将社会工作者从"商业、服务业人员"更改为"专业技术人员",并在《国家职业大典》的定义中,明确社会工作者为"提供社会服务的专门人员";《社会救助暂行办法》《中华人民共和国反家庭暴力法》等法律法规强调了社会工作在相关工作领域的介入和参与。从 2015年以来,"专业社会工作发展"等一系列词语连续两年写入了《政府工作报告》。

正如柳拯对我国社会工作发展的现状作的总结:"自 2006 年以来国家在社会工作制度建设上主要做了六方面工作:一是造声势、二是建机构、三是出政策、四是促培训、五是抓考试、六是抓试点。"(柳拯,2009)

自 2008 年开始,我国开始举行社会工作者职业水平考试。截至2015 年底,全国持有助理社会工作师或社会工作师证书的人数达到20.6 万人;2010 年中央发布的《国家中长期人才发展规划纲要(2010—2020 年)》进一步将社会工作专业人才提升为与党政人才、企业经营管理人才、专业技术人才、高技能人才和农村实用人才相并列的第六支主体人才地位。截至 2015 年底,全国社会工作专业人才数量突破 50 万人(《光明日报》,2016)。

(六) 从职业认同看社会工作的承认

职业认同是社会工作职业化发展的实践标志,社会工作专业化体系的建立,不仅是社会工作专业政治制度化的一种实践认同体系,同时,也建构了社会工作职业认同、专业化的社会工作者,职责、职业道德、职业要求和专业岗位等相关方面的专业标准,因此,社会工作者需要符合自己的专业标准,与其他专业群体在专业上相对应的权利和义务等。社会工作专业化在社会领域的表现形式,平等是其追求的基本原则,职业自尊已成为社会工作者应该实践的自我关系。

社会对专业社会工作者和社会工作岗位的社会认可。社会工作的专业化也是社会工作不断进入社会分工体系和社会职业体系的过程。在这个过程中,社会工作者将被认定为专业群体和社会工作岗位。职业素养的不断提高,表明社会工作者和社会工作岗位得到了越来越多的社会认可。

社会工作职业体系建立与完善制度的社会化承认。社会工作专业化的重要任务之一是构建和完善社会工作专业体系。实现社会工作专业知识和技能的社会控制,消除社会工作行业外围人员进入圈子,保护经济等相关权利,维护社会分工在市场交换基础上的秩序。明确不同职业的特征和联系,使社会工作职业的专业化、独立性的规范化更加明确和突出,这不仅有利于社会和其他职业群体对社会工作者群体的职业的认同,也有利于社会工作者的成长,达到加强和深化自我职业认同的程度。

(七) 社会工作职业化的制约因素

政府政策和财政支持的保障,以及社会工作服务领域的拓展,都表明,我国社会工作领域的发展得到了政府的认可和支持,赢得了广阔的发展空间,进入了一个快速发展的阶段,但不可否认,我国社会工作仍然处于起步阶段。国内对新事物的接纳,在新阶段也面临着新的问题。

其原因主要有:一方面,由于社会工作起步较晚,社会工作教育在 20 世纪 80 年代传入中国,但社会工作作为一种职业,直到 2003 年才被劳动部确认;社会工作行业中,公众对社会工作的职业认同是模糊的,有的人混淆了志愿者与社会工作者,公众对社会工作的认识和认可度较低。社会工作对于公众来说完全是一个陌生的行业,公众对社会工作者提供的服务也有很大的疑问,公众还没有为社会工作行业建立社会认同,这将长期制约社会工作的发展。专业的无可替代性显示认同不足是社会工作社会认同度不高的主要因素,社会工作专业社会服务组织数量、专业水平、服务效果等与社会需求之间的差距是其承认相对不足的另一个因素。

总的来说,主要问题是发展不平衡,虽然国家出台了一些政策法规来促进社会工作和社会工作机构的发展,但是各省、市、自治区在社会工作中的发展差距仍然很大,政府部门(制度)之间也存在差距。后发达地区社会工作服务机构的数量很少,专业人才队伍发展缓慢,在社会层面,社会(包括服务对象和公众)对社会工作机构的认识和理解仅限于概念。社会工作者制度在服务领域的介入一般需要政府部门作为中介,社会工作者制度往往难以独立获得服务对象的信任。他们缺乏经验,专业水平较低,一些社会工作者未能识别出服务对象的问题,未能响应政府对购买服务的要求。另一方面,社会工作者的专业认可度低,不能长期坚持社会工作岗位。同时,人们日益多样化的社会服务需求也不能满足,与构建社会主义和谐社会的要求还有很大差距。社会工作岗位设置尚不明确,职业制度尚不健全,高等院校的社会工作专业人才的培养与职业资格之间缺乏有效地对接,受"伦理本位"、"差序格局"的影响,社会工作的职业化道路的本土策略仍需探索。

四、 走向承认的中国社会工作机构

中国社会工作的发展历程就是一个获得承认的过程,经历了一个从无到有、从弱到强、从不规范到专业化、从不为所知到成为社会建设的重要组成部分的一个成长过程,是社会工作专业、职业、社会组织/机构和重要持份者等相关要素经历的一个认同、自我承认、社会和政府承认的过程。

（一）中国社会工作机构走向承认的状况分析

2006 年以来，中国专业社会工作快速发展，社会工作机构十多年来发展迅猛，民办社会工作机构的作用也日益凸显。民政部 2018 年统计数据显示，截至 2017 年底，全国共成立 7511 家民办社会工作服务机构，比 2016 年增长 1631 家（民发〔2009〕145 号）。中国社会工作随着中国进入新时代而进入新的发展阶段，伴随着中国社会工作进入新时代，社会工作机构仍然在继续成长。

我国先前并没有社会服务机构的概念，而是称类似功能的组织为民办非企业单位，这应该是我国的一个创造发明。《民办非企业单位登记管理暂行条例》、《基金会管理条例》和《社会团体登记管理条例》共同成为我国早期社会组织管理的关键性文件。《民办非企业单位登记管理暂行条例》认为民办非企业单位是指企业事业单位、社会团体和其他社会力量以及公民个人利用非国有资产举办的、从事非营利性社会服务活动的社会组织。《中华人民共和国慈善法》第二章第八条明确了慈善组织的概念："本法所称慈善组织，是指依法成立，以开展慈善活动为宗旨的基金会、社会团体、社会服务机构等非营利组织"。这里第一次明确了社会服务机构的说法，从法理上终结了民办非企业单位的称呼。

陈为雷主编的《社会工作行政》(第二版)一书中，认为社会服务机构是非营利性机构，是一个社会服务输送系统，从业人员以社会工作者为主，包括其他专业人员(陈为雷，2009)。

时立荣认为社会服务机构是狭义上的社会福利服务机构，通常是以社会使命为导向的人类改造机构，宗旨是助人自助、增进人类福祉。它的服务对象是所有社会成员，包括儿童、青少年、老人、特殊需要人士、妇女、社区、团体等等。总之，社会服务机构发挥着提供福利服务、维护政治稳定，倡导和谐的社会价值理念等功能(时立荣，

2015)。

非营利组织和非政府组织的概念范围较广。非营利组织(non-profit organization)通常泛指不以营利为目的的组织。王冠、赵颖认为非营利组织指以社会公益或者互益为使命,社会主体自愿参与,通过开展非营利性活动,以达成组织目标的自治性组织机构(王冠、赵颖,2011)。

可以看出,非政府组织强调的是社会组织的社会性、非政治性,非营利组织强调的是组织的非营利性。社会工作机构明显属于社会服务机构中的一类。时立荣根据社会服务机构的不同要素,可以把社会服务机构分为不同的类型。按照社会服务机构的功能形态分为院舍照顾机构、社区照顾机构、社工服务机构、支持型服务机构。依据社会服务机构与政府的关系,分为公办公营服务机构、公办民营服务机构、民办公助服务机构、社会办服务机构。依据服务对象的差别进行划分,分为特定性服务机构、互益性服务机构和普惠型社会服务机构。

相对于官办社会工作机构,民办社会工作机构则要更普通、被讨论的更多一些。采用更多的是民政部的说法,即民办社会工作服务机构(以下简称"民办社会工作机构"),是以社会工作者为主体,坚持"助人自助"宗旨,遵循社会工作专业伦理规范,综合运用社会工作专业知识、方法和技能,开展困难救助、矛盾调处、权益维护、心理疏导、行为矫治、关系调适等服务工作的民办非企业单位(民发〔2009〕145号)。民办社会工作服务机构也有不同的分类。

综上,笔者认为,社会工作机构作为社会服务机构的一种,不同于广义上的非营利组织和非政府组织,而是更多地呈现出它自己独特的特性,以提供专业社会工作服务为根本内容,有自己明确的价值定位。大致上分为官办的和民办的两种性质,我们在这里讨论的主要是民办社会工作机构。现在我们来讨论社会工作的重要组成部

分——民办社会工作机构，是如何得到"承认"的，得到怎样的
"承认"。

（二）中国社会工作机构走向承认的路径分析

承认理论已经进入到社会工作领域，并持续发生着作用。2013
年，北京大学王思斌教授在《河北学刊》上发表《走向承认：中国专业
社会工作的发展方向》，引发了国内社会工作学者对承认理论在社会
工作领域运用的关注。王思斌指出，从形式的承认向实质性承认，是
中国社会工作的基本发展方向。在这篇文章中，王思斌借用承认理
论，形成了理解中国社会工作承认过程框架，见图1。

图1　中国社会工作承认过程的框架

此后，用承认理论去分析我国社会工作发展的文章陆续出台，主
要集中在用承认理论统领社会工作的发展方向；运用承认理论剖析
社会工作发展遇到的困境；运用承认理论分析某个领域的发展，如用
来分析社会工作机构的发展、用来分析妇女社会工作实务，或者用来
分析某一地区社会工作是如何实现承认的。理清社会工作机构的承
认之路，按照王思斌教授的承认过程框架，图1给了我们很好的

启示。

　　笔者按照四个象限,分别从机构作为认同的承认、机构的自我承认、政府和社会承认三个层次分别阐述。作为认同的承认,主要从机构名称、机构使命和愿景、专业化理念、机构文化等方面进行论述。机构的自我承认,主要从机构提供的专业服务、管理理念、社会工作者的认同等方面论述。政府和社会承认,主要从出台相关政策、人事财政支持、参与社会治理、制度性接纳等方面论述。最后一个方面是社会工作机构和政府社会之间的互构性演化(王思斌,2013)。结合王思斌等人的分析框架,我们认为,可以从社会工作机构作为认同的承认、社会工作机构的自我承认、政府和社会对社会工作机构的承认三个层面来分析逐渐走向承认的社会工作机构。

(三) 中国社会工作机构走向承认的过程分析

1. 作为认同的承认

(1) 从社会工作机构和社会工作方法的起源来看

　　社会工作在英美等先工业化国家产生发展,是一个连续的社会历史过程。社会工作机构以其能够回应当时的社会问题而得以出现和产生。19世纪末、20世纪初慈善组织会社风行欧美。1869年,第一个慈善组织会社正式在英国诞生,1877年,美国第一个慈善组织会社诞生在纽约州布法罗市,主要动力和目标是协调当时官方和民间的慈善救助。其很多做法成为现代一些社会工作方法的起源,如派遣友善访问员所开展的个别调查成了个案工作的开端。而另外一个对社区工作方法产生重大影响的是睦邻组织运动,最著名的是汤因比馆和霍尔馆。如果我们细细考察一番,现在在很多家庭综合服务中心或者社区服务中心中,能看到很多当时社区睦邻组织运动中社会工作活动的影子。慈善组织会社和睦邻组织运动对社会工作专业的发展都做出了直接的贡献。慈善组织会社作为社会工作行政，让人们认识到了有组织、有协调地推进慈善救助有助于提高工作效率，睦邻组织运动让人们看到应当从更广阔的人们生活的社区去理解和解决人们所遭遇的困难和问题。无疑，慈善组织会社和睦邻组织运动都属于特定的机构对当时的社会问题做出回应的尝试。

小组工作的起源也有社会工作机构的影子。社会工作的产生发展与宗教，确切地说是和基督教，有着不可分割的联系。小组工作方法的起源，就起源于基督教男青年会。工业化的发展引发了一系列社会问题，社会中的一些有识之士开始组织基督教男青年会、女青年会和其他各种组织团体，从事各种宗教、社会及有益于身心健康的活动，以促进青少年身心发展。此后，这种活动很快被运用到儿童服务、移民服务中。从此可见，作为社会工作三大直接工作方法之一的小组工作方法，也是在特定机构中产生的，这使得后来的社会工作机构拥有区别于其他机构的职责、使命、愿景与服务内容。

（2）我国社会工作机构的快速发展是自我承认的基础条件

从我国社会工作机构发展情况来看，社会工作机构从无到有，从不规范到规范，从数量较少到数量较多，体现出社会工作机构具备了作为认同的承认条件。2003 年，中国内地第一家民办社会工作机构上海乐群社工服务社注册成立，民政部 2009 年出台《关于促进民办社会工作机构发展的通知》后，民办社会工作机构进入快速发展期。王思斌指出，2006 年中央出台相关政策（如中共十六届六中全会上通过《中共中央关于构建社会主义和谐社会若干重大问题的决定》和后来的各种相关政策）之后，政府对社会工作的承认在理论上达到了最高级别。社会工作的发展迎来了春天。十年之后，在广州召开全国社会工作推进会，民政部总结了 10 年来我国社会工作发展情况，副部长顾朝曦在这个会议上介绍说,据统计,我国社会工作专业人才队伍规模总量达到 76 万人,其中持证社工近 30 万人,相关事业单位、群团组织、社区和社会组织社会工作专业岗位超过 20 万个,社会工作服务机构达到 6600 余家。

在政府职能转变、政府购买服务的大背景下,我国社会工作机构发展十分迅猛。王思斌指出,"支持和购买社会工作机构的社会服务,对社会工作的承认达到了新高度"(王思斌,2013)。社会工作服务机构从高速发展。截至 2015 年年底,全国范围内已成立 30个省级、129 个地市级和 296 个县级社会工作行业协会(光明日报,《"数"说社会工作十年》)。

广州民办社会工作机构从 2008 年的 9 家,发展到 2016 年的 417家,见图 2(《广州市社会工作十年发展报告》)。深圳市共有社工行业组织(社工协会)14 家,民办非企业社工服务机构 161 家,全市社工行业从业人员达 7090 名(《深圳市社会工作十年发展报告》)。上海市专业社会工作机构已达 147 家,其中乐群社工服务社等 23 家单位被评为首批全国社会工作服务标准化示范单位(《上海市社会工作十年发展报告》)。《四川省社会工作十年发展报告》中说,截止到 2016 年9 月,四川省共发展了 611 家民办社会工作机构。《河南省社会工作十年发展报告》描述 2005 年郑州市金水区开始成立了河南省首家、全国第二家专业社工服务机构——绿城社工服务站,2008 年,南阳新村街道办事处依托绿城社工服务站设立河南省首个社工科。2011年起,民办社会工作机构在河南纷纷成立,至今全省共有 82 家民办社工服务机构登记注册。

截至 2017 年底,各地共成立 7511 家民办社会工作服务机构,其中,江苏、浙江、四川民办社会工作服务机构总量都超过了 500 家,广东民办社会工作服务机构总量超过 1400 家,见表 1。

图2 广州民办社工机构发展情况 2008—2016

省（区、市）	2017年总量（家）	省（区、市）	2017年总量（家）	省（区、市）	2017年总量（家）
北京	469	安徽	231	四川	638
天津	81	福建	277	贵州	80
河北	67	江西	145	云南	199
山西	51	山东	414	西藏	—
内蒙古	185	河南	173	陕西	160
辽宁	40	湖北	159	甘肃	16
吉林	213	湖南	310	青海	45
黑龙江	136	广东	1406	宁夏	55
上海	156	广西	110	新疆维吾尔自治区	80

省(区、市)	2017 年总量 (家)	省(区、市)	2017 年总量 (家)	省(区、市)	2017 年总量 (家)
江苏	588	海南	34	新疆生产 建设兵团	—
浙江	818	重庆	205	总计	7511

(注：此表中辽宁、山东、浙江、福建、广东 5 省统计数据包含相应计划单列市。西藏、新疆生产建设兵团未填报民办社会工作服务机构相关数据。)

表 1　2017 年我国民办社会工作服务机构发展情况表

(来源：民办函〔2018〕29 号)

(3) 社会工作机构有着与众不同的价值理念与核心使命

有关社会工作本质的描述，朱志强(中国香港)认为，社会工作的本质是一种道德实践和政治实践。王思斌教授认为社会工作的本质是一种助人服务实践活动。这就要求社会工作机构必须把提供高质量的社会服务作为自己的核心价值与毕生追求。要求社会工作机构有自己的愿景、使命与核心服务内容，否则就会被拒绝、遭到"蔑视"，进而遇到"不被承认"。

我国的实际情况是，一开始社会工作机构并不是被政府和社会所承认的。因为我国的社会工作是自上而下，由政府强力推动的，是教育先行，实务滞后的。在 2006 年《中共中央关于构建社会主义和谐社会若干重大问题的决定》颁布之后，2009 年民政部促进民办社会工作机构发展的意见颁布，直到 2013 年，易松国教授撰文描写出深圳民办社会工作机构的特点与问题。他指出，深圳民办社会工作机构一般都创办历史短、规模小、"催生性"强、"草根性"弱，在前期阶段，很多社会工作机构都是由大学社工专业教师创办的。遇到的问题主要表现为："专业性不强，不同程度存在机构管理问题，服务水平和服务能力低下，生存和发展能力有待提升，社会信任不足"等方面(易松国，2013)。

不容否认的是，社会工作机构不断加强自身能力建设，从机构名称、专业理念、机构愿景和使命、核心服务内容和机构文化等方面，不断获得"被承认"的条件。

上海乐群社工服务社作为中国第一家专业社会工作机构。以"促进社会进步，焕发生命光彩"为使命，致力于为不同性别、年龄、社会阶层、宗教信仰和种族的人群提供切实、专业、人性化的服务，倡导社会公平、公正、参与、互助，协助社会公共政策和福利的实施。其愿景是成为最具专业性的社会服务机构。其价值观是尊重、接纳、客观、中立、平等、公义。其服务领域主要集中在儿童、青少年、老年、社区服务和社区发展等方面。

深圳大学社会学系易松国教授于 2007 年 5 月注册成立深圳市鹏星社会工作服务社，是深圳市首家社会工作专业机构，后发展到东莞、容桂、高明。以专业及创新提供优质的社会服务，推动实现平等、仁爱、和谐的社会为核心使命。至今的业务范围已涵盖社工服务、专业培训、孵化培育、评估研究、顾问督导等，逐渐成长为一家综合型的专业的社工服务机构。然而鹏星最初成立时的愿景、使命也并非如此，而是机构在后来才逐步审定的。

广州阳光社会工作事务中心，成立于 2009 年 2 月，是广州最早成立的社会工作机构之一，其核心使命为"秉承社工专业理念，向社群提供优质及多元化服务，为社会注入爱与阳光"，其愿景是"不断追求卓越，矢志成为中国社工服务机构最佳典范"，以社区综合服务、青少年服务、社区矫正等领域为核心业务领域。这样一个机构的"MVV"，是 2014 年在全机构范围内讨论并最终决定的。也就是说，一开始的社会工作机构的使命、宗旨和愿景不是这样的，而是"阳光的宗旨：坚守社工信念，阳光与你同行；阳光的理念：助人自助，服务社群，激发潜能，促进发展；阳光的原则：需求为本，服务至上，创新开拓；阳光的战略：服务、培育、倡导。"正是这样的价值理念统领了阳光五年。

这说明这些最早在中国诞生的社会工作机构,其从一开始,仅仅是为了响应政府的号召,在政府的"引诱"下成立的,而且一些还具有中国特色,比如高校教师领办社会工作机构。起初机构愿景、使命相对比较简单,各机构之间的愿景、使命同质性强,这些表现是中国社会工作机构的先天不足。但是,社会工作机构一般性的愿景、使命和宗旨都以向社会提供专业服务为己任,以"利他主义"为己任,以"社会"的方式为己任。从社会工作机构的名称中间,我们也发现,他们机构的名称一般都包括"社会工作"四个字,这也是作为认同的承认的一部分。

在王思斌的概念里,社会工作是在利他主义指导下的助人活动,本质是帮助人的服务活动。通过一系列的方法和程序,最终目的是助人。社会工作是利他的,不从利他出发,就会成为利己利他,所以要求在利他主义指导下。社会工作者是职业的利他主义者,但这并不是说助人的社会工作者没有自己的利益,社会工作者会获得报酬维持自己的生存,但是即便如此,社会工作者的利己不同于商业经营领域的利己。商业经营是由利己而利他,社会工作者是由利他(为别人提供专业服务)而利己。社会工作被要求"以服务对象为中心",也是利他主义的要求,利他主义也是社会工作的本质要求和精髓,最终目的和效果还是要回到社会性上来。

(4)社会工作机构文化不断彰显

党的十九大报告指出,"文化自信是一个国家、一个民族发展中更基本、更深沉、更持久的力量"。对一个社会工作机构来讲,能否营造机构文化,机构文化营造的好坏关系到社会工作机构的立身之本、精神之源、"承认"之根。机构文化包含的范围较为广泛,但根本的是要反映机构的核心文化、价值使命、愿景规划,得到广大员工即广大社会工作者的认同和承认。社会工作机构唯有通过建立机构文化来维系人心,凸显社会工作价值,体现社会工作的功能和作用。

几乎所有的社会工作机构都会建立自己的规章制度,从财务制度、人事制度、培训制度、督导制度到请假制度、薪酬制度,来规范自己的管理。绝大多数社会工作机构会建立自己的使命、愿景、价值观,并规定自己的核心服务领域。绝大多数社会工作机构会定期开会,理事会、管理层会议、员工大会来决定重大事项,通报重要情况,并适时对员工进行奖励。绝大多数机构在发展一定时间之后,会重新讨论自己机构的标识、形象、口号,以便增强自己机构的"专业符合",强化自己机构对员工的认同。在培训和督导体系中,会融入社会工作价值与伦理的内容。社会工作价值与伦理本身就蕴含了对社会工作行为的倡导、对社会工作行为的约束两个方面。这些总体上营造了社会工作机构的氛围,广大社会工作者就是在这被营造出来的工作氛围中工作。我们看到,随着社会工作机构数量的增多,他们内部管理制度在不断完善,每个机构都在不断地营造自己的机构文化,让自己的员工信奉自己的机构文化。这些我们可以从众多的社会工作机构的官方网站、机构介绍、机构价值、团队建设活动等方面一目了然地看出来。

2. 机构的自我承认

社会工作机构的自我承认主要是指社会工作机构对其服务宗旨、服务理念、专业价值、工作方法、职业伦理等方面的一种自我确认与坚守,其核心是对专业使命的自我认同(李元来,2017)。王思斌认为,在社会工作专业发展初期,社会环境还不是特别有利的情况下,社会工作群体需要自我承认,而且是一个较强的自我承认。有了这种较强的自我承认才会加以坚持和拓展,才会通过努力改变环境,并在改变和建构外部环境中实现社会工作者与政府社会的多重认可与承认。张芳和慈勤英认为,社会工作机构的自我承认得益于政府的大力推动。正是在政府职能转变、政府购买服务的背景下,社会工作机构才迅猛发展起来。民办社会工作机构的自我承认核心在于认同专业价值,集中体现在社会工作者对职业的认同上。同时,张芳和慈勤英指出,组织认同的程度也体现了民办社会工作服务机构的自我承认。

(1) 社会工作机构的专业化发展之路

对于社会工作机构而言,专业性是其存在的价值和意义,也是其安身立命之本。一个社会工作机构如果不能提供专业化的社会工作服务,那么它将不能坚持下去。我国社会工作机构在政府的强力推动之下快速发展起来,其中高校教师领办社会工作服务机构成为一道独特的风景线。高校教师领办的机构,其最初的出发点是解决学生实习实践的场所,解决学生的就业问题。与此同时,高校教师不得不在社会工作教育和社会工作实务之间找到平衡点。实际上,社会工作教育和社会工作实务之间是有较大差别的。这使得高校教师不得不面临来自社会工作教育和社会工作实务的双重压力,使得这类机构在给自己的定位中有"实务与研究并重"、"服务与倡导并重",这一"并重"导致机构负责人需要不断强化自我承认,使之坚持下去、坚守下去。无论是高校教师领办,或者其他背景的人开办的社会工作机构,无一不把专业化发展作为自己努力的方向。如深圳第二家社会工作服务机构——深圳社联社工服务中心,从一开始就强调自己的专业化服务,并且突出自己的管理优势。广大社会工作机构在自己的制度架构中,总是旗帜鲜明地标明自己是一家专业性社会工作机构,或重于服务,或者属于综合性机构,总是标榜自己是专业的。

以上文提到的三家社会工作机构为例,在这三家机构的网站上,我们能够明显地看到,"上海乐群社工服务社,中国第一家专业社会工作机构,为不分种族的人群提供切实、专业、人性化的服务……","深圳市鹏星社会工作服务社,……深圳市首家社会工作专业机构","广州阳光社会工作事务中心,秉承社工专业理念,向社群提供优质及多元化服务,为社会注入爱与阳光",其愿景是"不断追求卓越,矢志成为中国社工服务机构最佳典范"。对社会工作机构自我承认带来冲击的是政府购买服务,社会工作机构需要在政府购买服务与坚守专业性之间保持平衡。政府购买的服务内容并不总是和社会工作机构的服务领域有天然的重合。当然,如果社会工作机构不符合政府招标的条件,政府也根本不会考虑该社会工作机构。在承接政府购买服务的机构中,机构需要平衡自己的价值理念与政府的需要。既要坚持社工价值和专业性,又要完成政府的任务。从历年来政府对社会工作机构承接的服务项目评估结果来看,政府基本上达到了预期目标,大部分承接政府购买服务项目的机构都得到了合格以上的等级。以广州阳光社会工作事务中心为例,2013年承接了广州市4个街道的社区综合服务中心项目,在当年度末期评估中,获得了三个良好、一个优秀的成绩。

(2) 社会工作机构自我承认的方式和途径

社会工作机构通过多种方式来实现自我承认。

一是社会工作机构的宣传系统。从网站、网页、微信公众号、微博账号到机构负责人的自媒体,社会工作机构充分利用了新媒体和传统媒体,打造了一个多方位的宣传系统。从行业来讲,有民间的青翼社会工作网,有官方背景的社工中国网,还有诸如清流社会工作网等网站。各省级有行业协会网站,地方有地方网站,机构网站和网页则更多,几乎找不到没有自己宣传手段和途径的社会工作机构,再小的机构也有自己的宣传系统。社会工作机构通过宣传系统展示自己机构的使命、宗旨、愿景、发展规划,向服务对象展示良好的公共关系,向广大员工即广大的社会工作者塑造着自己良好的形象,也潜移默化地影响着广大社工对自己机构的认同。另一方面,国家各级的宣传系统也为社会工作机构的自我承认建构了途径。2008年深圳就开始了社会工作宣传周活动,在整个社会大氛围上营造认识社会工作、宣传社会工作的氛围。后来民政部开始组织全国范围内的社会工作宣传周活动,利用世界社工日所在的这一周,集中举行宣传活动,根据世界社工日的主题,确定我们中国自己的主题,这极大地促进了整个社会对社会工作的认识。在社工宣传周启动仪式上,也多进行社会工作的表彰活动,以此来增强社会对社会工作的认同,也从承认的不同主体间增强社会工作机构的自我承认。

二是社会工作机构的服务质量保障系统。社会工作机构的管理,一方面是社会工作行政,一方面是服务质量的提高。有些机构即便在发展初期,也设立有行政部和服务部。行政部主要进行社会工作行政,为社会工作服务提供支持。服务部主要提供社会工作服务,并研究如何改进社会工作服务。后来在一些城市的社会工作评估指标体系中,借鉴了香港等地的评估指标体系,加入了"服务质量保证体系"指标。例如,评估中要考察服务机构如何保证服务质量的,有没有服务对象投诉机制,机构的意见反馈机制等等。社会工作评估体系倒逼社会工作机构不断改善自己的服务,建立服务质量保证体系,并且在服务过程中更加注重服务档案的建立、保存、保密和恰当的运用,以满足新管理主义"以证据为本"的要求。

三是社会工作机构的会议制度。这和社会工作机构的治理结构和治理体系有关。社会工作机构通过自己的会议制度来不断增强机构的自我承认,并在此过程中坚守社会工作的专业性。以理事会会议为代表的机构重大决策机制,以员工大会为代表的机构的最高权力决定机制,以总干事会议或者管理层会议为代表的机构日常运作决定机制,是社会工作机构常见的会议制度。另外,部门会议、团队建设活动也是社会工作机构不可获缺的增强自我承认的渠道和手段。大家在不同层级的会议中不断的修正自我,寻找社会工作的真正含义,解答工作中遇到的难题,宣泄日常工作中积累的不良情绪,得到其他同事的支持,得到机构上级和管理者的认同和支持,以此来强化社会工作专业的价值、理念。社会工作机构经常开展的各种形式的团队交流、专题培训、团队建设等活动,也促使一线社会工作者与行政管理层进行互动和交流。社会工作机构这些带有民主性质的活动都在逐渐打造机构的文化归属感和团队归属感,并使得同工之间关系比较融洽。由此,社会工作者在社会工作机构中的社会地位、职业关系等都在互动中逐步建构起来,组织认同也得以建立(王文彬、余富强,2014)。

四是社会工作机构的专业服务。社会工作机构提供的服务范围已经广泛分布在社会生活的各个领域,民政、司法、妇女、老人、儿童、青少年,各个场域,企业、社区、医院、学校等等。尽管社会工作服务机构服务质量参差不齐,服务手段不一,服务深度深浅不同,但是随着社会工作机构的不断成长,已经涌现出一批社会工作示范机构、社会工作百强机构、社会工作优秀示范项目和优秀社会工作者。从自己机构提供的专业服务中,获得了诸多荣誉,从案例研究中获得社会工作机构对自我的承认和认可。

五是通过督导和培训系统。督导在社会工作实务中发挥着不可替代的作用。督导的行政、教育和支持功能的发挥使得社工对自身的工作价值、工作业绩得到认可和认同。督导协调社工与机构之间的问题,协调服务对象和社工之间的矛盾和冲突,成为社工与机构之间,服务对象与社工之间的缓冲地带,增强了社工对机构的认可和认同。员工入职培训,在职培训和日常培训,有的是为了增强服务技巧,有的是为了端正服务态度,有的是为了缓解服务压力,无论何种目标,都自觉不自觉增强了社工对于自身、对机构、对专业的认同。2017年,全国组织开展的社会工作人员培训达到68万多人次(表2)。

省(区、市)	2017 年总量(家)	省(区、市)	2017 年总量(家)	省(区、市)	2017 年总量(家)
北京	33502	安徽	13629	四川	133278
天津	16803	福建	8563	贵州	8111
河北	4589	江西	9570	云南	6000
山西	4393	山东	30012	西藏	—
内蒙古	14917	河南	28582	陕西	6313
辽宁	5640	湖北	18073	甘肃	1100
吉林	1846	湖南	18463	青海	365
黑龙江	7321	广东	112331	宁夏	1943
上海	29543	广西	9370	新疆维吾尔自治区	850
江苏	48000	海南	290	新疆生产建设兵团	958
浙江	85566	重庆	22624	总计	682545

（注：此表中辽宁、山东、浙江、福建、广东 5 省统计数据包含相应计划单列市。西藏未填报社会工作人员培训相关数据。）

表 2　2017 年社会工作人员培训情况表

（来源：民政部办公厅关于 2017 年度社会工作和志愿服务法规政策规划落实情况的通报，民办函〔2018〕29 号）

社会工作机构通过上述方式不断提升自己的专业能力，最终对自己的专业使命有更加清晰的认同和理解，进而获得服务对象的认同、理解和接受，获得政府的认同、理解和接受，即从形式承认到实质性承认，再达到普遍承认。

3. 政府和社会承认

政府对社会工作的承认，既反映在政府一系列社会工作相关文件的出台上，反映在社会工作试点和人事财政制度支持上，更反映在社会工作机构参与社会治理、政府倡导社会工作、购买社会工作服务的行动上。

（1）国家出台文件，体现出政府承认

2006 年以来，国家和地方分别出台了一系列有关社会工作的文件。《中共中央关于构建社会主义和谐社会若干重大问题的决定》提出"要建设宏大的社会工作人才队伍"的目标和"建立健全以培养、评价、使用、激励为主要内容的政策措施和制度保障，确定职业规范和从业标准，加强专业培训，提高社会工作专业水平"的要求，由此揭开了 2008 年全国开始第一次社会工作职业水平考试，这一考试至今已经成功组织 10 余年。

十七大报告、十八大报告、十八届三中全会会议公报、《中共中央关于全面深化改革若干重大问题的决定》、《国家中长期人才发展规划纲要（2010—2020）》突出强调社会工作人才队伍建设，将社会工作专业人才提升为与党政人才、专业技术人才等相并列的第六支经济社会发展重点领域急需专门人才。中组部等 18 部委制定出台《关于加快社会工作人才队伍建设的意见》。《社会工作专业人才队伍建设中长期发展规划（2011—2020）》指出，计划到 2015 年培养 50 万社会工作专业人才，到 2020 年培养 145 万社会工作专业人才。《关于民政事业单位岗位设置管理的指导意见》、《社会工作者职业水平证书登记办法》、《社会工作者继续教育办法》、《民政部关于促进民办社会工作服务机构发展的通知》、《民政部关于进一步加快推进民办社会工作服务机构发展的意见》等政策文件对社会工作机构发展和社会工作专业人才队伍建设做了进一步规范性规定。

各地方陆续发布了社会工作发展指导性文件。深圳发布了深圳社工"1＋7"文件。"1＋7"文件主要内容：① 中共深圳市委深圳市人民政府关于加强社会工作人才队伍建设推进社会工作发展的意见；② 深圳市社会工作者职业水平评价实施方案（试行）；（说的职业资格)③ 深圳市社会工作人才教育培训方案(试行);(说的社工的继续、在职教育及成长)④ 深圳市社会工作专业岗位设置方案(试行);(岗位设置,其最重要的意义在于提高社工职业化水平)⑤ 深圳市社会工作人才专业技术职位设置及薪酬待遇方案(试行);(待遇表据说曾引起深圳市高层一些人很大的争论)⑥ 深圳市发挥民间组织在社会工作中作用的实施方案(试行);(关键在于推进深圳社工民间化运作)⑦ 深圳市"社工、义工"联动工作实施方案(试行)(在于整合资源)。内容涵盖广泛,引领性作用凸显,深刻影响了珠三角甚至全国社会工作制度。随后东莞发布了东莞社工"1+7"文件,广州发布了广州社工"1+5"文件。公开资料显示,2006—2016 年十年间,广州出台了有关社会工作的政策文件 23 份,见表3(《广州社会工作十年发展报告》)。

除此之外,在推进社会工作发展上,各个领域也都有专门的文件强力推进。如 2013 年 11 月 15 日,民政部、财政部以民发〔2013〕178 号文件印发《关于加快推进社区社会工作服务的意见》,国家禁毒办等 12 部门印发的《关于加强禁毒社工队伍建设的意见》;2014 年 1 月 10 日,共青团中央、中央综治委预防青少年违法犯罪专项组等 6 部门以中青联发〔2014〕1 号印发的政府文件《关于加强青少年事务社会工作专业人才队伍建设的意见》;2015 年民政部、财政部联合发布了《关于加快推进社会救助领域社会工作发展的意见》(民发〔2015〕88 号);2013 年,民政部制定出台了《关于加快推进救灾领域社会工作服务的指导意见》(民发〔2013〕214 号)等,从专门领域的社会工作人才队伍建设方面做出了规定。

从政府一系列社会工作相关文件的出台来看,似乎社会工作从一开始就不缺乏"实质性承认",政府一直是社会工作机构发展的强力推动者。这里要注意,被学者们广泛研究的是政府与社会工作机构之间的关系。这种关系呈现出互构性承认特点。一方面,政府掌握着绝大多数的资源,社会工作机构要想获得生存和进一步的发展,必须要投入到政府的怀抱中,受政府的规制和约束。政府是人民政府,各级政府是代表广大人民的利益的,这是政府需要与民众需要的一致性,是政府需要和社会工作机构需要的一致性,从这个角度来说,社会工作机构投入政府的怀抱是毋庸置疑的。但另一方面,政府需求和社会需求、政府要求和服务对象需求、政府要求和社会工作机构能力之间存在差异、冲突,这时,政府的要求和需求与社会工作机构之间就出现了不一致。但政府掌握着资源,于是社会工作机构不得不依附于政府,这就是有的学者认为的社会工作机构与政府之间的关系是依附式关系。社会工作机构既要保持自己的独立性,又要符合政府的要求,这使得社会工作机构不得不调整自己的行为、关注的领域,使得社工被商品化,有些时候形成一种"合谋",为了双方共同利益打造形象工程、政绩工程。在这个过程中,社会工作机构与政府之间还没有形成良好的、平等的合作关系。在基层政府情况更加复杂。一方面民办社会工作机构通过竞标获得提供服务的权利,另一方面基层政府行政人员因为深谙行政之道与社会工作机构打交道时常处于一种强势地位。由此可见,在街道、社区层次,对社会工作服务机构的承认更多是形式上的承认,实质性承认还有待加强。也正是从这个角度讲,政府和社会工作机构的相互作用,共同建构了社会工作发展格局。政府要继续赢得民生,巩固执政基础,要不断进行改革,依靠广大社会工作机构的力量。社会工作机构也要不断加强自身能力建设,提升服务效果,获得更广泛的政府和社会承认。

表3 2006—2016 年广州市社会工作政策制度文件一览表

序号	文件名称	发布单位	时间
1	关于学习借鉴香港先进经验 推进社会管理改革先行先试的意见	中共广州市委、广州市人民政府	2009

序号	文件名称	发布单位	时间
2	关于加快推进社会工作及其人员队伍发展的意见	中共广州市委、广州市人民政府	2010
3	广州市社会工作专业岗位设置及社会工作专业人员薪酬待遇实施办法(试行)	广州市民政局	2010
4	广州市扶持发展社会工作类社会组织实施办法(试行)	广州市民政局	2010
5	广州市社会工作专业人员登记管理实施办法(试行)	广州市民政局	2010
6	广州市财政支持社会工作发展实施办法(试行)	广州市民政局	2010
7	广州市政府购买社会服务考核评估实施办法(试行)	广州市民政局	2010
8	推进我市社会管理服务改革开展街道社区综合服务中心建设试点工作方案	广州市民政局、财政局	2010
9	广州市街道社区综合服务中心试点建设期间三个工作规范	广州市民政局	2010
6	中共广州市委、广州市人民政府关于全面推进街道、社区服务管理改革创新的意见	中共广州市委、广州市人民政府	2011
7	关于加快街道家庭综合服务中心建设的实施办法	中共广州市委办公厅、广州市人民政府办公厅	2011
8	关于创新完善政务和信息网络提升街道、社区服务水平的实施办法	中共广州市委办公厅、广州市人民政府办公厅	2011
9	关于街道、社区服务管理体制机制改革创新的实施办法	中共广州市委办公厅、广州市人民政府办公厅	2011
10	关于加强和创新特大镇、村社会服务管理的意见	中共广州市委、广州市人民政府	2011

序号	文件名称	发布单位	时间
11	关于进一步做好街道家庭综合服务中心建设工作的函	广州市民政局	2012
12	广州市民办社会工作服务机构公共财政基本支持实施办法(试行)	广州市民政局	2012
13	广州市政府购买社会服务评估人员名单数据库管理办法(试行)	广州市民政局、财政局	2012
14	关于明确我市社会工作员登记管理工作等有关问题的通知	广州市民政局	2012
15	印发《关于完善街道"一队三中心"建设重点任务分工的方案》的通知	中共广州市委办公厅、广州市人民政府办公厅	2014
16	广州市民政局关于试行对全市家庭综合服务中心评估工作进行统一集中招标采购的通知	广州市民政局	2014
17	广州市加强社会工作人才队伍建设工作领导小组办公室关于印发全市政府购买社工服务项目转介表的通知	广州市加强社会工作人才队伍建设工作领导小组办公室	2014
18	广州市民政局关于印发广州市家庭综合服务中心项目招标文件有关文本设定指引(试行)的通知	广州市民政局	2015
19	广州市社会工作协会专业委员会实施办法(试行)	广州市社会工作协会	2015
20	广州社工互助基金管理委员会细则(试行)	广州市社会工作协会	2015
21	广州市社会工作行业投诉处理办法(试行)	广州市社会工作协会	2015
22	广州市社会工作行业督导人员资质备案、认证实施办法(试行)	广州市社会工作协会	2015
23	广州市民政局关于启用广州市社会工作综合服务管理系统的通知	广州市民政局	2016

（2）一系列社会工作试点安排体现出政府承认

进行试点，逐步推进是我国改革开放取得的一个基本经验。在我国社会工作发展历程中，进行试点，取得经验，逐步推广也是获得政府承认的路径。

在个别领域也有试点，如2007年11月9日，共青团中央等5部门以中青联发〔2007〕41号联合印发《关于开展青少年事务社会工作者试点工作的意见》，开始了青少年社会工作试点。江西省万载县从2007年开始由政府大力推进农村社会工作试点，将社会工作引入新农村建设领域。民政部从2013年启动实施社会工作"三区"计划，即"社会工作专业人才服务边远贫困地区、边疆民族地区和革命老区专项计划"，民政部每年选派优秀社会工作人才到"三区"开展服务，并为受援地区培养本土专业人才，2012年至今，共向边远贫困地区、边疆民族地区和革命老区投入资金5670万元，支持开展社会工作专业人才服务"三区"计划。

按照社会政策的说法，试点工作是社会政策制定过程中的重要环节。试点工作一般都包括选点、开展试点工作、试点工作的总结及成效评估等环节。一项社会政策在试点后可能有几种结果：获得无条件通过、有条件通过、修改后重新试点、被否定等。从上面的试点来看，青少年事务社会工作者试点，后来为共青团中央印发全国性文件奠定了基础。深圳的社会工作试点使得全国掀起了社会工作岗位设置、政府购买服务的热潮。三区社会工作计划使得更多人认识了社会工作专业人才。

（3）大规模的购买服务是政府承认形式之一

2012年11月，在上海、深圳、广州、北京等地广泛开展政府购买社会服务基础上，民政部、财政部联合下发《关于政府购买社会工作服务的指导意见》，在这个文件中首先承认了各地政府围绕购买社会工作服务政策制度、体制机制、方式方法等进行了一系列实践探索，拓宽了服务领域、深化了服务内涵、提高了服务质量、满足了社会需求。同时也指出我国政府购买社会工作服务还存在着政策制度不健全、体制机制不完善、规模范围较小等问题，从购买主体、购买对象、购买范围、购买程序、监督管理等方面做了较为明确的规定（民发〔2012〕196 号）。

《民政部办公厅关于 2017 年度社会工作和志愿服务法规政策规划落实情况的通报》中关于社会工作资金投入的数据（表4）充分说明政府购买服务已经成为政府与社会工作机构合作的主要方式之一，另一方面也说明，政府对社会工作机构服务的承认。

省（区、市）	2017 年投入资金总量（万元）	省（区、市）	2017 年投入资金总量（万元）
北京	26230	湖南	9501
天津	21265	广东	186150.6
河北	1232.2	江西	3570
山西	556	海南	1755.93
内蒙古	5097.4	重庆	19494
辽宁	435	四川	12413
吉林	1617	贵州	163
黑龙江	936	云南	360
上海	136868	西藏	—
江苏	21350	陕西	897
浙江	16166	甘肃	1170
安徽	6118	青海	1200
福建	7229	宁夏	1101.9

省(区、市)	2017年投入资金总量（万元）	省(区、市)	2017年投入资金总量（万元）
江西	1025	新疆维吾尔自治区	300
山东	16250	新疆生产建设兵团	130
河南	5871	总计	511022.03
湖北	4570		

（注：此表中辽宁、山东、浙江、福建、广东5省统计数据包含相应计划单列市。西藏未填报社会工作资金投入相关数据。）

表4　2017年社会工作资金投入情况表

（来源：民政部办公厅关于2017年度社会工作和志愿服务法规政策规划落实情况的通报，民办函〔2018〕29号。）

（4）社会工作机构的服务型治理日益成为基层社会治理的主要环节

中共中央十八届三中全会做出"推进国家治理体制和治理能力现代化"及创新社会治理体制的战略部署，对我国社会工作的发展提出新的要求。学术界对社会治理已有较多研究讨论（肖文涛，2007；张康之，2012；张康之，2014），学者们从不同角度研究了社会治理体制问题。研究社会治理需要明确社会治理的主体、对象、工具和目标。社会治理的主体是指由谁参与某种社会治理，王思斌认为社会工作参与社会治理是以社会力量（社会组织）的形式出现的，社会工作在一定的公共事务和社会事务场域中，与其他各方形成治理关系，参与治理行动（王思斌，2015）。王思斌教授指出："从我国建构现代治理体系的角度看，公共服务类、社会服务类社会组织的发展和发挥功能，对社会治理创新具有直接和重要的作用，在建构新的社会管理格局中，社会组织被赋予'社会协同'的角色。"（王思斌，2014）社会工作机构日益发展成为提供专业服务、公共服务的主体。

从行政管理机构来看，截至 2017 年底，北京、黑龙江、上海、浙江、广东、重庆、宁夏和青岛、深圳民政部门设立了社会工作处室。天津、山西、河南等地的 43 个地级市和 106 个县区在民政局设立了社会工作处（科、股）（民办函〔2018〕29 号）。

从行业协会层面来看，截至 2017 年底，各地共成立了 31 个省级、201 个地市级和 518 个县级社会工作（者）协会（联合会），各级社会工作行业协会共 750 家。社会工作行业协会作为专业机构共同体，代表广大社会工作机构发声，代表着社会工作专业共同体的利益，对专业发展、机构发展起到统筹、指导、规范发展和引领的作用。

从全国开发的社会工作岗位来看，社会工作岗位越来越多，各领域的社会服务领域岗位越来越充实，从价值理念、行为方式等方面对体制内发挥着潜移默化的影响。民政部、中央综治办等 12 部门于 2016 年 10 月下发《关于加强社会工作专业岗位开发与人才激励保障的意见》（民发〔2016〕186 号），就加强社会工作专业岗位开发与人才激励保障的重要意义和总体要求做出具体安排，极大促进并规范了社工专业岗位开发与人才激励保障。截至 2017 年底，各地在城乡社区、相关事业单位和社会组织等共开发设置了 312089 个社会工作专业岗位，比 2016 年增长 38643 个（见表 5）。截至 2017 年底，各地在城乡社区、相关事业单位和社会组织等共设置社会工作服务站（科室、中心）36485 个（民办函〔2018〕29 号）。

综上，社会工作机构作为提供专业社会服务的主体，力量正在不断增强，在社会政策制定、价值理念宣扬、行为方式和服务方式上对原有的服务体系和治理架构产生着潜移默化的影响。除了从宏观的行政管理领域，岗位开发、社工站广泛成立外，在社会工作各个服务领域推进过程中，社会工作机构的力量被写入政策文件也是佐证。

省(区、市)	2017年总量(个)	省(区、市)	2017年总量(个)	省(区、市)	2017年总量(个)
北京	69333	安徽	15025	四川	3417
天津	20492	福建	3362	贵州	907
河北	1580	江西	2925	云南	6065
山西	1131	山东	14965	西藏	7
内蒙古	2952	河南	2134	陕西	532
辽宁	10093	湖北	4073	甘肃	146
吉林	3723	湖南	5809	青海	336
黑龙江	2583	广东	29440	宁夏	205
上海	48131	广西	4346	新疆维吾尔自治区	1195
江苏	32420	海南	294	新疆生产建设兵团	634
浙江	14456	重庆	9378	总计	312089

（注：此表中辽宁、山东、浙江、福建、广东5省统计数据包含相应计划单列市。）

表5　2017年社会工作专业岗位开发情况表

（来源：民政部办公厅关于2017年度社会工作和志愿服务法规政策规划落实情况的通报，民办函〔2018〕29号。）

在脱贫攻坚领域。党中央、国务院十分重视社会工作专业人才服务贫困地区工作，《中共中央国务院关于打赢脱贫攻坚战的决定》（中发〔2015〕34号）、《国民经济和社会发展第十三个五年规划纲要》和《国务院关于印发"十三五"脱贫攻坚规划的通知》（国发〔2016〕64号）先后提出了"实施社会工作专业人才服务贫困地区计划"、"制定出台支持专业社会工作和志愿服务力量参与脱贫攻坚专项政策"的要求。2017年6月，民政部、财政部、国务院扶贫办联合下发《关于支持社会工作专业力量参与脱贫攻坚的指导意见》，明确了社会工作专业力量参与脱贫攻坚的 5 项服务内容,这 5 项内容明显都属于社会工作专业服务内容,都属于参与社会治理的服务型治理。同时也明确了社会工作专业在脱贫攻坚战中的地位和独特作用,提出了支持实施社会工作教育对口扶贫计划等 4 项社会工作专业力量参与脱贫攻坚重点项目。这些服务内容和重点服务项目,必须依托社会工作服务机构。

在社区服务领域。2017 年 12 月,民政部指出要充分发挥社区社会组织在提供社区服务、扩大居民参与、培育社区文化和促进社区和谐的积极作用,加大在资金、场地、人才培养、费用减免等方面的支持力度。

在社会救助领域和反家庭暴力领域。2014 年 5 月 1 日起施行的《社会救助暂行办法》第五十五条明确规定:"县级以上地方人民政府应当发挥社会工作服务机构和社会工作者作用,为社会救助对象提供社会融入、能力提升、心理疏导等专业服务。"2016 年 3 月 1 日起施行的《中华人民共和国反家庭暴力法》,明确社会工作等服务机构发现遭受家庭暴力的状况应当及时向公安机关报案。社会工作机构作为提供服务的主体,发挥专业服务作用的领域还有其他,比如社区矫正、禁毒戒毒领域,比如青少年事务社会工作领域等等。上述法律法规在法律层面明确规定了社会工作服务机构作为服务主体在参与社会治理中的法律地位和独特作用。社会工作机构在上述多个领域中提供社会服务,必定与其他组织发生联系,以促进对贫弱群体的服务。

(5) 社会工作机构承认之路充满挑战

广泛的社会承认是社工服务机构生存和发展的保证。从总体上来看,社会工作机构获得广泛的社会承认还有很长的一段路要走。对于社会工作服务机构来讲,就是需要社会和广大服务对象认同社会工作机构是一种专业社会服务机构,承认社会工作机构的存在、功能和作用,并且对社会工作机构的未来有所期待。但是目前,社会工作机构要想获得广泛的社会承认,主要挑战集中在民办社会工作机构的社会认知度低、专业服务水平低、发展背景和路径特殊、人才流失较为严重、机构管理能力有待提升等方面。

对社会工作服务机构来讲,人才流失和现实存在的人员流动是当前的一个难题和问题。2015年深圳全年在岗社工流失共796人,在岗社工流失率为18.08%,比2014年度22.2%下降了4.12个百分点。2015年度流失率与2012年度基本持平,但流失率仍处于较高水平。2015年流失的社工中,有88%的人(共计700人)选择了不再从事社工行业,仅有12%的人到市外社工行业就业。一方面,居民对社工的认知还不够,许多人仍认为社工就等同于义工。即便是基层干部,也不一定能真正认识到社工的工作意义。社工待遇差、晋升途径窄,工作认同感低、开展工作难度大等,在许多城市都出现(深圳新闻网,《深圳社工为什么流失》)。

在管理制度和管理能力方面。无论新生机构还是较为成熟的机构,在新管理主义抬头的背景下,机构都需要提升管理能力。何况当前许多机构都面临着管理制度不健全、管理能力低下等问题,主要体现在民主管理缺乏社工参与、机构决策执行不到位、项目运行不规范,服务管理跟不上机构发展速度等方面。另外也要注意社会工作机构出现的服务于行政管理的平衡问题。

所以社会工作服务机构需要不断完善考评奖惩制度和晋升机制,建立完善的督导机制、继续教育和在职培训体制。机构需要不断加强机构管理,提升管理能力和管理水平。集中体现在服务管理(服务管理制度、服务管理流程、服务管理协调与控制)、人事管理、督导管理、文档管理、经费管理、物资管理、场地管理等方面。机构要提供舒适整洁的工作环境,定期举办机构日等活动,为员工提供工作以外的交流机会,加强员工归属感;制定人性化管理,使社会工作者感受到机构对其的重视,强化社会工作者的职业认同,提高工作积极性。

从服务效果来讲。政府和学界都认为社会工作机构服务成效明显,有利政府职能转变,弥补政府公共服务不足,但是也有研究表明,社会工作机构提供的服务过程和服务结果尚未让民众和服务对象形成独特的感受,较少有社会工作机构真正通过证据证明自己的功能和价值(陈蓓丽,2011)。另外,社会工作机构的规模、数量、资金量、合法性等这些通常被用来评价其发展水平的维度并不能说明组织的实质社会影响力。但是,不可否认,2006年以来国家和各级政府出台了众多社会工作相关文件、举办社会工作宣传周、评选社会工作服务百强机构、大力宣传社会工作,为社会工作赢得了工作阵地、工作经费,提高了社会知晓率,社会工作机构的社会承认度有一定程度的提高。

因此,提升社会工作机构社会承认,要认识到社会工作机构既是为社会工作者提供就业岗位和成长空间的从业机构,又是承担着一定公共责任的社会工作职业化载体。要通过对公共生活的建构扩大社会影响力。倡导公共精神,培育个体公共责任观念,营造公民积极参与的社会氛围,实现个人、社会及国家三者之间的互动。同时,社会工作机构可以提供各种公共资源、公共物品和公共服务,营造和生产公共空间。总之,在推进国家治理体系和治理能力现代化的过程中,社会工作机构发挥着重要作用。尽管遇到来自政府和社会承认诸多方面的挑战,但是社会工作机构依然走在承认之路上,并最终为国家、为广大社会和民众"承认"。

五、 走向承认的社会工作重要持份者

(一) 社会工作重要持份者走向承认的内容分析

随着我国社会经济的发展,社会转型的加速和全面深化改革的

推进,社会工作、社会组织的建设和发展越来越受到重视,社会工作在我国得到快速的发展。自 2006 年党的十六届六中全会提出"构建一支规模宏大、结构合理、素质优良的社会工作人才队伍"以来,我国的社会工作从无到有,开始迅速发展。2015 年,政府工作报告中提出"发展专业社会工作、志愿服务和慈善事业"。2016 年,政府报告中提出"支持专业社会工作、志愿服务和慈善事业发展"。2017 年,政府工作报告又提出"促进专业社会工作、志愿服务发展。"2015 年,民政部、财政部联合发布了《关于加快推进社会救助领域社会工作发展的意见》。2017 年 6 月,民政部、财政部、国务院扶贫办联合发布了《关于支持社会工作专业力量参与脱贫攻坚的指导意见》对社会工作者参与攻坚扶贫做了明确要求。可以看出,社会工作专业逐渐被社会各界所承认和接纳。政府逐渐尝试运用社会工作专业来解决社会实际问题,促进社会良性发展。王思斌认为专业社会工作在中国得到承认是一个过程,这一过程首先是由社会工作群体特别是社会工作的专业教师启动,与此直接相连的是社会工作专业的学生,政府部门及社会是社会工作服务的使用者,是承认的重要方面。社会工作的服务的实际使用者——困难群众和社区,对分析社会工作的承认问题至关重要(王思斌,2013)。基于此,笔者提出社会工作重要持份者的概念,即与社会工作发展相关的重要利益第三方,主要包括社会工作机构、实际社会工作者、政府部门、服务对象。本研究依据保罗·利科的认同承认、自我承认、相互承认三个理论发展脉络,拟从时空和实践两个面向考察中国社会工作重要持份者的承认过程,分析其存在的问题,进而为推动我国社会工作的持续发展探寻可行路径。

承认是共同体生成和发展的基本构成要素(贾凌昌,2016),是对于什么是人以及人在世界中的地位和价值等问题的解读。在诸多承认理论的研究中,保罗·利科通过对泰勒、霍耐特的对话,呼应了泰勒对承认的政治理论探索,霍耐特为承认而斗争的理论。将承认的思想事件的演化过程分为作为认同的承认、自我承认、相互承认。在承认词义的有规则的多义性中反映出来的词义的演进过程,"在语法层面上将动词承认的主动态用法颠倒为它的被动态用法:我主动地承认某物、承认某些人、承认我自己,我要求被他人承认"(保罗·利科,2011)。承认的三个过程不是按照时间的顺序来划分,而是按照从动词的承认到主动态和被动态的意义发展过程来划分。在认同的承认中,利科认为"认同就是对某种一般事物的认同:因此同一与他者之间的关系是一种排斥关系,无论涉及的是关于知觉的理论判断还是关于选择的实践判断。在第一种情况中,认同就是区别:一个不是另一个;某物出现,消失,再现;根据现象的变化和间隔的长短,人们在一番犹豫之后承认了它:这恰恰是同一个事物而不是其他事物。"(保罗·利科,2011)在自我承认阶段,利科认为承认仍然取决于认同的程序:自我占据了某个一般事物的位置。在这方面,如果把同一理解为自我,而不是把它理解为他者、他人、另一个,那么,在相同性和自我性之间的同一性的分野就不会减弱同一与他者之间的原则对立(保罗·利科,2011)。对有能力的主体的探讨必须经过客体方面的迂回,即必须经过什么和怎样的迂回。所以,对"有能力"者的分析经过了"能够说"、"我能做"、"能够叙述和叙述自己"、"可归罪性"这几个阶段。对自我的承认就是承认自我是行动的主体,承认自我是一个有能力的人。利科自我承认的问题通过记忆和承诺同时达到了两个定点。一个转向过去,一个面向未来。首先,它们以原始的方式处于有能力者的能力的阶段。另一个引人瞩目的性质是:在实现的环节中,记忆和承诺被有区别地置于相同性和自我性之间的辩证法中:通过记忆,虽然通过自我性的同一性特征没有完全缺乏,但主要的重点落在了相同性上;通过承诺,自我性出现的频率是如此巨大,以至于人们乐意将承诺作为自我性的范式。最后,两者都与对意义载体的一种建设性的否定的威胁有关,这个性质不是无足轻重的:为记忆而遗忘,为承诺而背叛(保罗·利科,2011)。相互承认就是每个人得到别人的承认。动力来自内部,相异性内在于同一性之中。保罗·利科吸收了黑格尔的基本思想,从否定发展到肯定需要一个过程,得到承认也需要一个过程。在获得承认的过程中,那些否定性的因素,如犯罪、蔑视等发挥了相应的作用。但最终的归宿仍是和解,是一种和平状态的相互承认。

(二) 社会工作重要持份者走向承认的逻辑分析

孔德认为实证社会学研究的时空条件性,即在特定的时间过程和具体的空间关系中揭示人类社会的结构关系和发展变迁,实证社会学坚持从具体的时间过程和空间位置出发,亦即从实际的经验事实出发(孔德,2001)。涂尔干认为,时间和空间不仅是社会事实存在形式,也是人们认识社会事实的基本框架,只有在时间和空间关系中才能形成对社会现象的清楚认识(涂尔干,1999)。卡斯特认为空间是事物存在的场所,时间是事物变化的过程,弹性、过程性和流动性,无疑都属于时间概念的展开或时间的表现(卡斯特,2006)。空间维度主要考虑社会工作承认的物理空间表征以及其中所蕴含的行动主体间关系,关注社会工作发展分布的空间取向。我们将在保罗·利科承认理论分析框架之下集中讨论如下问题:社会工作重要持份者的承认过程如何发展的?随着过程的推进,承认在时空维度、实践维度中是如何发展的?这些发展呈现出什么样的状态?社会工作重要持份者的承认过程呈现什么样的特点?对以后社会工作的发展有何启示?基于时空、实践这两条线索,其中时空从政府、社工机构视角,实践从社会工作者、服务对象的视角,依据保罗·利科认同承认、自我承认、相互承认三个理论维度,分析社会工作重要持份者承认过程。讨论具体逻辑见图 3。

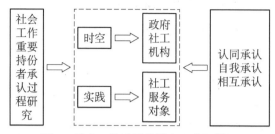

图3　社会工作重要持份者研究逻辑图

（三）社会工作重要持份者走向承认的过程分析

1. 时空维度

西方的社会工作发展就是自下而上的专业发展与自上而下的服务体系构建互动的过程。而在中国语境下，社工本身是一个自上而下构建过程，政府尝试用新的方法，通过试点进行试验，力图克服这种模糊性带来的困扰。从时间空间的维度，分析政府、社会工作机构对社会工作的认同承认、相互承认的过程。认同承认主要包括政府认同社会工作专业在维护社会稳定中的作用，促进教育领域社会工作专业的发展，积极引导社会工作机构的发展，制定相关政策实现社会工作专业的职业化。相互承认体现在社会工作机构、政府相互承认，积极促进社会工作发展。

（1）社会工作教育发展迅速，专业上被承认

社会工作专业在我国的发展是从社会工作教育领域开始的。经过30年的发展，我国高等教育机构中已形成从大专（高职）到本科、硕士、博士全层级的社会工作专业人才培养体系，为我国专业社会工作在教育领域的承认发展奠定了重要基础。首先，社会工作在本科专业发展的标志性事件是20世纪80年代后期高校中建立了社会工作与管理专业，后改名为社会工作专业。目前全国高校中已有330多所高校设立了社会工作本科专业。其次，2008年12月经国务院学

位委员会第二十六次会议审议通过,决定设置社会工作硕士专业学位(MSW),目前截止到 2018 年 8 月,社会工作硕士学位授权点累积已达 148 所。再次,2011 年国务院学位委员会和教育部发布的《学位授权和人才培养学科目录(2011 年)》中再次规定社会学位一级学科。此后,若干具有一级学科博士授予权的高校设立了社会工作(或社会工作与社会政策)二级学科(专业)博士,培养博士层级的社会工作高级学术型人才。李迎生教授认为西方社会工作发展历程表明:国家干预是推动社会工作发展特别是专业社会工作发展的关键力量;发展社会工作需要制度化的空间(李迎生,2008)。社会工作高等教育的迅速发展为社会工作承认之路发展提供了一定的基础,社会工作获得了一定的社会知名度,大众对社会工作专业从一无所知到逐渐知晓、耳熟能详,社会工作专业逐渐得到承认。

(2)社会工作机构发展迅速,承认的组织途径形成

1991 年中国社会工作协会成立,1994 年中国社会工作教育协会成立,至此之后我国社会工作行业组织呈现出蓬勃发展的态势。特别是随着国家关于不同社会教育政策的出台,社会工作组织也随之较快发展。我国目前社会工作组织的发展是以政府购买服务为主要的方式,政府投入大量资金,购买公共服务的试点推动了社会工作组织的发展。在目前的社会背景之下,我国社会工作参与社会治理的模式是服务型治理,即通过有效地提供社会服务而参与社会治理(王思斌,2015)。目前关于我国社会工作服务机构,从成立时间上看,呈现出加快发展的趋势,以省级社会工作行业组织为对象进行分析,成立于 1990 年代的有 3 家,成立于 2000—2009 年有 7 家,成立于 2010年以后的有 23 家(彭秀良,2017)。截止到 2016 年底,民办社会工作服务机构达到 5880 家,其中广东一枝独秀,达到 1254 家,其他省份从几百家到十几家不等;在民政部门依法登记的志愿服务组织已达到 5.95 万家,单位和社区内部成立的志愿服务组织 24.7 万家,全国

注册志愿者超过 7344 万人(徐道稳,2017)。

(3) 社会工作的职业化承认

王思斌认为社会工作职业化是将原来从事实际社会工作的人通过专业培训将其纳入社会工作职业体系,将其他有社会工作职业资质的人员引入社会工作队伍的过程(王思斌,2006)。社会工作的职业化是社会工作者与社会相互承认的具体形式。社会工作职业的承认,生存意义上表现为报酬,社会意义上表现为职位与身份(张海,2016)。社会工作本身的职业化是政府从上往下强力推动的结果,政策的出台为社会工作发展奠定制度基础。从时间上来看,社会工作者的评价标准随着社会发展的不同阶段,出台不同的政策,制定不同的标准。从制度层面,奠定不同的发展基础(社工中国网,2017)。

社会工作的职业承认实践包括政策承认和职业承认两个具体的向度。政策承认体现在一系列发展社会工作人才队伍的政策文件颁布上。中共十六届六中全会以后,相关部门积极落实中央关于建设宏大社会工作人才队伍的要求。2010 年 6 月颁发的《国家中长期人才发展规划纲要(2010—2020)》中把社会工作人才作为我国六大人才队伍之一。2011 年 10 月,中组部、民政部等 18 部门联合发布了《关于加强社会工作专业人才队伍建设的意见》,首次明确了要建立社会工作人才培养、使用和评价等系列制度体系,并确立了"党委领导、政府推动、社会参与、突出重点、立足基层、中国特色"的原则。2012 年 4 月,中央和国家 19 部门又联合发布了《社会工作专业人才队伍建设中长期规划(2011—2020)》,明确提出到 2020 年增加到 145 万人的目标,并对社会工作制度建设的多个方面做出了规划要求。

职业承认体现在社会工作职业认定标准的制定及实施。人事部、民政部于 2006 年 7 月 20 日联合发布《社会工作职业水平评价暂行规定》和《助理社会工作师、社会工作师职业水平考试实施办法》(人事部(2006)71 号),建立了我国专业社会工作者职业水平评价制度,包括社会工作者职业水平级别、职业能力、考试组织实施、等级管理、继续教育、职责分工等方面的评价制度,以及关于考试组织实施机构、考试科目、考试报名程序、考试时间地点、考前培训、考试考务纪律等方面的制度。截止到 2017 年,全国共有 28.8 万人取得社工资格证书(中国社工时报,2017)。随着社会工作师发展的成熟,2018年 3 月,人力资源社会保障部、民政部又制定了《高级社会工作师评价办法》,详细规定了高级社会工作师的认定标准、实施细则、考试内容、报考条件等。从 2011 年到 2015 年,全国社会工作专业人才队伍建设资金投入逐年增加,到 2015 年全国社会工作专业人才队伍建设资金达到 26.7 亿元(光明日报,2016)。有关社会工作从业要求的职业身份、职业职责、职业操守、职业要求等逐渐形成。与此同时,政府也积极促进相关部门设置社会工作专业岗位。截止到 2016 年底,城乡社区和相关事业单位共开发设置社会工作岗位达到 27.3 万个,其中北京、上海、江苏、广东社会工作专业岗位总量超过 2 万个,辽宁、浙江、安徽、山东超过 1 万个(徐道稳,2017)。

(4) 社会工作服务机构发展的空间维度从大城市到小城市,政府与社会工作服务机构相互承认。

社会工作相互承认体现在政府与社会工作机构的维度,这体现在政府和社会工作服务机构作为平等主体的互相认同的一种状态。政府和社会工作机构的承认是在持续的、可能有所不同的各种合作甚至讨价还价中发展的(李晓慧,2015)。中国的专业社会工作机构从发展的路径可以看出,不是自下而上形成和发展起来,而是政府让渡空间培育发展起来的(肖小霞、张兴杰,2012),部分专业社工机构甚至是为了满足政府购买服务的需求才成立的。政府与社会工作服务机构是合作关系,政府将"做不了"和"做不好"的职能让渡给社会工作服务机构。社工机构通过提供的专业服务获取政府的认可并维持机构的发展,从而实现其专业化、职业化的发展需求。从空间的维度来看,社会工作的发展从北京、上海、广州、深圳等大城市开始,随着社会工作的社会承认力度的增加,中小城市社会工作机构也开始发展。这从社会工作服务机构数量的增长可以看出来。由于不同城市政府支持的力度不同,社会工作服务机构的发展水平存在差异。但无论如何,社会工作机构在政府政策、资金的支持下逐渐发展起来。社会工作机构通过专业服务的提供,获得政府及服务对象的认可,同时与政府的相互交往过程中得到承认。自 2008 年汶川地震以后,社会工作的专业地位逐渐得到社会承认。在此后社会发展过程中,社会工作服务机构从处于辅助性的协助地位,到对政府开展的社会管理发挥协同作用,社会工作者的专业性得到政府的认可,社会工作机构与政府能够"通过足够的认识和互动就有关社会管理创新及提供社会服务的相关内容达成某种共识,包括政府对机构专业能力和发展前景的认可以及社会工作服务机构对政府的合理依赖"(李晓慧,2015)。

2. 实践维度:我能说,我能做,能够叙述自己,获得一定社会评价,社会工作者职业能力得到不断承认

格林伍德(E. Greenwood)认为,作为一门专业,应具备五个基本特征:理论体系(a body of theory)、共同信守的伦理守则(code of ethics)、专业的文化(professional culture)、社会或社区的认可(sanction of the community)、专业的权威(professional authority)。在他提出的五个衡量标准中,社会或社区的认可是一个专业发展的重要特征。而社会工作的实践能力是获得社会或社区承认的重要标准。实践维度主要从社会工作者、服务对象的角度,从认同承认、自我承认、相互承认的维度,分析社会工作专业认同。

(1)助人自助的专业特色,以服务对象需求为导向,社会工作获得认同承认

社会工作以其专业特色及独特的服务效果获得服务对象认同承认。社会工作者的自我能力发展,能够做出有别于其他专业的贡献,

才能够促进他者承认的获得。虽然社会工作在 20 世纪 80 年代开始恢复发展,从国家政策的角度确立社会工作地位是在 2006 年,之后社会工作在我国快速发展起来,但社会工作真正获得承认是在 2008 年汶川地震之后。在这次地震灾害中,社会工作者以其助人自助的价值理念,得到灾区群众的认可。当地社区群众从对社会工作陌生到主动向灾区社会工作者求助。社会工作的社区知名度、认可度、被承认度得到较大提升。不同于心理学单纯的关注个体的心理状态,社会工作者注重服务对象的自我提升与周围环境的改善,其介入目的是对受灾个人及家属进行支持、协助个人与资源链接、增加多元性资源的接近性、防止更严重的身心健康、预防个人、家庭、团体、组织和社区的瓦解、改变微观和宏观系统增加受灾居民的福祉(Zakour, Michael, Geographic and Zakour MJ., 1996),切实提升了灾区群众和干部的自我发展能力。例如香港浸会大学、西南财经大学在北川县任家坪社工站通过培育老年组织和妇女组织,并在组织开展活动中培养社区领袖,通过社区工作培养灾区群众自我发展能力。广州中山大学汶川映秀社工站将灾区妇女的哀伤辅导与生计建设有机结合起来,实施了"映秀母亲"项目,帮助灾区群众发展生计,培养了其自我发展的能力(边慧敏等,2011)。华东理工大学服务队在都江堰市勤俭人家服务社实施的"巷巷会"计划,运用小组社会工作和社区工作模式发动、组织居民实现社区自治与互助(柳拯,2009)。这种以服务对象需求为导向的设计,在促进福利公平与福利最大化的同时,注重挖掘服务对象的潜能,满足服务对象福利需求,注重调整和改善服务对象个人同社会环境的关系,促进服务对象的社会适应和社会融入。至此之后,社会工作机构发展迅速,社工在各个领域开展服务,逐渐展现出自身特色,各类社会工作队伍大量涌现。

　　(2) 社会工作的价值观教育及职业发展,社会工作者实现自我承认

　　社会工作的自我承认是社会工作群体自主性表达,是对社会工

作专业、价值观、工作方法、服务实践的正确认识(王思斌,2013)。社会工作职业化建立自我承认的基础上。临床社会工作者专业认同的形成,是个人价值观与专业价值观相互融合而成的(Margaret C. Carpenter,Sheila Piatt,1997)。社会工作的传统是一个关注社会正义、被压迫服务对象的社会福利为主的专业,这也是社会工作专业与心理学、精神科、心理咨询的专业区别(Ramer,1992)。社会工作拥有照顾、关注对人类需求的情绪反应的传统(Imre,1991)。社会工作专业目标植根于一系列的核心价值。这些价值观包括服务,社会正义,尊重和个人的价值,人类关系,正义和能力的重要性(NASW,1996)。首先高校在社会工作者自我认同的教育中承担着重要作用。助人自助等价值伦理和个案、小组和社区等三大专业方法成为高校社会工作专业教育的重要评估标准。社会工作实务方法、知识与价值等三要素,构成了职业共识的前提,而职业活动、职业知识和职业价值成为社会工作者在职业实践和职业互动中建构共识的重要标尺(杨发祥、叶淑静,2016)。社会工作专业本科生四年学习完成后,也基本完成对社会工作专业价值观的内化认同。国内社会工作专业硕士要求必须完成800小时的实习,社会工作实习的过程也是从业价值观的培养过程。学生能够学会应用职业价值观和态度面对工作中常见的冲突和困惑,对社会工作从业产生积极的情感体验,提高专业自我承认。其次,社会环境的改善促进了社会工作者对自身承认不断增加。政府关于促进社会工作发展的政策出台为社会工作发展提供了政策支持;社会工作专业机构的成立为社会工作者的自我承认提供了组织机构;逐渐增多的社会工作岗位设置、政府购买服务的增加、媒体关于社会工作专业的报道俱增加了社会关于社会工作的认知度;社会工作职业标准、薪酬制度的出台等为社会工作发展提供了制度保证,这些都增加了社会工作者对自身及其专业的承认。

(3) 两种不同社会工作发展模式,服务对象与社会工作者相互承认在社会工作各个不同领域的发展过程中,社会工作者凸显出自身的特色,当前社会工作的发展模式主要表现为两种社会工作人才队伍并存、两种社会工作实施途径并存和两种社会工作职业制度并存(李迎生、方舒,2010)。有的学者总结为嵌入行政性社会工作系统、专业社会工作机构发展两种模式(李伟、张昱,2015)。计划经济下的实际社会工作人员仍然挂靠在民政和福利性事业单位体制下,仍然通过民政、工青妇老等福利性事业单位和各类人民团体等途径,运用传统的行政性社会工作方式对社会成员开展福利服务。而专业社会工作者一方面被吸收到前一种社会工作体制中,另一方面则转入各类民间服务组织中,从事着具体的一线社会工作。具体的服务方法依靠民间服务组织网络,深入社区和街道等基层单位,运用科学、合理的程序和方法开展工作,满足人们个性化的福利服务需求。行政性社会工作系统在社区及民政系统内的运营方式主要有岗位社工、项目社工、社区服务中心社工等模式。例如以社区工作发展过程中形成的三社联动模式为例,自 2015 年 10 月,根据民政部在重庆召开的"全国社区社会工作暨'三社联动'推进会精神,广泛开展'三社联动'的实践探索与制度建设"会议,各地按照"政府主导、专业承接、项目运作、整体联动"的工作思路开展"三社联动"实践。街道层面开展的"三社联动"具体实施过程主要以基层社会管理和服务需求为导向,从各个社区实际出发,贴近居民生活实际需要设计社会工作服务项目,优先发展与社区居民切身利益密切相关的服务项目,逐步满足居民不断增长的多元化的、多层次的需要。通过政府购买的方式为主进行项目运作,逐步将街道一级面向社区基层的事务性、服务性工作委托给专业的社会组织进行承接,由社会组织聘用社会工作专业人才,为社区居民提供专业性的服务,同时委托社会孵化组织对辖区内的社会组织进行孵化指导,运营并管理在辖区内开展社会服务的社会组织。"三社联动"的开展促进了社区基层治理,实现了政府职能转换,弥补了政府社会治理和公共服务的不足,把政府从社区事务的微观管理中解脱出来,从而向政策制定者、服务效果监督和评价者转变。促进了社会组织协同参与,实现了专业社会工作服务与社区服务深度融合。专业社会工作机构社会工作服务发展出针对不同领域社会工作服务,例如,深圳自 2007 年以来,不断创新和拓展社会工作服务领域,社会工作服务遍及妇女儿童、老年人、青少年、教育、残障、医务、司法、禁毒、企业、少数民族与军队等 14 个专业领域,服务总量达 800 余万人次(深圳社会工作十年发展报告,2016)。无论何种模式,社会工作的服务理念和职业认同承认得到了较好的发展,促进所在领域社会服务的专业化,在很大层面上推广和普及社会工作,使得社会工作真正融入社会生活,得到民众的承认,促进社会从对社会工作一无所知,到"有困难、找社工"、"我也想做社工",社会工作职业能力得到承认。

(四) 社会工作重要持份者走向承认的问题分析

虽然社会工作持份者获得一定的承认发展,但是社会工作在承认发展过程中,也出现一定的问题。首先,社会工作专业性有待提高,专业承认有待进一步发展。虽然在政府的大力推行下,无论是嵌入性行政社会工作还是社会工作专业机构,当前社会工作服务模式还停留在社区宣传、简单的小组活动、社区心理健康活动宣传层面,缺少专业的个案工作干预,小组服务活动社会工作的专业性有待于进一步提高。其次,社会工作者自我承认度总体不高。一方面我国当前社会工作服务项目,大部分是以政府购买服务的形式开展,服务对象认为社工的服务理所当然,影响社会工作从业人员自我认同度。社工开展工作内容以完成承接的政府采购服务项目的执行和实施为主,不少文件类、报表类、总结类、汇报类的工作内容较多,主动发挥专业优势开展服务方面仍然存在欠缺。另一方面,由于目前我国社会工作者工资待遇较低，吸引不了优秀人才从事社会工作行业。而从业的社会工作专业人员因为工资、待遇、发展前景问题，离职率比较高，形成恶性循环。最后，社会组织发展迟缓，运转资金困难，有效评估机制缺乏。目前社会工作服务效果的评估以问卷调查为主，但社会工作服务效果的好坏，难以单纯地通过问卷看出来，需要参与式观察法，逐步深入调查点，去调研发现居民问题改善情况。社会组织资金严重依赖政府资金，同时存在社会组织类型单一，专业化水平不高，支撑社会组织建设的制度平台尚不完善，民众对社会组织的公信力较差等问题，严重影响社会工作承认实现。

同时，承认社会工作在宏观方面的还可以链接到社会建设的各个层面。承认社会工作与政治建设的赋权关系：如何更好回应人民当家作主的美好诉求，为实现人民对美好幸福生活的追求提供政治保障。承认社会工作与经济建设的分配关系：如何在实现国家繁荣富裕、民族昌盛强大、人民幸福安康的过程中提升每一个个体的幸福感、获得感。承认社会工作与社会建设的和谐关系：和谐是中国传统文化的基本理念，集中体现了学有所教、劳有所得、病有所医、老有所养、住有所居的生动局面。它是社会主义现代化国家在社会建设领域的价值诉求，是经济社会和谐稳定、持续健康发展的重要保证。承认社会工作与文化建设的价值关联：文明是社会进步的重要标志，也是社会主义现代化国家的重要特征。它是社会主义现代化国家文化建设的应有之意，是对面向现代化、面向世界、面向未来的，民族的科学的大众的社会主义文化的概括，是实现中华民族伟大复兴的重要支撑。承认社会工作与生态建设的共生关系：人与自然、人与人的和谐相处在于彼此休戚与共，相互依赖，甚至人对自然的需要超过了自然对人的需要，而世界也是如此，在开放成为不可逆转的必然时，命运共同体成为我们最好的选择。

第三章

承认社会工作的当代回应

一、 承认思想的当代价值

（一）我们的时代境况

"我在此想谈谈现代性的隐忧。"查尔斯·泰勒在《本真性的伦理》①开篇中提到 20 世纪中叶以来在西方社会中出现三种令人忧虑的现象：个人主义的危险和意义的失落、工具理性的主导性、自由的丧失。但现代性危机并非只是在西方社会的后院起火，自科学与技术之风席卷人类的生活伊始，人类便被看似无比确定的自决性自由推进了偶在性的深渊。在此我们要摒弃意识哲学传统中主体与客体、自由与自然、个体与社会的思想对立。在社会学探讨中，存在的事实才具有优先性，而正像阿诺德·汤因比说的那样："人类既非无私的蚁群，也不是反社会的独眼巨人，而是一种'社会动物'，只有通过与他人的交往，人类才能表现和发展自身的个性，反之，社会无非是不同个体相互交往的平台。社会的存在有赖于个人的活动，个人

---

① ［加拿大］查尔斯·泰勒著，黄之林、陈燕谷译，《本真性的伦理》，上海：上海三联书店 2012 年版，第 1 页。

也无法脱离社会而存在。"①社会生活要求每个成员的有效参与,而生存环境同样有赖于自然资源的补给。

在世界范围内,因为文化传统、伦理背景各不相同,我们不得不面对查尔斯·泰勒的"多元现代性"。但"风险社会"并不受制于国别、民族、阶级的区分,它是真正意义上的世界问题。德国社会学家乌尔里克·贝克提出的风险社会理论关注的"人为的不确定性"已然渗透到各个领域,它不同于建立在分配不均基础上的阶级社会——它的风险是普遍而均等化的。在社会、经济、政治各个方面,人们不得不面对席卷全球的同质化的风险,这也意味着"生活在火山口上的"人类不得不为了减少"我怕"的焦虑感而行动,毕竟"焦虑是人们追求安全的动力"②。在风险社会理论的基础上,吉登斯将风险与信任联系起来,认为以信任机制为纽带可以创造一个积极的共同体,在这个为计算性思维所占取的现世提高信赖值,使可能性的风险程度降低。这与鲍曼揭示的"在这个迅速全球化的世界中,我们都是相互依赖的,因而没有人能够独自掌握自己的命运。存在着每个个体都要面对但又不能独自对付与解决的任务"③的生存处境中隐含的诉求相适应。

生存困境不仅在于人类外在的生活世界,还在于莱布尼茨所揭示的单子式的孤立无援的内在幽谷。正所谓"孤立(Isolation),一种与他人缺乏深交的感觉,似乎是我们时代的病症。"④如果说鲍曼是在对外在世界潜在的风险胁迫下才要求一种提升安全感的联合体,那么阿兰·布鲁姆则更倾向于一种"超越自私自利引起的孤立的联

① [英]阿诺德·汤因比著,郭小凌,王皖强译,《历史研究》,上海:上海人民出版社 2010 年版,第 665 页。
② 成伯清,《走出现代性》,北京:社会科学文献出版社 2002 年版,第 224 页。
③ [英]齐格蒙特·鲍曼著,欧阳景根译,《共同体》,南京:江苏人民出版社 2003 年版,第 185 页。
④ [美]阿兰·布鲁姆著,胡辛凯译,《爱的设计》,北京:华夏出版社 2017 年版,第 2 页。

合"。全球化视野下文化的多元承认、发展道路的相互承认、经济交换的劳动准则、应对风险社会的全球协作都需要共同体的建设。当然，"一个用相互的、共同的关心编织起来的共同体"①从未在共同体主义者的建构中缺席过。虽然普通人难以发出"我是他者的人质"②这般深沉的表白，但不言而喻地是"每个人都存在于众人之中，因此必须思考如何存在于众人之中，必须思考我的生活如何在众多他人的生活之中得以展开。"③

（二）共同体重建

既然已明了解决方式的向度，那么我们就需要再次起航，为计划的理论和实践理清思绪。在当代重建共同体还有哪些思想资源可供架构？法兰克福第三代掌门人的承认理论有何不足与可取之处？社会哲学的新时代转向与马克思又有何联系？结合上文的分析有利于走完这段思想之旅。

霍耐特的承认理论是反形而上学的，他以承认为基础的规范性以一种更为实质性的方式得到了解释——规范只有在他的"承认的领域"中才能得到显现。但在《为承认而斗争》中，虽然他指出承认形式应当在社会斗争中寻求实现，却也未对真正"自由共同体"的命运前景作出预测和建议，这表明承认理论还需要吸收其他思想资源的合理内核。霍耐特后期理论发展在构建正义理论时，在《不确定性之痛》中，他摒弃黑格尔的国家概念与逻辑推演，从外化的"客观精神"和"伦理"出发重新理解黑格尔的目的与结构，使黑格尔的法哲学再

---

① ［英］齐格蒙特·鲍曼著，欧阳景根译，《共同体》，南京：江苏人民出版社2003年版，第186页。
② ［法］单士宏著，姜丹丹，赵鸣，张引弘译，《列维纳斯》，上海：华东师范大学出版社2018年版，第25页。
③ 赵汀阳，《第一哲学的支点》，北京：生活·读书·新知三联书店2017年版，第99页。

现实化从而得以为正义理论。但黑格尔把现存制度纳入到他的法哲学体系中时,也潜在地表明了现存制度的合理性,霍耐特也继承了这种合理性,却没有发展批判向度,于是他承袭黑格尔的分析将社会现实中存在的疾病归咎于两种不完整的自由概念带来的"不确定性之痛",却并未意识到行动主体在社会环境中可能受到的阻碍——不平等的权力关系影响着人们之间的互相承认。对现实社会权力关系的疏忽,使霍耐特不能全面地认识权力关系对于自由和自我实现产生的副作用。① 在后来出版的《物化》中,霍耐特又承袭卢卡奇对"物化"的分析指出"物化是承认的遗忘"②。但自承认理论发端起对马克思的庸俗误解,让霍耐特的承认理论难以得到完善。霍耐特将马克思的生产劳动范式误解为经济决定论,这导致承认理论在发展中思想资料的缺位。张雪魁指出,马克思才是德国古典哲学承认理论的真正继承人,"他不但继承了黑格尔承认理论,而且继承了费希特的承认学说;不但以他天才的研究和猜想继承了青年黑格尔在《论自然法》、《伦理生活体系》、《实在哲学》等手稿中提出的'为承认而斗争'的思想,而且继承了成熟时期黑格尔在《精神现象学》('自我意识')中提出的'主奴辩证法'对于承认理论的构想,以及《法哲学原理》中提出的'成为人并尊重他人为人'等命题对于承认理论的叙事。"③马克思在重构黑格尔理论时切入政治经济批判的视角,重新将古典的承认概念奠基于生产劳动实践的基础之上,使之成为历史唯物主义的、具有深度的思想场域。霍耐特对马克思的批判主要在于:生产劳动范式造成批判理论的"社会学欠缺";生产劳动范式存在"道德批

---

① 王凤才,《承认·正义·伦理》,上海:上海人民出版社2017年版,第139页。
② [德]阿克塞尔·霍耐特著,王晓升译,《不确定性之痛》,上海:华东师范大学出版社2016年版,第80页。
③ [德]阿克塞尔·霍耐特著,罗名珍译,《物化》,上海:华东师范大学出版社2018年版,第88页。

判的空场"。但这个批评都建立在我们在上面提到过的霍耐特对马克思的误解上：将马克思的生产劳动范式误解为经济决定论。这种误解使他的承认理论陷入无法克服的内在矛盾。在着力于建设"人类命运共同体"的今天，我们需要重新发掘马克思哲学上的成就，重新回到马克思的寓意丰富的生产劳动范式。

　　将马克思的生产劳动范式粗浅地理解为教条式的经济决定论已司空见惯。想要正确地理解马克思，阿维纳瑞指出必须将马克思关于人的自我解放的最终可能性的拟设与他关于人最初创造世界的哲学前提结合起来。① 这意味着我们要看到恩格斯在《反杜林论》或《自然辩证法》中描述的机械唯物论与马克思理解唯物论的方式是格格不入的。正如蒂利希所说，马克思的历史唯物论与粗糙的机械唯物论大相径庭。马克思的认识论居于古典唯物论与古典唯心论之间，他超越了主体与客体、人类与自然之间古老的二元对立，他提醒那些蒲鲁东般的头脑简单者：不要忽视人是具体的历史的人，人的本性自身是人的活动。这种人类活动的具体体现就是劳作，即创造将自身的影响施加给世界的人类活动的工具。阿维纳瑞认为马克思的卓越之处正在于此——他把人看作是 homo faber（劳动人）的观点。也正是劳动显现的各种方式，为人们理解人类历史提供了可证性的钥匙。② 但正像张雪魁将劳动分为"为人的劳动"和"谋生的劳动"时所强调的那样，本应成为人类自我实现的条件的劳动在资本主义市场中成为人类异化的根源。就人本身而言，"谋生的劳动"使自身得到异化的体认；就人与人之间的关系而言，"谋生的劳动"代表了一种扭曲而错误的承认关系。对异化的分析也正是马克思的历史唯物主义批判在理论视阈对错位之承认关系的深切观

---

① 张雪魁，《古典承认问题的源与流》，北京：中国社会科学出版社 2013 年版，第 225 页。
② ［以色列］阿维纳瑞著，张东辉译，《马克思的社会与政治思想》，北京：知识产权出版社 2016 年版，第 74 页。

照。恰在霍耐特欲抛弃的马克思对生产劳动范式的分析处,人们发现了真知灼见。

在马克思深刻的历史唯物主义批判中,人们可以看到资本主义经济使劳动者的产品——商品,成为人的主人。资本与异化是相辅相成的,要想改变人类生活的质,就必须消除资本从而消除异化。哈贝马斯在《现代性的哲学话语》中论及"落后的生产范式",他认为"只有在完成从生产活动向交往行为的范式转型,而且要在交往理论完成对生活世界概念的重建过后"①,生产劳动范式才能为规范内涵做出贡献。但其实马克思一直为如何解决资本主义社会中劳动者的人类学状况而思索,像古典社会学者涂尔干为求人们的联合而求助于行业工会那样,他也督促工会活动,他认为这有利于劳动者们在社会交往中生出对自身社会地位的体认,从而生出阶级意识。正像马尔库塞的论断那样:"只有当人们意识到他们生存环境的局限和束缚,并通过表达,比如关于他们需求的对话,来决定他们行为所具有的共同的社会目标和社会价值时,他们的生活才是合理性的。"②工会活动可以重新使工人们联合起来,这种联合创造了涉他性和互助性,在工人之间达成了新的承认关系,从而打破了资本主义社会强加给他们的孤立,就此而言,工会活动本身就是一种革命性的行动。生产劳动范式中天然蕴含的可把握的交往关系已经对哈贝马斯做出了回应。但马克思并不认为工会活动能够改变世界,改变社会结构或劳动的质,欲消除资本主义社会对人的异化,只有进入更进一步的联合——无产阶级联盟。在联盟中,人们不是在竞争中感到对同类的需要,而是社会交往本身就成为了目的。在联盟和组织的基础上进行的革命实践活动也就成为工人们解放自我的重要推动力。有意义的问题或

---

① [德]哈贝马斯著,刘东译,《现代性的哲学话语》,南京:译林出版社 2011 年版,第 87 页。
② 同上书,第 95 页。

许应该集中于"谋生的劳动"与创造性的"为人的劳动"如何平衡这一焦点上。毕竟创造性的岗位属于稀缺资源，而我们是认同人格与权利应当平等的现代人——这使我们不能习以为常地以亚里士多德的口吻说有的人生来就该做奴隶，而雅典城的繁荣与少数公民的自由与天赋的发挥是建立在对三十万奴隶的剥削与压迫之上的。

在我国市场经济高速发展的今天，我们不应忽略各个行业中的劳动者所承担的重负，这里不再论及行业之间的差异性，而要强调人和人之间的裂痕不但没有弥合反而越发加深了，黑格尔在19世纪提出的社会病理学在世界范围内得到了充分的表征。技术神话也不再是作家创造性的幻想——在技术日新月异的今天，笔者难以甚至不敢想象未来人们的生活会有多么机械化。也许福斯特在短篇小说《机器停转》中描述的场景就是对人类最终命运的预言：又成稚儿的少数人类在失去机器主人的统领后不得不回到残破的大地上进行最初的劳作。在这样的背景下，上个世纪以来的各种诉求，女权主义、文化多元主义、同性恋运动等显得极为脆弱——首要的人类生存问题得不到解决，遑论其他？必须认识到这一点，克尔凯郭尔论述的审美——伦理——宗教之人生三境界不属于大多数人，底层的劳动者们仍然在他们的历史生活中苦苦挣扎，这也正是马克思社会理论的核心关切。在一个贫富悬殊的人口大国，扩大和加强对人们的教育和训练必不可少，只有让人们意识到自己的生存处境，他们才有干劲，才能重新在人和人之间生出承认的召唤。在这种国民性改革中，马克思的社会理论应当也必须得到充分阐发。这意味着我们必须面对这个问题：在当前境况下如何使人再成为充满创造性的劳动主体？这里蕴含着真正"自由共同体"的命运。在此承认理论不应再进行过多的本质主义层面的探讨，而应成为建构意义上的实践。同时，人类不可避免地具有超越其生存境况的期冀，但正像黑格尔所强调的，没人能跳出罗德岛，任何人的生存经验都植根于他生活环境中的文化传统和习惯风俗。而我们时代突出的生存境况就在于传统秩序的破裂，这导致人们获取身份认同与价值共识来源的共同体的破碎。在这种境况中，拥有自我意识的个体感到分裂的痛苦；看见虚无的深渊，社会仿佛又成了康德那个可望而不可及的"自在之物"。在我们的时代，自古希腊哲学起至黑格尔哲学中完善的人格再难有了，加缪揭示的痛苦是实在的，但他提不出解决之道，他仍然指向分裂。在此，承认理论对共同体与心灵秩序的重建效用具有可期性。

在弗雷泽承袭马克思批判思想的一元三维的正义论中，承认对应的乃是文化领域，她使用的承认概念特指文化承认，可与霍耐特承认理论中的社会尊重相当，这与弗雷泽更注重公共领域中的承认问题有关。而霍耐特却把承认当作自我实现问题，承袭黑格尔的"伦理"传统，将私人领域和公共领域一以贯之。我们已经在上面提过这种承袭对承认理论会造成怎样的伤害——忽视不平等的权力关系，对人与人之间的承认造成的阻碍。那么我们是否应该直面弗雷泽的"再分配还是承认"问题？是否正像她批判霍耐特的承认理论过于宽泛时指出的那样，描述社会的概念范畴应该多元而具有针对性？这就需要界定承认范畴所服务的社会理念之核心规范原则的真正意涵。王凤才认为弗雷泽与霍耐特的争论实际上源于康德的"道德"与黑格尔的"伦理"之间的分歧，涉及在道德哲学中，道德与伦理何者具有优先性的问题，也可将他们的分歧置于更为宽广的政治哲学、社会理论层面进行考察。但无论如何，检验社会哲学的效用的唯一标准是能否为实现具有真正民主正义的社会做出贡献。这是承认理论生发和指向的最终目的，也是"自由共同体"目标在当代的切实要求。同时，在对查尔斯·泰勒"承认的政治"做出考量的思虑中，我们不应忽略的是他的理论分析是根植于西方社会甚至于缩小范围至美国的多元文化处境——平等主义的民主与自由主义的民主的论争难以止息,而就我国的社会境况而言,维系社会价值的纽带并未彻底断裂,社会成员也并没有那么多元。在"人类命运共同体"的应召下,在个人主义时代欲重新建立价值共识,或许我们应该瞩目于本国的文明传统,因为正像那句爱尔兰谚语说的那样:一个人的传统是他所具有的,比他更为古老的那部分。

(三) 社会认同机制的建构初探

社会认同是指引人类前进的旗帜,20 世纪 80 年代以后,社会认同问题开始在中国得到普遍关注,并在一定广度和深度上为众多学者所研究,但却鲜于对社会认同机制进行探索。本节所界定的社会认同机制,就是主体间通过有效的对话、交往和承认,促使社会成员形成相对统一的信仰、价值观念和行动取向的过程。

1. 社会认同机制的特征

在对话和交往领域遵循理性交往原则,在情感关怀领域遵循需要原则,在法权承认领域遵循平等原则,在社会团结领域遵循尊重原则,是社会认同机制建构的重要特征。

(1) 交往理性原则

遵循理性交往行为原则是一切沟通、交流、对话和承认的前提。哈贝马斯在《交往行为理论》中,认可了波普尔(K. R. Popper)三个世界的划分:"第一世界是物理对象或物理状况的世界;第二世界是意识状况或精神状况的世界;第三世界是客观思想的世界,特别是科学思想、文学思想以及艺术作品的世界。"[①]哈贝马斯由此将社会行为者的社会行为划分为:采用有效的手段和方法达致目的的目的行为;受共同价值约束的规范调节行为;表现个体性的戏剧行为。鉴于

---

① [德]哈贝马斯著,曹卫东译,《交往行为理论》(第一卷),上海:上海人民出版社 2004 年版,第 15 页。

其仍然是传统的主客体关系,哈贝马斯基于主体间性,对两个以上主体之间的互动,提出了"交往行为"的概念:"行为者通过行为语境寻求沟通,以便在相互谅解的基础上把他们的行为计划和行为协调起来。"①同时,哈贝马斯认为要使交往行为成功进行,必须符合理性的要求,为此,哈贝马斯提出了交往的有效性要求:"言语者要求其命题或实际前提具有真实性(Wahrheit),合法行为及其规范语境具有正确性(Richtigkeit),主体经验的表达具有真诚性(Wahrhaftigkeit)。"②

(2)需要原则

需要是人对话、交往和承认的最初动因。问题的产生都源于需要得不到有效满足,在以爱和亲密关系为纽带的情感关怀领域,人的各种需要都需要在关系中实现。人的需要既有自然需要的一面,又有社会性的本质特点。从人的需要的对象来说,基本上都是由人的劳动创造的产品来满足,所以需要与劳动联系到了一起。从实现形式上看"需要","在社会中,产品一经完成,生产者对产品的关系就是一种外在的东西,产品回到主体,取决于主体对其他个人的关系"③不同的人的需要的实现取决于一定的社会生产关系和社会形式。"也就是说调节需求原则的东西,本质上是由不同阶级的互相关系和它们各自的经济地位决定的。"④随着实践活动半径的扩大,人类改造世界的能力就越强,人的需要也随之扩大,所以,人的需要在历史上是"随着一定文化水平而发生变化的"⑤,需要原则把人

---

① [德]哈贝马斯著,曹卫东译,《交往行为理论》(第一卷),上海:上海人民出版社 2004 年版,第 84 页。
② 同上书,第 100 页。
③ [德]马克思,[德]恩格斯著,中共中央编译局,《马克思恩格斯全集(第 46 卷上册)》,北京:人民出版社 1979 年版,第 31 页。
④ [德]马克思,[德]恩格斯著,中共中央编译局,《马克思恩格斯全集(第 25 卷)》,北京:人民出版社 1974 年版,第 203 页。
⑤ [德]马克思,[德]恩格斯著,中共中央编译局,《马克思恩格斯全集(第 47 卷)》,北京:人民出版社 1979 年版,第 52 页。

的需要层由低至高推进。马克思认为最高层次的需要是人自由全面发展的需要，是人的潜能得到充分发展、自身价值得到体现、得到社会的认可。

（3）平等原则

在法权承认领域，平等是对话、交往和承认的逻辑起点。平等作为法的社会价值的体现，既是社会的历史现象，又有其发展的自我轨迹。正义观念在古希腊哲学中是人类秩序的最高准则之一。亚里士多德的正义观就是以平等作为正义的核心。斯多葛学派认为："人们在本质上是平等的。出于性别、等级、种族或国籍的不同而对人进行歧视是不正义的，是与自然法背道而驰的"①。具体到人类社会，平等通常被理解为是人的价值与地位的无差别、无特殊。但若从人类思想发展史上观察，所谓的平等，却不是如此单纯，它既包含事实上的平等与法律上的平等，又包含绝对的平等与相对的平等。不平等是一切矛盾和斗争的根源，平等是和谐社会的内在诉求。

（4）尊重原则

尊重是个体道德的起点，是对话、交往和承认的基本要求。一般而言，尊重是主体和客体之间的一种关系，在这种关系中，主体从某种角度、以某种适当的方式对客体做出回应。从社会学上来理解尊重，它是个体对自身、对他人、对社会的一种人生态度，是人与人、人与社会、人与自然交往过程中的一种道德评判标准。作为道德范畴的尊重是人道主义的基本原则，它要求人们在交往中以平等、诚恳、友好的态度理解他人、尊重他人，并关心对待他人，尊重意味着个体之间生命、基本权利和尊严的平等。尊重是个体进入社会、扩展交往，促进个体形成良好人际关系的必要条件。尊重意味着对某人或

---

① 邱基俊，邱铭堂，《论行政法中之平等原则》，载《行政法之一般法律原则》，台湾：三民书局 1995 年版，第 103 页.

某事物的肯定,由此产生一系列美好的道德情操,其目的就是要形成平等友爱、团结互助、共同发展的人际关系。

2. 社会认同机制的核心

社会认同机制的建构,最重要的是依托构成社会的个体的实践活动,特别是通过主体间多重的对话交往,进而实现没有蔑视的承认。所谓主体间性就是指主体与主体之间的相互性和统一性,是两个或多个主体的内在相关性,是主体与主体在对话和交往活动中所表现出来的以"交互主体"为中心的和谐一致性,它强调的是各主体之间的相互理解与沟通,以实现认同与达成共识。

(1) 认同主体间的对话

社会认同是主客体、主体间的统一,是主体性和主体间性的双重转换。这有赖于认同主客体、主体间一种平等、和谐、尊重的对话,最终达到去主体性和去主客体性后的彼此交融。

所谓对话,是主体与主体之间在面向未来的探索中分享共同的情感、寻找思考的亮点、获得理解的协同、探索终极意义的一种人类交流思想的基本形式。

早在 20 世纪初叶,德国哲学家马丁·布伯就已开始关注人与人之间的社会交流或对话关系,用"你—我"、"我—他"之间的关系来表示两种基本的人类关系。他认为"你—我"关系是一种平等的交流和对话关系,人人都需要通过"你"而成为"我"。布伯的"你—我"关系揭示了对话中意义多元与价值主体间的相互尊重。

"你—我"关系的实质就是一种对话关系,"你"和"我"的对话就是两个主体之间面对面的平等关系。而这种"主体—主体"关系所体现的就是互为主体的双方的对话、交流,是双方能动的相互作用。这种主体之间的交流既强调互相的投射、筹划和溶浸,又秉持互相的批判、否定、校正、调节,是一种主体的共同参与、分享和创造。并由此展开了主体间性本位的广阔天地,不断达成主体间的意义生成,开启认同的大门。

巴赫金关注人的社会因素和人的存在状态,他认为个体的人是唯一而统一的存在,以个体的成功来凸显自身的唯一性是每一个个体生而为人的义务,个体的人通过"唯一的存在"这一人类的存在状态使自己成为"人"中独特的一员,进而获得"我"的存在。"存在就意味着进行对话的交往,对话结束之时也就是一切结束之时。因此,对话实际上不可能,也不应该结束。两个声音才是生命的最低条件,生存的最低条件。"①人的这一主体间性的存在是不可能靠个体自身获得的,他必须从与外部的对话中获得超越自己视点的目光,借助他者实现对自己原有状态的超越,并帮助个体超越自我意识和文化识盲造成的困难和局限,这也就是巴赫金所说的"外位"和"超视"。对每个个体而言,只有在对话中、在人与人相互作用中,才能揭示给自己,才能揭示给别人。一般情况下,个体之间在主体间性的基础上可以实现一致:"他们相互认同,以及相互认识和承认是同样性质的主体,但同时能在交往中又相互保持距离,并且相互强调他们自我的不可转让的同一性。"以上可见,社会中的主体和个体都需要在平等的对话中,通过"你—我"、"我—你"的置换思考,剔除原有的本位优势和对他者的排斥或蔑视,进而达到尊重的承认和认同,这也正是对话作为社会认同建构机制核心的重要原因。

（2）认同主体间的交往

哈贝马斯说"理解的基础是人与人之间的相互交往。"②社会认同由主体性活动转向主体间性活动,也就由单个主体的对话走向了多个主体之间的交流。这种对话和交往,能够调节不同的意见或社会行为,传递和更新文化知识,促进社会整合,增进人的归属感。最为重要的是,人们的交往行为能够促成个体自我观的建构,充分发挥个

---

① ［俄］巴赫金著,白春仁,顾亚铃译,《诗学与访谈》,石家庄：河北教育出版社1998年版,第340页。
② ［德］哈贝马斯著,郭官义、李黎译,《认识与兴趣》,上海：学林出版社1999年版,第166页。

体的主体性,而自我观和主体性恰恰是社会认同建构的核心所在。

　　所谓交往,主要指多个主体之间通过行为的相互活动来进行语言的沟通和思想的交流的一种人类在社会中存在的基本形式。交往不仅指称单纯意义上的相互表述而且更倾向于对话双方的渗透、理解和同构。[①] 哈贝马斯在巴赫金"对话"概念的基础上,提出"交往"的概念,"交往"除了包含语言和思想的对话外,突出了实践行动的交往,以强调全方位的更深层次的交流和互动。

　　对话和交往原是日常生活中的普遍概念,然而哲学家们赋予了其深刻的哲学内涵与意义。巴赫金针对人文科学的研究方法提出了著名的对话理论,他强调主体间的叩问及应答,强调开放性意识之间的沟通与交流,如此,当个体在与他人对话或交往的过程中,通过不断发现自身存在的局限从而实现对原有认识的超越,并不断获取对对话交往的新理解。"交往"和"对话"的哲学意义一样,哈贝马斯强调交往的重要性,进一步明确将"交往"作为人类的基本实践形式,认为"人类社会的历史性过程,离不开交往,交往体现着人类最基本的社会性"。它表征社会个体和群体之间,以及个体——社会之间相互交换其活动、产品、工具和交流传递其能力、观念、情感、意志等等,以达到理解、协调、合作、一致的相互作用。这种相互作用是形成和传递一定的社会生活方式的基本和直接的机制,从而也是形成主体间性的基本和直接的机制。马克思认为人的本质不是单个人所固有的抽象物,而是一定社会关系的总和,实践本质上是交往的,实践本身是以个人之间的交往为前提的。社会生活的本质是实践的,实践又是社会的实践,是一定社会关系下的人们的共同活动,没有实践的社会关系和没有社会关系的实践都是不存在的。将实践活动与社会交往的模式统一起来,这就是交往实践。

---

① 宋铮,《美的对话与独白》,《广西师院学报》(哲学社会科学版),2000 年第 3 期.

　　平等、对称和沟通是社会认同主体间性存在的前提。将原子式的社会个体转换成为交互主体，构成主体与主体的关系。哈贝马斯说："纯粹的主体间性是由我和你（我们和你们），我和他（我们和他们）之间的对衬关系决定的，对话角色的无限可互换性，要求这些角色操演时在任何一方都不可能拥有特权，只有在言说和辩论、开启和遮蔽的分布中有一种完全的对称时，纯粹的主体间性才会存在。"①社会认同主体间性赖以支撑的源动力，来自于伽达默尔所提出的"视域融合"，伽达默尔的"视域"主要是指人的前判断，即文本的作者或解释者对文本意义的预期表达。被融合的视域则是指文本的"原初视域"和解释者的"现在视域"。二者之间虽然可能存在很大的差距，但是通过"理解"可以把这两种视域融合起来。"理解"之所以能够实现，就在于双方视域的不断融合。在"理解"过程中，理解者的视域与被理解者的视域随着交流的不断深入、生成、扩大和丰富，进而达到不同主体视域融合的效果。"视界融合"主张诸主体相互开放，用对话交流来批判、挑战、重构自己的精神世界。在此过程中，不同的视域通过不断的遭遇、交融和沟通，产生一种向更高"视域"提升的情形，就是文本新意义的产生。不过，哲学诠释学所说的"融合"并不意味着合二为一，而是"和而不同"。"为了达成对情境的理解，人不得不通过修正自己原始的偏见来接纳不同的意见，不同主体间正是通过偏见的修正来获得改进和达到某种视界的融合"②。胡塞尔认为生活世界乃是"通过知觉实际地被给予的、被经验到并能被经验到的世界"③。主体间性的对话和交流，主体间的相互理解和交

<hr/>

① Lemert C. , *Sociat Theory*, Bouldder Westview, 1993, p. 406.
② Elliontt, J. , *Three perspectives on Coherence and continuity in Teacher Education*, Teacher Development. The Falmer press, 1993.
③ ［美］理查德·加纳罗，［美］特尔玛·阿特休勒著，舒予译，《艺术：让人成为人》，北京：北京大学出版社 2007 年版，第 10 页。

往,不仅通过知觉等心理感知的方式进行,还融通到主体身体所有机能的参与中。

(3) 认同主体间的承认

认同是承认的准备阶段,承认是认同的必然方向,两者是统一的。霍耐特在《为承认而斗争》中突出了"承认"作为中心理论范畴的地位。作为政治哲学和道德哲学概念的"承认",其基本含义是指个体与个体、个体与共同体以及不同的共同体之间在平等基础上的认可、认同或确认,也包含自我认可和肯定。

霍耐特对黑格尔早期的承认理念赋予现代意义,承认在私人领域、社会领域和政治领域分别表现为爱、法权和团结,这三种承认形式分别属于情感关怀、法律承认和社会尊重,每一种形式都是主体间性关系。每个人都可以从爱和亲密关系中获得"情感承认",所有的主体爱的实现都是与其他主体不可分割的,表现为使动和受动的关系,一方爱的获取必将是另一方的付出,持续付出的动力来自于付出中的不断获得。在一个好的现代社会中,所有权利的认同也是以承认对方的权利和己方义务的实现为前提,每一个公民都应该能够从公民之间平等的尊严和权利关系中得到"法律承认"。团体的动力也来自于个体认同向心力的驱动,从群体成员的价值共同体关系中获得"团结承认",没有个体认同和承认他者的凝聚,整体也就成为一盘散沙,团结无从谈起。可见,作为认同更高形式的承认,是一个主体间互为前提、相互确认、肯定的关系,由此,个人从三种承认领域中形成自信、自尊和自豪的认同。这是达至群体社会认同的必经道路。

依据霍耐特的观点,在情感、法权和尊重三个承认领域通过三个不同的承认原则,达成了爱、权利和团结三种形式的承认的全面实现,就是他的"好生活"或者是一个理想的正义社会的实现。因此,承认也就是要拒绝任何形式的蔑视。霍耐特着重指出"蔑视体验是社会反抗的道德动机。"

3. 社会认同机制的运作

（1）生活世界的理性交往

交往主体基于主体交互性基础之上的交往活动并非都合乎交往理性的要求，一旦缺乏交往理性，就会使交往行为无法继续或转向策略交往。如果想恢复交往和保持和谐，那么交往理性的构建和确立就成为一个不可或缺的条件。

哈贝马斯曾指出"在潜在的策略行为中，只有交往行为参与者用他的言语取得了一种以言行事的效果之后，他才能实现其协助一种非公开的以言取效的策略目的"[①]。交往行为追求交往双方的相互理解，世界中的事物与他人达成共识。而策略行为只服从于预定的目标，不顾事实如何，这种在欺骗基础之上建立起来的"共识"是一种虚假共识，它不可能促成交往双方相互间的真正理解，实现人际关系的真正的和谐，而只能导致交往双方暂时的、虚假的相安无事。

基于主体交互性之上的理性交往行为是人际交往中相互了解沟通的桥梁，一旦在友好、真诚的情感作用下，交往双方以真正的平等姿态开始富有理性的交往，开始相互间的了解和沟通，那么再严重的社会问题都会有缓解的可能。交往行为基于双方相互了解和理解的基础上达成的共识并不是人与人之间观点和行为上的整齐划一，随着客观情境的改变和交往主体自身状况及交往主体之间位置的变化，原有的共识随时会被推翻或更新，交往的状态也存在着变化的可能，这些变化很可能导致原有人际关系的改变，从而打破原有的人际和谐状态和合理的社会秩序。一旦出现新的矛盾冲突，新一轮的对

---

① ［德］哈贝马斯著，曹卫东译，《后形而上学思想》，南京：译林出版社 2001 年版，第 61 页.

话交往行动也应该随之启动,遵循的理性交往原则也必将重新建构。在一轮一轮认识和行为的解构和重构中,交往行为主体之间基于理性选择的需要和结果走向双向认同。

(2) 精神领域的需要满足

需要是人类一切活动的根本动机,需要进入了人的意识领域并以动机的形式表现出来,自由而全面的发展也就成为人的最高需要,或者说,是人的各种需要的总和。人是情感的动物,人之所以为人是因为人生下来就具有向上发展的潜力和不同层次的情感需要、实现自我价值的倾向。人的需要是人的一切活动的原始动力,需要能促进人的生存、发展和完善,人是根据需要的"内在尺度"进行价值追求的,经过亲身实践和满足需要的体验,进一步推动人们为满足新的需要而进行实践。

人生是一个不断生产需要的过程。马克思指出:"没有需要,就没有生产。"①需要是人们进行社会实践的动机,是人全面发展自己的动力。需要的满足又引出新的需要,从而产生新的行为,使人不断地投身到社会实践活动中去,从而全面自由地实现自己,不断地推动着人类社会向前发展。

在改革开放转型时期,现代化的变迁影响着人的生活方式,也影响着人的意识领域:需求异化,关系淡漠,社会成了一个非常熟悉却又极度陌生的社会。社会关系制约着人的全面发展,没有和谐的社会关系,人不可能得到全面的发展。人的全面自由发展需要有一个和谐的社会关系。构建和谐社会,要能使人找到爱情、亲情、友谊等爱的感觉,从而在社会中找到认同感、归属感,必须最大限度地激发社会活力,促进政党关系、民族关系、宗教关系、阶层关系、海内外同

---

① ［德］马克思,［德］恩格斯著,中共中央编译局,《马克思恩格斯全集(第 46 卷上册)》,北京:人民出版社 1963 版。

胞关系的和谐。一步一步地满足爱和归属、自尊、自我实现的需要。不同主体及其不同阶段、不同层次的需要在关系中产生,并在对话、交往和承认的过程中因为以认同为目标和手段的双重实现而获得满足。

二、 弱势群体中的应用——以"法律孤儿"①救助保护为例

(一)"法律孤儿"的问题呈现

司法部在 2005 年进行的"监狱服刑人员未成年子女现状调查"研究显示：截至 2005 年底,在我国各类监狱服刑的 156 万名在押犯中,有未成年子女的服刑人员接近 46 万人,占在押犯人总数的 30％左右,服刑人员未成年子女总数已逾 60 万。这一群体整体状况的调查结果令人堪忧：(1)家庭经济陷入困境,孩子基本生活状况没有保障。(2)辍学现象严重,服刑人员未成年子女的基本教育权利得不到保障。(3)服刑人员未成年子女流浪乞讨现象令人担忧。(4)服刑人员未成年子女犯罪率高于全社会未成年人犯罪率。(5)不发达地区和农村贫困地区服刑人员未成年子女的生活是"弱者更弱",雪上加霜。(6)遭遇双重家庭变故的监狱服刑人员未成年子女其父母的监护职责形同虚设。(7)未成年子女是监狱服刑人员的主要精神支柱。(8)"相见难",监狱服刑人员未成年子女缺乏"零距离"亲情互动。(9)"救助弱",监狱服刑人员未成年子女受助状况欠佳,94.8％的服刑人员未成年子女没有受到过任何形式的社会救助。(司法部,2006)

笔者自 2001 年开始以志愿者的身份接触到"法律孤儿"这个群

---

① 法律孤儿,指因父母触犯法律而处于事实孤儿状态、需要救助的未成年人,即因父母双方均在监狱服刑,或父母一方在监狱服刑,另一方已死亡、无能力或其他原因没有得到有效监护的服刑人员未成年子女。

体,在 2005 年又因加入一家为特殊儿童提供援助服务的国际非政府机构工作,与"天使之家"(化名)——一家专门为"法律孤儿"提供救助保护的民间组织,开展项目合作,与这个群体有了更深入的接触和了解。从最初到现在近 12 年的时间里,笔者不仅见证了"天使之家"创办之初的艰辛,为救助保护"法律孤儿"做出的努力,在推动社会和政府关注这一群体上起到的重要作用和收获的巨大成果。也因为工作的关系,笔者有机会与"法律孤儿"朝夕相处,了解他们背后的故事,真实的生活状况,在相处中切实感受到他们的那种深深的疼痛和迷茫,在获得救助保障之后依然存在的困惑和问题,以及和笔者一起战斗的工作伙伴们对工作产生的越来越多的怀疑。这一切都成为我们工作当中的巨大障碍,时时刻刻困扰着服务对象和工作人员。到底"法律孤儿"这个群体的生活经验和感受是怎样的? 机构救助服务对他们产生的影响是什么? 服务对象和工作人员困惑产生的根源究竟在哪里? 我们到底要如何做才能满足"法律孤儿"这个群体的真正需要? 这些都是笔者进行本研究的动力,以及要探讨的问题。

(二)"法律孤儿"问题的研究基础

1. 文献综述

(1)国外研究述评

国外研究以美国为典范,主要有五个面向:一是"法律孤儿"成因研究(Nell Bernstein,2005;Rosemary,2003);二是"法律孤儿"面临困境研究(Gabel S. 1992;Gaudin J. & Sutphen R. 1993;Smith B. & S. Elstein. 1994);三是对救助"法律孤儿"的经验分析(Room G. J. ,1999;Rosemary,2003);四是对政府出台的相关法案的分析(Laver M. 2001;Philip Genty,Arlene Lee,Mimi Laver. 2005);五是关于服刑人员与其未成年子女亲子关系的研究(Nell Bernstein,2005;Rosemary,2007)。他们开展调查的规模大,对个案的分析也

较多,相关理论与实践研究相对丰富。但由于没有特别的机构收集相关资料,服刑人员子女的人数、分布范围、所受影响等没有确切数据,只能大致估计,相关研究都未深入。救助计划是否切实有效,有没有代表性和推广性等等问题同样存在继续探讨的空间。

（2）国内研究述评

我国针对"法律孤儿"的理论与实践起步都很晚,1996年成立的陕西省回归儿童村,是我国第一家专门为服刑、劳教人员免费代养未成年子女的民间机构。2000年常扬的报告文学《在离开父母的日子里——中国首家罪犯子女儿童村纪实》算是理论研究的发端;2006年《关于开展为了明天——全国服刑人员未成年子女关爱行动的通知》,是我国首次从政策层面专门针对"法律孤儿"救助的文件。有限的研究成果主要包含五个取向:一是现状描述（常扬,2000;徐浙宁、冯萍,2005;郑霞泽,2006;卢琦,2006;杜静,2007;朱华燕、朱华军,2008）。二是问题探讨（张雪梅,2004;张淑琴,2005;陈伙平,2005;刘新玲、杨优君,2007）。三是救助分析（周涛,2005;郭欣,2006）。四是政策建议（李克、孙温平,2005）。五是比较研究（刘新玲、张金霞、杨优君,2009）。从内容上看,大多是对"法律孤儿"现状作笼统的介绍,不够深入。从研究方法上看,除了2006年司法部的调查研究外,都存在样本较小的问题。

（3）研究趋势

首先,进行比较研究,借鉴其他国家已经成功的经验为我所用;其次,借镜本土经验,创生本群体的救助实践和理论;再次,选取更具典型性和代表性的个案,结合国情,探寻恰当的救助路径,建构适合在地情景的创伤康复模式,制定统一的救助标准,出台相应的救助保护政策和法律。

本研究突破"法律孤儿""身份"与其关护"责任"问题研究的传统范式,通过呈现研究对象心路历程和生活经验,展示社会对"法律孤儿"的蔑视,揭示其群体疼痛以及救助服务中困惑产生的根源。旨在增加社会对这个群体的认识和了解,改变社会长期以来对其产生的偏见。以期为学界的研究和社会救助提供参考。

2. 研究方法论

(1) 理论基础

承认理论:法兰克福学派第三代代表人物霍耐特在批判继承前人学说的基础上提出了"承认理论",他把承认关系在主体间体现出的不同形式分为爱、法律、团结三种,与承认形式相对应的三种蔑视形式,即"承认形式的被拒绝"类型:强暴、剥夺权利、侮辱。霍耐特认为人的完整性归因于承认形式的完整,而蔑视使自身完整性受到伤害,不仅限制了主体的自由,而且使他们不能从其他主体获得肯定的自我理解。于是,蔑视经验便成为了社会对抗和社会冲突的道德动机。本研究对这一理论的应用逻辑是通过呈现社会对"法律孤儿"的蔑视及这一群体的蔑视体验,以期找到消除蔑视的方法,提供有效的救助保护服务,满足"法律孤儿"的真正需要。

(2) 研究对象

本研究选取在"天使之家"生活的"法律孤儿"作为研究对象。首先,儿童是服务需求的提出者,了解他们的真实需要,才是机构提供有效服务的保证。其次,本研究的目标之一就是要通过研究带来行动上的改变,即为机构的日后工作的改进和发展提出建议。再次,"天使之家"是笔者最早接触到"法律孤儿"这个群体的地方,也是开展项目的合作方,研究者与机构和服务对象都建立了良好的信任关系,方便研究的开展。

研究还涉及与"法律孤儿"救助工作相关的人员,包括机构工作人员、儿童父母、警察等。因为他们是救助工作过程当中无法回避的、与儿童息息相关、其行为对儿童能够产生直接影响的人,在"法律孤儿"发声的过程当中,他们与相关人员声音的碰撞,也帮助我们发掘在行动过程当中救助工作产生困难和问题的更深层的根源。

（3）研究方法

本研究采用质性研究方法，其主要原因是：第一，质性研究是一种有关对主体进行诠释的、自然的研究方法。质性研究强调在自然真实的环境场合中进行活动，研究者自己作为工具，深入现场获取资料，注意"理解"及对"日常生活"与"意义"的探索。第二，质性研究重视良好的研究关系的建立和发展，有非常明显的"平民性"。强调从当事人的角度去看问题，重视研究者与被研究者的互动。本研究是从研究者与研究对象相互信任的关系开始的，通过对研究对象生活的呈现，以及研究双方的互动，来完成整个研究。并且本研究中研究对象是"法律孤儿"，他们是弱势群体中的困难群体，一直处于被社会忽视和排斥的边缘地带。研究者希望通过"孩子讲述他们自己的故事"，来发现和诠释他们的需要，目的在于研究带来的后续改变和行动，给这些孩子带来最大的人文关怀。

首先，笔者使用了工作日志作为一种研究资料的收集方法。笔者最初的研究动力来自于日常工作中感受到的"法律孤儿"群体真实的疼痛以及在工作中产生的困惑，这些点滴的感受和困惑都是通过工作日志的方式记录下来的。工作日志不仅是笔者对工作过程记录和反思的一种方式，更为研究提供了大量的一手资料。笔者从工作日志中进行了资料的第一次筛选和总结，确定了研究的方向和切入点。

其次，本研究采用深度访谈的方式。研究对象的需要是行动的基础也是最终目标。如果不深入了解他们的真实需要，行动的动机以及效果都会被质疑。通过深度访谈，能更深入地走进研究对象的内心世界，挖掘出他们真正的需要，或者通过深入访谈的方式帮助研究对象组织他们内心的知识，协助他们发声来表达自己的意愿。因此，本研究对机构生活的 13 名儿童进行了深入访谈（表 6）。原计划中制定了 15 名儿童的深入访谈目标，但在访谈的过程当中，因为 1 名儿童进入技校学习离开机构而未能完成访谈,以及在访谈过程当中发现资料收集的相似情况,因此最终完成和使用了 13 名儿童的访谈资料。

再次,参与实践活动。由于工作的场所即为研究的田野,笔者可全方位的参与到与研究对象相关的各项活动中去:包括研究对象的日常生活、学习、游戏、外出活动、宿舍会议、机构的日常管理工作以及服务计划制订等。全方位的活动参与使笔者有机会全面地观察了解服务对象在日常生活中的行为表现,以及相关人员的行为表现,最大程度地展现了儿童和机构的真实情况,为研究资料的收集奠定了基础。

表 6　天使之家中孩子的基本情况

编号	性别	年龄	入村时间	父母情况
C01	男	17	9 年	父:无期徒刑;母:不知去向
C02	男	15	2 年	父母同入狱,12 年有期徒刑
C03	男	17	10 年	父:12 年有期徒刑;母:病亡
C04	男	13	3 年	父:10 年有期徒刑;母:不知去向
C05	男	16	10 年	母亡,父死刑已执行
C06	男	18	10 年	母亡,父死刑已执行
C07	女	13	4 年	母:无期徒刑;父亡
C08	女	12	4 年	母:11 年有期徒刑;父亡
C09	女	16	6 年	母:死刑缓期执行;父亡
C10	女	15	10 年	父母已出狱,不知去向
C11	女	18	11 年	母:死刑缓期执行;父亡
C12	女	10	2 年	父:有期徒刑 12 年;母:不知去向
C13	女	17	10 年	父母已出狱,不知去向

（4）研究伦理

本研究在资料收集、整理、分析以及书写过程当中遵循了以下伦理原则：

首先是被调查者自愿参与的原则。

笔者通过长期的工作，与机构内生活的孩子已经建立起以信任为基础的感情，孩子会就日常生活中的很多问题与笔者进行探讨；其次，在针对本次研究进行访谈之前，笔者仍告知儿童这些资料的用途和目的，并征得当事人同意才选用研究中出现的资料。

其次是对研究参与者进行保护的原则。

在资料收集的过程里，首先保护孩子不在访谈过程中受到伤害。其次，保护未成年人及其个人隐私权。笔者在所有资料呈现时隐去了研究对象身份等相关真实信息，以代号代替。涉及到相关工作人员的言论时，为保护相关工作人员的隐私和日后正常工作不受干扰，也采取了隐去其姓名的方法。

（三）承认社会工作视域下"法律孤儿"的生存现状

当一个孩子从成为"法律孤儿"那一刻起，他/她的生活发生了怎样的变化？他/她的内心世界正在经历着什么？他/她又希望对外界表达什么？了解这些是我们认识这个群体及其需要的第一步，也是我们反思自身工作的基础。在这个基础上，我们不仅看到孩子的疼痛，更要在这种疼痛和挣扎中反思自身工作的缺失，才能改进今后的工作，提供真正满足服务对象需要的服务。

1. 被强暴的记忆——另类的心路历程与生而为人的抗争

（1）家庭暴力和孩子的伤痛记忆

在工作以及研究的过程中，笔者接触到的"天使之家"的儿童，约有三分之一是因为严重的家庭暴力（父母一方将另一方杀死），失去监护人而不得不进入救助保护机构。这类儿童与父母由于其他原因入狱的儿童相比，承受的痛苦更加沉重。在离开家庭之前，家庭带给他们的就是无尽的恐惧和伤痛，父母无论是施虐方还是受虐方，无论最终入狱的是施虐方还是受虐方,在儿童的认知、依恋能力、健康人际关系建立、信任度、自我认识以及抗逆力等方面造成的伤害和影响都是巨大的,有些甚至是无法逆转的。

　　笔者进行深入访谈的 C09 就是其中典型并具代表性的个案:C09 的母亲在家中长期受到丈夫的虐待,在 C09 的成长过程中伴随她的没有多少快乐的记忆,更多的是母亲遭受无端毒打和谩骂的画面,C09 谈及父亲时总是低下头,避免与笔者有任何的目光接触,时至今日仍然无法摆脱那些父亲带给她的恐惧和伤害。她说:"对他,我最深的印象就是,无论什么时候,哪怕是在深夜熟睡时,只要他的脚步声在门口响起,我就会惊醒。"因为不知道父亲的归家是否又是一次对母亲的毒打,在这样的家庭氛围里成长,C09 表现出比同龄孩子过度的早熟和敏感。C09 的母亲在不堪忍受虐待,又因为法律意识淡薄,将熟睡中的 C09 的父亲杀死,由一个受害者变成了一个施暴者,自己被判死缓入狱服刑。当警察来抓捕 C09 的母亲时,当时只有七八岁的 C09 用小小的身体死死抵住家门,大声喊着"妈妈,快跑,快跑呀"。像以往每一次母亲受到父亲毒打,她奋力想用自己的小身体为母亲遮挡父亲的拳脚一样,拼尽全力想要把警察们挡在门外。警察最终带走了 C09 的母亲,那样的无望、恐惧、愤怒和怨恨至今都留在 C09 的心里,"为什么带走我妈? 他该死,他早就该死了",C09 在进入保护机构之后,每当提及自己的父亲,都会这样不停地发问。然而,家庭变故带给 C09 的伤害并没有随着父亲的死亡而结束。母亲入狱后,C09 跟随大姨生活了近两年的时间,但在村子里,周围的人都开始疏远她们的家庭,很多家长甚至禁止自己的孩子与 C09 玩耍,同村的孩子看到 C09 就会喊"杀人犯、杀人犯"。在学校里,C09 犯错时,有些老师甚至会用她的家庭遭遇来讽刺 C09,周围人的冷漠、排斥和歧视,让 C09 的生活更加艰难,她变得更加敏感和沉默,并且极易愤怒和富有攻击性。C09 的大姨将她送进"天使之家"的时候非常难过,"实在不是因为一口饭养活不了娃,在村里太遭罪了,到处都有人说娃,娃整天闷着头,怕把娃再弄出个好歹,咋跟俺姐交待? 一家子就全毁了"。

C09 的情况绝不仅仅是个案,在众多家庭暴力的案件中,受到伤害最大的往往是孩子,他们在父母入狱之前经受着由最亲近的人带给他们的恐惧和伤害,又在父母入狱之后承受着社会对他们的排斥和歧视,这对于一个儿童来说不啻于是最残酷的经历,在这样的环境里成长,如何才能造就一个有着健全人格、人生观的孩子? 如果没有来自外界的包容和支持介入,这样的儿童会有一个怎样的未来,以及为社会带来如何的影响,我们不敢想象。

(2)暴力抓捕对孩子的心理创伤

在父母被捕的过程,孩子直接面对暴力,心理遭受了巨大恐惧刺激和羞辱,也因此失去了庇护和生活保障。来到机构接受救助的孩子当中,绝大多数都经历过父母被抓捕的过程,其中一些是警察直接到他们居住的地方把父母带走,另一些是其父母在实施犯罪行为的时候就将孩子带在身边,警察在抓捕罪犯的时候连孩子一并带走。

无论哪一种情况,经历父母被捕的过程都让孩子充满了恐惧。经过很长时间依然不能从那段恐惧的记忆里走出来,噩梦会常常再现那个场面,成长中也因此增加了巨大的痛苦。其一,在制止犯罪行为的过程当中,警察与罪犯的对抗关系,决定了抓捕方式存在暴力性。警方一般采取的行为比较暴力,如果遭遇反抗手段将会更加粗暴,以暴制暴的抓捕场面给孩子带来极大的刺激并产生恐惧。其二,警方以抓捕罪犯为其行为目的,在过程中不会考虑其犯罪动机,通常也就不会考虑当事人以及儿童的感受。C09 明确地告诉过笔者,其母亲因为不堪忍受父亲的暴力而将父亲毒死之后,警察来抓捕的时候对其母亲使用了暴力——"揪她的头发,还踢她",孩子觉得警察比自己的父亲还坏。一方面,母亲的被捕已经使孩子产生了深深的痛苦;另一方面,警察的暴力行为,不仅给孩子带来了恐惧,更让孩子对警方产生了憎恨。有些孩子不仅因此惧怕、憎恨上了警察,也因为父母是造成这个经历的根源而怨恨上了父母——"为什么要带给我这些?"越是长大,这样的怨恨也越深,伤痕也越无法轻易的治愈。其三,在警方实施抓捕的过程当中,没有对孩子进行适当的保护。例如:将孩子领到一边,向其解释此次行为的原因。考虑到孩子在现场的因素,行为是否可以考虑不要过于暴力。或者,在抓捕之后,考虑到孩子在失去父母庇护之后可能会失去生活保障,从而产生危险,而联系可能临时监护儿童的人员或者机构。

可是,无论是基于工作要求还是按照"常理",警察在抓捕过程中的所有行为目的都集中在罪犯身上,而儿童显然不在其工作任务考虑的范围之内。我们从现存的任何规章制度中也找不到关于警务工作者在抓捕过程中对罪犯子女进行保护的要求,但我们无法否认,父母的被捕是对"法律孤儿"的又一重伤害。

2. 被剥夺的权力——因为隐喻身份的失语和为了尊严的发声

探监是每个"法律孤儿"在其生命历程里必有的一个经历,可是如果你问及孩子的感受,你会发现,这种经历带给孩子的不仅仅是可以见到父母的喜悦,更多的是见过之后的羞辱和疼痛,探监是一个痛苦的过程。

(1)从等待开始就失去尊严

监狱按月提供探视时间,通常的程序是:在探视时间内持亲属接见证在大门口办理登记,等候传唤,然后再进入监区接待室,在那里与亲属见面。这个程序没有问题,但执行起来往往是这样一种状态:从办理登记到等待传唤,到见到亲属需要的时间从来是不固定的,通常情况下需要45分钟到一个小时,这都属于正常的等待时间,但实际上多数情况下等待会远远超过这个时间。等待,是孩子在见到父母需要经历的第一道障碍。"常理"认为:作为罪犯的家属(孩子），你没有提问的权利，什么时候让你进去你就进去，让你等你就得等着。无论何种原因造成的等待时间延长（笔者经历过的最长一次等待是从上午 10 点一直等到了下午 3 点半才带着孩子见到其母亲）监狱方面都不会有人出来解释任何原因。无论寒暑、天气如何恶劣，只能在大门外等待，并且没有厕所，每次带领孩子去探监，工作人员都要嘱咐孩子"别喝那么多水，等的时间长了，上哪儿给你找厕所去？"我们带去探监的孩子，无论平日里有多调皮，在等待的过程里通常都会很安静，随时一点点的响动，都会惊得他们回头去看，好像永远在防备着什么，又在期待着什么。这些等待的犯人家属常常会受到无端的呵斥，人群里常常充满了焦虑不安和迷茫，孩子也只能在这种压抑中等待被放进去的那一刻。因为父母所犯的错误，让孩子随时随地都能体会到什么叫做被忽略和歧视，在森严的执法部门面前，这样的体会更深刻一些。

（2）见到父母要承受更大的煎熬

首先，接见方式造成的隔阂。在监狱亲属会见时，一般采用的是窗口接见方式，即犯人和来访者坐在玻璃的两边，通过电话进行沟通，双方只能相互看到，却接触不到。暂且放下监狱管理需要而制定这种接见方式的必要性不谈，我们单从儿童的角度来进行一些讨论，来自于母亲真实地接触和抚摸对儿童（尤其是幼龄儿童）来说具有怎样非常的意义。机构带着孩子去探监，还可以为孩子争取到与父母同坐的空间，但一年最多也不会超过四次（暑假、六一、中秋、春节），可是更多的孩子呢？每次去都只能隔着玻璃看到父母，永远也触摸不到。笔者曾经在接见室看到这样一幕：一个两岁左右的孩子被奶奶抱着，隔着玻璃与妈妈相望。玻璃墙里面的服刑母亲已经泣不成声，玻璃外面抱着孩子的白发老人泣不成声，孩子也在哇哇大哭。一位警官接过了孩子，向门口走去，她想让里面的女犯抱抱孩子，已经走到门口，被另一位警官拦住，低声说，"有监控，别去了。"笔者相信作为女人、作为母亲、就算是作为一个必须让自己面带冷峻的狱警也好，内心都有柔软善良的一面，那是一个人的人性所在。监狱作为一个特殊的执法和管理机构，我们可以理解为保证其安全严密性或惩戒目的而必须制定的极为森严的制度。但即使是从管理安全的角度考虑，一个两岁的孩子又可能对监狱安全造成什么威胁而必须隔离？如果从对罪犯惩罚的角度考虑，我们常识性的知道在犯罪行为产生之后，犯罪者的自由及政治权利都会相应的被剥夺，可是这是否意味着连人性的基本需要和表达也要被剥夺？如果是这样，那么监狱改造的是人的什么？在不违反法律法规的前提下，最大限度的保存人性的做法，尽可能多的为弱势人群（老人、孩子）提供一个人性化的空间，相信这样的做法即使是对最黑暗的心灵催生的也绝对不会是更多的罪恶。"隔着玻璃相互对望，把手掌隔着玻璃对齐重合，没有经历过的人体会不出那样的寒冷和绝望"，个案 C11 在一次探访之后回来告诉笔者，每一次见到妈妈都成了她内心的煎熬。

其次，跟随父母，尊严一起被剥夺。"我妈看到队长（警官）过来，慌得站起来的时候凳子都挂倒了，可队长（警官）连她看都没看，我的脸一下就红了"。让孩子看到自己父母这样的慌乱，受到轻视，孩子那本已经少到可怜的尊严还有多少？父母在与自己的孩子隔窗而望的时候，心里产生的不仅仅是愧疚，也有恐惧，一个母亲说，"我宁愿选择让孩子相信我死了，也不要她这样无望地摸着玻璃看着我，眼泪汪汪，还要面对政府（狱警）的呵斥，我犯罪了，我的家人为什么也要受到这样的呵斥？犯罪的又不是他们，我宁愿他们当我死了，不要来受这样的侮辱。"孩子在那样的环境中也会觉得自己像犯人，间或有个别警官无意地向孩子提问，孩子都条件反射似的有问必答，连沉默这样最基本的反抗技巧都忘记了。笔者曾经经历过这样的场面，我想孩子真的是被吓到了，能否保护自己的尊严已经不重要了，因为你没有空间可以保存尊严。制度的冰冷造成了人性的冰冷，孩子的尊严和安全感也在这种冷漠下被一点点剥夺。

3. 被标签的侮辱——道德连坐和自我矮化

(1)"道德连坐"对"法律孤儿"的侮辱

一方面,在一般传统认识当中,服刑人员都是罪不可赦的"坏人",他们给社会带来的危害、给他人造成财产或生命的伤害都是不可原谅的,应该受到严厉的惩罚。在我国的传统文化当中,因果报应的观念存在于很多人的思想当中,当有人犯罪服刑,而其家人遭受困难和不幸的时候,往往被认为是罪有应得。对父母罪恶造成的恶劣印象积累到其子女身上;另一方面,家庭是一个人成长的第一环境,父母也是儿童的第一任老师,家庭环境的影响是儿童成长和人格形成的关键。出自一个罪犯家庭,在其父母言传身教影响下成长起来的孩子会好到哪里去?"有其父必有其子"的血统论和"上梁不正下梁歪"的观念,让"法律孤儿"遭受着极大的社会歧视。对其父母罪行的憎恶和痛恨影响到社会对罪犯子女的接受程度,"法律孤儿"因此被排斥在社会边缘,他们面对的困难和需求好似是不配得到社会关注的。

(2)"问题导向"对"法律孤儿"群体的侮辱

社会对于"法律孤儿"最初的关注是从这一群体引发的社会问题开始的,而目前几乎所有关于这个群体的研究也都是围绕着解决社会问题和缓解社会压力展开的。问题导向的认识途径从根源上决定了社会对这个群体认识上的偏颇——贫困、流浪、社会不稳定因素、心理障碍、问题儿童、暴力、青少年犯罪等都是人们一旦想到这个群体就会立刻出现在脑海中的印象,"法律孤儿"被贴上了"社会问题"的标签。认识上的偏差形成了社会对这个群体稳固的"恶劣印象",也导致了社会对这个群体的强烈排斥。

(3)在主流社会价值观影响下"法律孤儿"的自我矮化

主流价值观形成的"舆论环境"不仅对"弱者极为不利",因为"它不仅剥夺了弱者获得社会救济的道义根据,而且还通过强化他们的自卑和自责使他们在物质的不幸之外更加上心理的不幸。"(康晓光,2003)在这种主流价值观的影响和压迫之下,"法律孤儿"这个群体对自己形成了规训,"对社会无贡献,还对社会有要求?"一方面对自己的权利要求降低,甚至是放弃,更不要说去争取。这种情况不仅仅存在于"法律孤儿"这个弱势群体当中,也存在于例如贫困人口、流浪儿童等其他弱势群体当中。另一方面,自我认同程度很低,在心理上自觉低人一等,长久被排斥在主流社会之外受到歧视,还会造成"法律孤儿"的自暴自弃,从而产生对社会的对抗情绪。这些导致了他们的发声方式永远是通过造成的社会问题而引起社会关注——贫穷、流浪、社会不稳定因素、触法、犯罪,而这些又更导致社会对这个群体更加极端的排斥、厌恶,从而导致一种恶性循环,而我们的救助模式也只能停留在补救的层面上,而无法进行主动预防。

4. 养育还是规训——机构生活管理方式与儿童权利保障的对抗

(1)"安全"管理概念下的管理模式对儿童的控制

涉及到儿童群体监护,并且是特殊儿童的群体监护,保障每个孩子的安全不仅是机构管理的第一要素,也是机构得以生存的第一要素。因此,在关于儿童日常生活的一切管理当中,为保障"安全"而设计的一切细则将儿童严格的控制在机构管理的范围之内。

空间控制:在"天使之家"生活的孩子,除需要外出上学之外,其余活动基本上都被控制在机构之内。"天使之家"在搬家之前地处省会城市,小学生外出上学由生活老师接送,一天四趟。中学生除特殊情况,需严格按照放学时间结伴返回机构。搬家之后,"天使之家"地处距离市区 30 公里的山区,如果没有机构统一组织的外出活动,儿童将无法与外界进行接触。新址地处农村,学校与机构隔路相对,到中学步行距离不超过 3 分钟,到小学步行距离不超过 5 分钟。由于交通环境比较安全,取消了生活老师的接送,但每个宿舍必须每天由舍长统一带领,排队上学和放学。看似较之以往宽松的空间管理,由于机构转移到更加偏僻的大环境下,实际上控制的更为严格了,孩子生活的空间更加单一,接触外部空间的机会更加稀少。

时间控制:机构对儿童每一天的作息时间进行了详细的划分和严格控制。从起床、上学、放学、午饭、上学、放学、作业、游戏、睡觉,对一天的活动作息时间做统一制定和控制,让孩子养成了规律的作息习惯,但同时也最大限度的控制了他们与不安全因素接触的可能性。个案 C04 是一个常常因各种"错误"被留在学校的孩子。针对 C04 的这个情况,老师们十分头痛,一有机会就对 C04 进行批评教育,希望他能认识到自己的错误而有所改变,但 C04 属于屡教不改的类型,不但没有收敛改观,反而愈演愈烈,机构老师和学校老师联合起来教育也没有作用,C04 大错没有小错不断,几乎天天留堂。但在笔者和 C04 的接触过程当中,并没有发现 C04 对自己的这种行为和状态有什么难过和悔改的意思,甚至常常忍不住地透露出一些喜悦:"留我一个在学校就不用排队跟他们一块回来了嘛,我想咋玩儿就咋玩儿,老师还得回家做饭,没时间看着我。"孩子利用学校的惩罚而给自己找到一点自由的空间,以此作为对抗机构严格的控制管理。

严格的生活管理和教育机制:按照孩子的数量和性别,机构将儿童分别安置在四个小屋(宿舍,每个小屋由两间儿童寝室、一间教师寝室、卫生间和客厅组成)内,每个小屋居住孩子的数目为 14—18人,每个小屋配置生活老师一名,负责照顾孩子的生活起居,辅导孩子的课业,监督保障儿童日常行为和安全,对儿童进行日常教育,管理宿舍的运作等。每个宿舍还有舍长一名,通常由机构管理者或生活老师指定一名大孩子担当,配合生活老师,对宿舍的一切(卫生、日常行为、学习等方面)协助老师进行管理。每个宿舍都制定了"舍规",从个人的行为规范到奖惩制度,每个宿舍还定期召开会议,对一周事务进行总结、奖惩,对下一周的生活学习进行安排。

经济控制:机构的孩子生活当中涉及到的一切——衣、食、住、行,均由机构提供,孩子只需要向生活老师提出要求即可得到解决。机构不发给孩子零用钱,除去偶然有来机构探访孩子的亲属或是其父母的朋友留给个别孩子一些零用钱之外,孩子没有可以自己支配的钱物。经济上的依附,决定了儿童生活空间以及行为上的依附,这些孩子离开机构,将失去生活的一切来源,因此儿童离开机构的情况极少发生。个案 C01 已经年满 17 岁,在上技术专科学校,机构老师每月要到学校去给他送生活费,生活费不是直接交给 C01 本人,而是交到其所在班级的班主任的手里,每天 C01 吃多少需要买什么都要到班主任那里去领钱,笔者就此问过机构老师为何不把生活费交给C01 本人保管,而是每月都要花费人力、财力、精力专门跑到学校去做这样一件事情,老师说"丢了咋办? 再说娃一点儿计划都没有,一个月的钱半个月不到都能给你整没了"。笔者也就此问过 C01 本人,他的回答是"老师根本信不过我,老想着我一拿钱就胡花,你想咋可能嘛? 我放假了才能回机构,钱花光了我在学校吃啥?"笔者又就此事找到了负责机构管理的老师,负责人经过考虑之后还是否定了把钱直接交给 C01 自行管理支配的建议,理由是"每一分钱都是社会捐助的,来之不易,不能出任何差错,交给孩子自行支配有丢失的风险,万一丢了机构也没有其他的支出可以给他补上。第二,把钱交到C01 手上,他胡花的可能性极大,不能给他这个机会"。笔者能够理解机构为保障资金的使用安全或者是考虑到 C01 的个人情况(C01在机构老师眼中属于问题较多的孩子)而采取的一些措施,但笔者不能理解的是这种因噎废食的"保护"方式不仅仅是出现在 C01 一个人身上,而是对几乎所有在外住校上学的孩子,机构都采用各种办法对其进行了从经济、行为到思想动态的严格控制。学校的生活是机构生活的延续,只是换了个地方而已,从形式和内容上来说没有改变,不给自主学习和管理的空间，如何要求孩子做到独立自主？而工作人员的操劳又何时是个头？

道德控制：社会支持是机构存活的根本，也是儿童生活的基本保障。获得社会支持就需要通过让社会了解机构来实现，因此，接待外部探访者，也成为机构工作的重要组成部分。但因为要尽力争取更多的资源保障机构的发展运作，社会支持力量与机构就形成了一种施与受的不对等关系，在对待来访者的态度上机构永远处在弱势，用机构工作人员的话讲就是："你能来，是我们的荣幸，探访者是孩子的衣食父母""我们的生存得依靠社会""哪个都得拜，哪个都不能得罪，得罪了也就砸了孩子的饭碗""只要能来的都是关心孩子的人""哪个接待不好都可能造成恶劣的社会影响"。机构这种地位和态度上的弱势，使得机构中生活的孩子更是"低人一等"，在面对探访者的时候不但孩子的心理、道德都处在弱势地位上，并且孩子的一切必须是向探访者敞开的，包括生活空间、个人信息等等，因为"我的一切都是你给的"。

"饭前教育"是"天使之家"的一项独特的道德教育。一日三餐之前，所有的孩子以宿舍为单位在餐厅前整齐列队，由当日负责值日的孩子领大家背诵唐诗《锄禾》，背诵完毕之后要高声呼喊"谢谢老师，谢谢爷爷、奶奶（机构的厨师）"，然后才能进入餐厅就餐。背诵前排队时拖拉、打闹，背诵时声音不洪亮、态度不认真，都不能进入餐厅就餐。这个时段，也通常是机构负责人对孩子进行群体教育的时间。这种教育方式被"天使之家"认为是非常有效的道德教育："在每吃一顿饭之前，要让他们想到一粥一饭来之不易，记住老师付出的辛苦，记住社会的关爱，要像记住吃饭一样记住这些。"

"感恩教育"是机构教育永恒不变的主题，因为机构生存之本和孩子的生活保障都来源于外界支持。懂得感恩不仅是机构建立良好形象的基础，也是机构衡量一个孩子道德好坏的标准，在很大程度上是衡量一个孩子好坏的唯一标准。接待探访者，也是机构展示"感恩"教育成果的一个机会，以此来表达孩子对社会关爱的"感激之心"，以图建立良好的机构形象，争取更多的资源。因此，在接待探访者时机构不但处处以探访者的要求为先，并且要求孩子主动表达对来访者的感谢，为来访者表演节目或者一起联欢是最常见的表达谢意的方式。可是，每每这样的活动之后，来访者和机构都会带有很大的失望：来访者反映孩子表现冷漠，最终往往归结到孩子的心理问题导致行为问题；机构认为孩子表现不积极，平时教育力度还是没有达到，孩子不懂得感激。可是，作为一个人，当你的生活空间被侵犯，当你的隐私被侵犯，当你可以随意被人观赏的时候，你该如何表现出热情和感激？而机构里的孩子却必须接受这些，因为要用自己的尊严换取生活保障，还要带着一颗"感恩的心"。

（2）机构服务管理方式对儿童生活技能习得权利的剥夺

机构对儿童严格的管理模式，一方面，从客观上的确减少了儿童生活中接触不安全因素的几率，保障了儿童的生命安全；另一方面来讲，也剥夺了一个孩子在成长的过程当中，在环境中习得生活技能和知识的权利。

首先，孩子在这样封闭严格的管理控制下，逐渐适应这样一种统一单纯的机构生活方式，在这种模式下逐步形成了"自我驯顺"，接受这种被控制的生活方式，逐渐失去学习生活技能的自主意识。"每天都是这样过""反正也没啥要我操心的""你现在是饭来张口，衣来伸手，你说除了学习你还需要考虑什么？（机构工作人员在教育孩子时所讲的话）"，在这样一种机构生活的主流意识里，在这样一个封闭的空间里，儿童应该在日常生活中获得的学习生活技能的机会被剥夺了，很多孩子在离开机构之后生活能力之低已经到了令人瞠目的地步：不会使用电话，不知道怎样乘车，在生活工作中不知道该怎样与人沟通来解决自己的生活问题，不知道该如何与人相处，不知道尊重别人的空间和隐私,遇到纠纷不清楚该怎样解决,面对独自生活似乎到处都是困境和问题。

其次,在这样严格控制的"安全"理念下的管理模式,事实上形成了机构对儿童的"过度保护"。机构成为一个保护罩,将一切有可能产生安全隐患的因素排除在外,同时机构也成为一个真空罩,让孩子们失去了基本生活技能学习的空间,以至在独自面对社会生活的时候不知所措。在访谈的过程当中,有个在外面上学,已经 20 岁,但仍然靠机构资助,因此在资助关系上仍旧没有离开机构的孩子跟笔者说:"我觉得谁都对我好,我不会分辨好坏,我特别容易感动。同学说我太真实了,太简单了,可很多人也不愿意跟我一起活动,在'天使之家'我没经历过这些事情,我不知道该怎么办。"

5. 蔑视与反抗——恐惧与困惑背后的挣扎

(1) 孩子的恐惧

"我妈让我好好学习,将来做个有用的人,对社会有贡献,不要像她一样无知、犯罪,还给别人添麻烦。我必须要考上大学,这样我妈、我哥以后才有依靠,才有活路。像我这样的孩子,和班里其他的同学不一样,人家还有爸妈可以靠,我什么都没有,现在连身上穿的一件衣服都是社会上的人捐赠的,除了自己,我什么都没有,我只能靠自己找出路……我妈出来了以后,我有能力了,就把她和我哥接到一个谁都不认识我们的地方去,我们在那里重新开始生活。"

这是个案 C11 高考前的一个晚上跟笔者说的话,一边说,她一边哭。笔者想不仅仅是因为高考前的紧张,更是因为高考对她来说已经不是一种生存的选择,而是唯一的可能,唯一能改变自己和亲人的生活的可能——考取大学,赢得社会认同和尊重,才能活下去。这样的压力,在一个 18 岁的女孩身上,带来的可能不仅仅是紧张,而是一种近乎恐惧的体验。笔者问她:"为什么要带着妈妈和哥哥去一个没人认识你们的地方生活?"她说:"我妈觉得她给我们丢人,她让我自己好好活,可是我很爱她,我不能丢下她只管自己,我只能带她走,没人认识我们,没人知道我们的过去,我们就能重新开始生活了。"这个孩子的母亲因为不堪忍受家庭暴力,在一次遭受虐待时杀了自己的丈夫,入狱时被死刑缓期执行,现在经过减刑已经改为有期徒刑,她入狱时留下一双儿女,男孩儿在外流浪后依靠到处打零工来维持生计,目前因患骨病,在老家依靠救济生活,女儿被村里送到"天使之家"已经在这里生活了 10 年。这个孩子对生活最大的憧憬,就是考上大学,找到一份稳定的工作,带着母亲和哥哥离开这个有人认识他们的地方,永远地离开。

在机构中和个案 C11 有同样想法的孩子绝非少数。在离开机构以后也基本上没有孩子再回到这里,机构也因此和几乎所有的孩子失去了联系。他们告诉笔者:"我永远不会让人知道我是'天使之家'出来的孩子""我要到一个新的地方重新开始""我不会再回'天使之家'去了""有的时候我也挺想回去看看,毕竟生活了那么多年,有一些朋友还在那里,还有老师,不管怎么说也为我们付出了那么多,可是一回去我所有的记忆就都回来了,我很难过,我也怕别人看到我去那里,问东问西。"几乎所有的孩子,在长大离开机构之后,与他们的伙伴也都断了联系,笔者认为这不仅仅是由于距离上的客观原因造成的,更相信他们是因为不想再继续这种联系,不想与过去的生活经历再有任何的瓜葛。因为那样一段生活对个人来说不是什么愉快的体验,而进入机构生活的原因更没什么光彩,甚至是要深深埋藏起来的。笔者理解那些"没良心"的孩子离开之后就从此音信全无,相信他们心里的伤害一定比我们能够想象的还要深、还要痛,不然不会这样毅然决然的撕裂,甚至是砍掉自己人生的一个部分。是什么让这些孩子对自己的身份如此惧怕,恐惧到无法面对,一定要彻底隐瞒才能继续生活下去?

作为"法律孤儿",在失去了监护、基本生活保障成为弱势群体的时候,更因为在主流道德价值观建构起来的社会观念里,其父母是有罪的一群、是被社会唾弃的一族,罪犯受到最严厉的惩罚才是人们可以接受的底线,而他们的子女也因为父母的罪责受到连带而集体失声,成为弱势中的弱势,因为他们连受到保护的要求都不配提出。"解决了孩子的问题,更是给罪犯解除了后顾之忧,那不是以后更有人肆无忌惮,想干啥干啥了?"这是笔者在工作当中,多次遇到的一种质疑。但更可怕的是,类似的论断不仅出现在不了解这些孩子的人群当中,也出现在我们的工作人员当中:"我现在越来越相信血统论,龙生龙凤生凤,老鼠的儿子会打洞,为他们工作了十年,还是这个老样子,在走他父母的老路。是块石头都捂热了,这群孩子捂不热。"笔者只是想借此说出,经历了十余年的路程,作为在一线与这些孩子紧密接触的我们,看到最多真实的不幸的我们,在背负着心里无限的伤痛还在坚持的我们,为什么会在倾尽全力之后发出这样无奈的声音?我们也是生活在主流价值观建构起来的社会中的人,我们同样没能逃脱主流价值观对弱势群体的偏见和排斥。作为社会工作者,无论从救助的提供中强加给孩子"要懂得感恩"的施与心态,还是服务内容当中的矫治目的,我们都把"法律孤儿"这个群体放在了一个"处理社会问题"的位置上,他们是这个社会的"疾病"。我们何曾把他们当作一个可以平等对待的群体或个体,让他们在一种正常平等的"目光"里生活,即便是受到救助,也不是用失去自由、尊严来换取,更不因此失去自主选择生活的权利。在社会生活中,我们强调每个人的独立性、完整性、自主性,可一旦涉及到这个群体,他们就不能独立于其父母所犯的错误之外。每个人都有犯错的可能,可为什么这个群体尤其突出,"他们终将会重复其父母的老路"在人们的观念里几乎是必然。我们用主流社会意识传承和建构出来的外部环境,为这些孩子规划了一个所谓正确的轨道——你要按照我的方式形成模样,这样才能被主流社会接纳,才能得到权利。否则,你就是在重复自己父母的老路,没有出头的可能。社会主流价值观的排斥促成了"法律孤儿"这个群体宿命的怪圈。

(2) 孩子的困惑

笔者在对机构日常工作的观察和参与中发现,在机构的例行工作内容中,缺乏关于针对其父母情况,针对儿童来到机构生活的原因,针对儿童在机构可能生活的时间长短等内容的问题与儿童进行交流的工作要求。儿童按照一定的接收程序来到机构,机构会让其尽快的进入正常生活秩序。但针对儿童的父母、家庭问题则避而不谈,经笔者与工作人员交流主要有两方面的因素的考虑:其一,出于保护儿童的心理,害怕关于其父母真实的情况会给孩子造成伤害。这也是在生活遭遇突然变故时,我们一般用来保护当事人的一种做法,以避免突发情况对当事人可能造成强烈刺激。但是,当突发状况已经过去,进入一个相对平稳的时期,如果还是采用这种避重就轻或者干脆避而不谈的方式,给当事人带来的恐怕不会是保护,而是更多的困惑。尤其是对于认知能力都还较弱的孩子,如果没有专业人员专门就这些问题与其进行清楚明确的沟通,在这样一个几乎封闭的生活环境里,他们获得了解真实情况的机会就会少之又少。对自己父母的真实情况了解的越少,孩子成长过程当中产生困惑就会越多。其二,机构理解的"去标签化"。机构的重要服务目标之一是帮助孩子尽快的进入正常的生活状态,在面对孩子的时候,以及在孩子接触外界的时候,都尽量淡化孩子的家庭背景,不仅仅是出于保护的原因,还有去标签化的因素考虑,希望不仅从孩子自身包括外界都能对其身份的特殊性尽可能淡化,让孩子以一种"正常"的身份生活学习。但是去标签化绝不是简单的淡化或者抹去这些孩子的背景和特殊性。一方面,机构要想让孩子真正融入正常的社会生活,首先应该让孩子清楚地了解自己的真实生活处境,帮孩子厘清目前他们属于特殊群体的原因,才能更有效地帮他们认识到改变这种特殊性的可能和途径,这是帮助孩子建立自尊、自信以及自己想要改变生活的主观能动力的基础。另一方面,去标签化还与外部世界对这个群体的认识与接纳有关。公众了解这个群体的状况和需要才使孩子真正融入主流社会成为可能,而回避掩盖只能加深社会对这个群体的隔阂。

机构出于"保护"的理由没有就相关的情况与孩子进行直接、清楚、深入地交流,对真实情况进行隐瞒,而孩子只能通过七拼八凑的方法(如:与其他儿童的交流中、周围人的议论当中、探访父母的过程当中)想象出导致自己今天这样一种生活状态的原因。在困惑中成长,没有人来解释,始终不明白问题出在了哪里,障碍永远在心里,甚至负疚感永远在心里。一个正常环境下生活的人,按照常识我们也知道困惑会引发人情绪上的不稳定,那么我们又怎么可能避免一群在困惑里成长的孩子性格里没有焦虑、暴躁问题的产生,又怎么可能期待长期在这样的情绪下成长,不会引发孩子更多的心理和行为问题。从父母被捕的那一刻起,孩子的生活秩序就被打乱了,他们甚至没有了解自己真实生活情况的渠道,又何谈掌握自主选择生活的权利。作为暂时监护方的机构应该有责任告诉孩子生活改变的原因,至少不能让他们带着为什么被抛弃的困惑成长。

从父母被捕到机构生活,没有机会了解有关父母的真实情况,给孩子带来的不仅仅是伤害,还有极大的困惑。而这种困惑在儿童的成长过程当中会给其"是非"观念的形成以及对事物的正确认知带来很大的障碍。一般来说,在儿童的成长过程当中,父母常常充当的是第一任教师的角色,而儿童最初对爱的感受和理解,也是从父母那里得到的。在儿童的感知认识里,父母与"爱"、"好"、"好人"这样的概念是联系在一起的。但随着社会教育程度的加深,孩子也会逐渐学习到"坏"、"坏人"、"罪恶"这样的概念,与一般儿童不同,"法律孤儿"对于这些负面概念的印证恰恰又来自自己的父母。一方面父母是孩子所爱的人,另一方面,父母对于社会来讲又是坏人,是不被社会接受和被唾弃的,这样的联系,在孩子成长的过程里,尤其是年幼儿童的成长过程里,常常会造成非常混乱的理解,在形成"是非"、"好坏"这些观念的过程里给儿童带来很大的困扰。因此,出现了孩子在面对自身情感——对父母的爱,面对社会公德意识——对父母的罪恶感到羞耻的时候,不知道该如何面对和协调自己的情感,从而出现回避父母的情况。在这一点上,机构中生活的很多孩子都有困惑,个案C07的就非常具有代表性。C07的母亲因不堪忍受家庭暴力将丈夫毒死而获罪入狱,被捕时 C07 只有 6 岁,C07 在跟随阿姨(妈妈的妹妹)生活两年之后由于家庭经济困难的原因来到机构。笔者还记得C07 刚到机构的时候,每一次探监之前她都激动得睡不着觉,省下自己的零食带给妈妈,找出自己珍爱的照片在背面写上悄悄话带给妈妈,见到妈妈的时候总是说个没完没了。可是,随着时间的推移和C07 的成长,工作人员和笔者都发现 C07 对探监的热情和期待越来越少,终于在一次机构组织孩子探监的时候,C07 向工作人员提出了不去的请求:"我这次不想去看我妈了","为什么?""不知道,就是不想去"……"去了,不知道和她说什么。"

"为什么在老师眼里我就不是个好人? 别人谁一干个啥她(老师)马上就想到是我捣鼓(干)的,在她眼里我就没实话,说啥都白说","一天到晚把老师的辛苦、社会的关怀挂到嘴上,我也知道自己能有今天的生活都是爱心人士给帮助的,我也感激他们,也感激老师,可是天天说,啥时候都说,啥事情最后都能挂到这上头去,你有一点儿错误最后都能说你是思想道德的问题,到最后我都不想再解释了,她(老师)愿意咋说就咋说吧,反正在她眼里我也不是个好人,思想道德有问题,我咋解释她都认为我是在给自己找借口。"个案 C13在跟笔者说到机构老师对她的偏见的时候又激动又无奈。

而个案 C10 跟笔者说过的一段话至今让笔者感到深深的刺痛。C10 在机构中是为数极少的品学兼优的孩子,也被机构老师视为掌上明珠,日常生活中小会大会都少不了对 C10 的表扬,以 C10 为榜样对其他孩子进行教育规劝。C10 是市级的"三好学生"和"优秀少年",是机构可以向外界展示的重要工作成果,C10 在机构一向被老师关爱有加、另眼相看,也是打破"血统论"的一个特例。但是在与C10 长期的接触当中,笔者发现这个孩子长久隐藏的压抑、痛苦和困惑,她常常会突然地哭泣,但从来不说明原因。在一次与 C10 谈心的过程中,C10 突然问了笔者一个问题:"你说我能做个坏孩子吗?"笔者当时十分诧异为何 C10 会产生这样的念头,深谈下去 C10 自己道出了原因——"我 6 岁就到这儿来了,在这儿生活了快 10 年了,这么多年来我觉得自己就是在报恩,什么都没干就是在报恩,报答老师对我的养育,报答社会对我的关怀,我活的太累了,这种生活啥时候是个头? 有的时候太累了我就跟自己说'再忍忍,上了大学就能离开了,就能摆脱了,到时候我要去个没任何人认识我的地方生活'。我为什么就得背着这些东西呢? 能扔掉吗? 为什么我就不能像其他孩子一样犯错误呢? 我也害怕自己犯错,你一旦犯了错老师能把你思想说得丑恶的你都没法接受。就因为给了我饭吃,我就得感恩戴德一辈子? 不能有任何的不满?"

也许是青春期的叛逆反应,也许是 C10 开始反抗生活给她带来的疼痛和困惑,从今年 9 月在外住校上高中的 C10 开始逃课甚至不参加考试,还开始跟老师说谎。C10"抹黑"自己反抗着生活给自己带来的困惑和压力,而她的困惑也给机构的老师带来了更多的迷茫——为什么似乎每个孩子最终都逃不开堕落的这个怪圈? 自己的辛劳付出又是为了什么? 我们不能因此否定十年来机构以及所有工作人员付出的艰辛努力和得到的成果,十余年来如果没有这样一个机构和这样一群不求回报的工作人员,将有更多的孩子流离失所,过着我们不能想象的生活,也绝对不会像今天这样有如此多的人来关注这个群体,甚至引起政府的重视,来推动针对这个群体的救助进程,更不会有笔者写下这些话的契机。

(四)承认指向的社会工作服务脉络探索

立足于承认社会工作的内容指向,我们可以从以下几个方面进行干预介入。

1. 情感领域

情感是人类不可或缺的精神体验,情感领域的承认往往围绕"爱"这一核心价值,以获取生命的自信。对于法律孤儿而言,特别是正处于亲子依恋建立期的儿童而言,当父母亲权被拿走以后,国家亲权或其他社会替代亲权如何及时到位,关系儿童能否获得正常的情感体验,规定了儿童未来的情感世界和人生走向。

(1)爱、自信与希望的获得

当父母亲权被拿走以后,如果能在原生家庭或扩大的核心家庭中找到亲权的延续,如父母的父母或者父母的兄弟姐妹,那么就有政府提供物质帮扶,有家庭提供情感维系和亲权补偿以及家庭教育的角色扮演和功能辅助。由是,让孩子能继续体验类似父母没有离开时的家庭照顾,获得至亲爱的关怀,进而获得较好的情感世界的完善,达至自信与希望的成功建构。当其原生家庭无法提供亲权延续,则可采用类家庭的照顾模式,由政府出资,招募有成功养育孩子经验的年轻父母替代其亲生父母进行养育,由他们行使替代亲权以使孩子获得正常的情感照顾。此时的操作应使类家庭的父母有一定规模的养育如2—4人,其可获得充足的经济支持,而无照顾的后顾之忧,提供高质量的替代养育。如果类家庭招募存在困难,可以考虑让孩子在社区中生活,由儿童福利主任或其他社区干部召集社区成员分工照顾,实现替代亲权的照顾。机构院舍照顾仅是临时性与过渡性的选择,最多作为个别情况例外孩子的兜底的照顾选择。从而为孩子能够获得爱的关怀,进而对生命充满自信与希望。

（2）修复关系：联结家庭的亲密情感、重建友情互动的支持

被矮化和道德连坐后的孩子，很难在关系的处理中找到位置，所以，近至家庭关系，远及邻里、朋辈都需要政府与社会力量的介入，进行宣传和教育，为关系的修复创立好的宏观环境，除此以外，还要开展丰富多元的家庭、社区与学校活动，在活动中填充和谐、平等、关爱的人际关系的理念，提供关系修复的机会和平台，达成良好、友好的关系网络，进而获得亲密的情感体验和支持，在良好互动的环境中训练了交往技巧，获得了情感支持，拥有了面对未来与挑战的信心和能力以及心理储备。

（3）记忆与叙事导向的创伤干预

"法律孤儿"情感困扰的最大来源即前面论及的记忆生发与扩展带来的负面体验，然后又内化形塑行为与思维方式，逐渐演变成处事的本能反应。我们借助叙事这一工具或技术，逐步走向记忆深处，从改变认知开始，通过不断的希望注入与快乐填充，不断丰富良性记忆的内容与空间，挤压不良记忆反复书写的可能，进而影响或形塑行为方式，通过行为方式带来的良好反馈体验反过来改变思维方式，长此以往，潜移默化中形塑本能的反应，在干预创伤的过程当中，改写生命的走向。

2. 法权领域

"法律孤儿"在法权领域的传统认知，不仅剥夺了孩子获得正常生活的可能，还规范了一种矮化与惩罚的文化，让他们永远抬不起头，挺不起腰，做不成人，失去了做人的尊严，而法权领域的承认往往是以自尊的获得为核心。父母犯罪而孩子无辜。处罚的应该是犯罪主体，殃及他者时应该想方设法消除不利影响。而无辜的孩子被剥夺了亲权，少有人看到他们的被侵犯而只是看到了命运、连带，最多是可怜，而没有看到应该给与的补偿或亲权替代，反过来还要他们低下头去感谢那高高在上的社会救助。这样卑微的体验会成为他们向

命运发问的原初力量。

（1）生而为人的尊严（被保护是权利不是施舍）

生命的平等从来是一个相对概念，但他们获得自己生而为人的权利与尊严应该是一个绝对的原则。由是，给与"法律孤儿"亲权替代是他们应该获得的权利，更勿论物质保障，而非救助者的施舍。所以"欢迎来到儿童监狱"、"我最讨厌唱感恩的心"成为他们反抗高傲的施舍的语言选择。无辜被剥夺亲权，被拿走父母，被割断亲情体验，社会应该给与的是补偿和替代，以让他们获得常人的生活，至少不能让这群孩子除了重蹈父母覆辙而无路可走。

（2）公平正义下的平等

平等是弱者对强者的一种诉求，是对正义与公平的绝望的呼喊。"一人犯罪一人当，不连累他人遭祸殃"，如今不是，而是祸害殃及亲属。所以"法律孤儿"不只是没有了快乐的童年，没有了温暖的亲情，还带来了终身挥之不去的污名，蔑视的眼神，被亲属、邻人、朋友和同学，甚或老师所防范，在与所有人的交往中一旦身份暴露则无形的排斥之墙陡然耸立而不可翻越。读书的环境、就业的环境，整个生存的空间都骤然冰冷、窒息、难耐。父母的犯罪带来的不仅是自身的惩罚，还有这个罪犯的继承者从此没有了应有的参与、发展的机会和资源。由是，社会的宽恕与胸怀不仅是消解服刑者特别是其子女被冰封的围城，还是防止或降低因犯罪特别是无路可走的犯罪给社会及人民带来伤害的较好选择。

（3）卷入道德的承认

当"法律是最底线的道德，道德是最高层次的法律"达成共识时，触犯法律者就被贴上道德不良的标签，加之有其父母必有其子女的推论，"法律孤儿"也就成了道德低下的群体。并非所有触犯法律者都已收押在监，所以社会中人也并非尽是道德高尚之辈。过失犯罪与防卫过当之下的犯罪与道德也并没有被区隔开来。被长期欺凌而又反抗无果最后走向犯罪的群体,少有人能读懂他们诉状无门、出路难觅的痛苦与无奈,他们的犯罪好似是为自己和孩子做了个不再承受如此之罪的彻底决断,但孩子的道德连坐丝毫没有因个例而被大众所宽恕。没有宽恕的排斥使得"法律孤儿"难以获取正常的发展资源、机会与空间,加之蔑视的情绪反复复制,他们无可原谅地又重蹈父母覆辙。当承认不是只关注过往,而是放在当下及改变带来的可能,那么不必要的伤害就可以有效避免,于整个社会而言何尝不是一种美好的图景。

3. 社会领域

社会性是人的本质属性,其中包含的个人主体性以及作为组织一员的归属感对于个体存在感的获得至关重要。社会领域的承认指向的是以个人贡献为标志的荣誉和声望。每一个个体的感受汇集成的对社会的认知决定了作为整体的社会的士气和凝聚力,激发了社会的张力与活力,决定了社会的包容与胸怀。

(1)主体的关系重构

这里的主体主要是指罪错家庭与社会常态群体,而每一个个体都有可能滑向自己的对立面,关系的重构就是要改变过往好人与坏人的简单划分,不再停留在定性的评价。同时,以一种宽容之心面向将来,立足于对罪错群体的包容才能为之提供一个不靠伤害他者就能正常生活的空间。反之,报复社会和他人成为了他们反抗当下主体关系的被迫选择,对所有主体而言都不是理性和最佳选择。而更好选择是营造一种相对平等的主体关系,以让罪错群体有反省和改正的机会以及再发展的资源与空间。特别是"法律孤儿",就其本身而言与其罪错的父母并非同一类主体,当被社会扩大的罪错殃及并无可挣脱时就真的会出现犯罪的代际传递。

(2)团结、尊重与价值感赋予的共同体建设

关于团结之于社会的作用,迪尔凯姆有过深入的论述,我们仅从

社会的融合与凝聚,特别是人的本质属性来看,承认的视角能够给社会成员以更高的归属感和成就感。而尊重与被尊重是实现团结的必要价值坚持,当我们能够把"法律孤儿"当做是人类社会发展的成员之一,退一步讲他们是人类社会发展中因某些群体的不当行为或负效应而连带的成员,并把他们放在一个如果我们给予关爱会贡献正效应的高度来团结与尊重他们,让该群体感受到自己存在的社会价值,就会为共同体建设提供更多正能量。

(3) 基于可行能力建设的职业发展

阿玛蒂亚·森关于经济条件、政治自由、社会机会、防护性保障、透明性保障等五个方面的可行能力的论述给予我们很多启发,如果我们能够给予"法律孤儿"以更好地保护,同时提供好的教育以及给与其改造出狱的父母就业机会,那么不仅可以实现"法律孤儿"自身的良性发展,而且可以让其父母实现再社会化,同时阻断了所谓的犯罪代际传递。当两代人都可以有着良好的职业发展,那么实现两代人的重生也就实现了社会工作在本领域提供服务的最高追求。

(五) 基于承认的反思

自从接触到"法律孤儿"这个群体,已经有十四年的时间,笔者在这十四年的时间里始终有一种"愤怒"存在:一直愤怒于为人父母者的不负责任,愤怒于亲属邻里的冷漠无情,愤怒于某些部门的不作为,愤怒于社会公众的不理解、不认同、歧视和冷酷,愤怒于工作伙伴的渐渐麻木与懈怠,愤怒于孩子自己的无动于衷和放弃,愤怒一直伴随在为这个群体工作的每一天当中。之前笔者一直认为那是因为见过了太多的不公义,见识了太多现实的悲惨和疼痛,是这些东西激起的愤怒。可是,在回顾与梳理、在交谈和观察、在融入和抽离的过程当中,笔者突然发现,原来自己的愤怒不仅来自于那些外部的刺激,更深的是来自自己。笔者也是没能摆脱掉主流社会构建起来的意识形态的人，虽然接触到的现实每时每刻在刺痛着自己的神经，却依然没有强烈到可以真正摆脱掉那些主流价值观中的关于"正确""成功"等等观念的束缚，不能以一个平等的身份来看待这些孩子。笔者的挣扎更多来源于对他们"矫治"的不成功，而远非真正体验到孩子本身承受的痛苦。看得到那些疼痛，又不可能完全站在孩子的角度去体验和反抗那些疼痛，这是对自身的愤怒，因为这很可能是自己不能坚持到底的原因，笔者恐惧于自己最终也会一点点麻木，最终妥协在主流价值之下，甚至有一天站到与这群孩子对立的一面去。

本次研究立足在一家民间儿童救助机构，在研究的过程当中，笔者尽量对在孩子视域里出现的、与之相关的各个方面来进行观察分析，但在最终形成一些建议的时候则尽力缩小范围，只限制在改进机构日后工作的基础上，简单来说只为实用。在研究者和实践者之间存在的"心理距离"笔者一直都有，在研究的过程里不断地希望自己能够看得更全面、挖掘得更深入，而在最终落实到实际可以做些什么的时候又希望能够具体到操作细节上。因此，在书写的过程里出现了不断的挣扎，坦白的讲，即便是最后只站在日常工作改进的基础上，笔者提出的建议仍旧有部分不具备可行性，至少是不具备马上可以着手去做的可行性，因为实践工作中受到和经历的限制实在太多，这也是常常引起自己困惑的地方：到底研究能够起到多大的作用？研究与实践之间到底有多远的距离？自己的工作又能够起到多大的作用？难道真是"讲起来天下无敌，做起来无能为力"？

我们可以从救助责任视角转向儿童权利为本，关注其可行能力建设，建构各部口通力合作的责任分担保护模式，让承认成为一种价值追求、一种工作机制、一种文化和社会资本。

笔者想起了希腊神话里有这样一篇故事：西西弗斯因触怒了天神而被惩罚每天将一块巨石由山脚推到山顶，可是每当巨石被推到顶点后随即就会滚落，西西弗斯就要返身下山，再次将巨石推起，每天这样,周而复始。作为一个实务工作者,每天面对自己的服务对象,每天要面对难以计数的问题,外在的压力,内在的困惑,很多时候我们对自己所做的产生怀疑,而这些困惑也似乎总是无起无落,找不到答案。可是我们工作的意义,也许就和西西弗斯转身的一刹那体现出来的抗争意义一样,我们至少需要做出一个抗争的姿势,这样才为改变带来了可能。

三、 社会议题中的应用——以可行能力建设下的精准扶贫为例

(一) 精准扶贫的承认过程分析

1. 作为认同的承认的"精准扶贫"

简单来讲作为认同的承认就是区别于竞争群体的特质为大众所接受,对于精准扶贫而言,概括来讲就是"贫"的区别和认定,"扶"的策略和效果得到认可与肯定。

(1)"精准扶贫"是对扶贫状态的确认

"精准扶贫"不仅确认了中国某地区某人群"贫"的事实存在,也确认了"扶"的行动的泛化,以及"扶贫"效果两面性的确认,"精准扶贫"政策的推行包含有对当下有关扶贫状况的真实认知。首先是对中国目前存在贫困地区和贫困人口的肯定,没有回避矛盾和问题。这本身是对发展程度所作的区分,也是对中国贫困状态的实事求是。其次是对扶贫过程中因"假扶贫"、"扶假贫"而出现的"扶贫假"的认知和纠正。所谓"假扶贫",就是形式是扶贫,但却没有指向脱贫的结果,就是在走扶贫的形式,而没有脱贫的实质效果,是被脱贫而不是脱贫,造成的后果往往是年年扶贫,贫困依旧。所谓的"扶假贫",就是扶助的对象不属于绝对贫困,甚至也不在相对贫困之列,不是真

贫。这两者的结果一样,花费了国家的资源,但却没有达到脱贫的目标,需要继续投放资源,而现象又重复发生。再次是肯定了扶贫在某些地方,针对某些人群取得了理想的效果,从理论上来讲也应该是全都有效,只不过效果存在程度不同,但现实中的确存在越扶越贫的状况。由是,要扶贫因为应该有效果,其次是要精准,因为存在扶贫假。

（2）主体区别的假"贫",伤害了社会的承认

最大的扶贫主体是政府,执行者却往往是基层主管,远离中央监管而又事事躬亲。首先因为上面千条线,下面一根针,落实的责任全在基层,政策的最后一公里决定了政策的效果好坏。又因远离中央监管,为权力留下了足够的寻租空间,"蝇官巨贪"的现象多有发生。落在贫困户的界定上就出现了基层负责人主观确定而非事实确定,贫困户的确定很大程度上与基层负责人挂钩。笔者在一地调研时就接触到村主任的岳父和妻舅全是贫困户,典型的"个个吃低保"。当然,在贫困县的界定上,类似情况也有发生,就是有钱有关系才能跑来贫困县的帽子,捞得贫困县的拨款及倾斜性的政策。所以也就有部分"贫困县"事实上并不贫困,而真正贫困的县却未必全是"贫困县"。就从贫困户的界定上我们来看对承认的伤害。首先,是真正的贫困群体没有得到确认,没有享受到国家政策,就延后了脱贫的可能,延长了贫困的生活状态,伤害了该群体对政府的信任,对官员的信任,虽然具体的执行者代表不了政府的形象,更代表不了中国政府主流官员的形象,但他们与老百姓的接触远远超过了媒体中才能见到的领导,而这个贫困的界定事件引发的对官员与政府形象的认知又是有充足理由和证据的判断,产生以偏概全的推论也就可以理解。其次,类似于执行者有意或无意误判的贫困户的群体产生不满,破坏原有的社交关系。因为他们的状况相当,为何这些"贫困户"却能够得到补助,过上本来应该和自己差不多现在却比自己富裕得多的生活。类似于前面真正贫困群体的对政府和基层负责人的判断,伤害

社会承认与和谐的氛围,不利于共同体的团结、凝聚和发展。

(3) 主体实施的假"扶",伤害了社会的承认

这里的"假扶",不再讨论前文所提及的假的贫困对象的确定,虽然那也是"假扶"的一种表现形式,这里重点论及没有了解到贫困对象的真实问题和可行的脱贫策略,就是走马观花的了解一些情况却没有发现真正的问题和需求,所以接下来的"扶贫"无论是政策的倾斜还是资金的扶助,都没有触及到问题的核心,政策从一开始的制定到执行再到结果考核都不可能解决贫困的问题。资金的使用更是如此,投放在双方没有共识的项目上,一方是为了花钱,一方是为了拿钱,关于脱贫成了由头,甚至成了如此的"扶贫"持续下去的由头,双方只是在走"扶贫"的形式与程序,扶后还贫。"假扶贫"不仅浪费了资源,延迟了"脱贫"的计划和行动,或者是"返贫"现象的出现,不仅打击了贫者的信心、消耗了贫者的耐心,还伤害了对象对政府的信任。如前所述,首先浪费了社会资源,给与了对方不需要的东西,对服务对象贫困状况的改变没有增益。其次让对象看不到政府解决问题的能力和态度。解决问题的首要是要找到症结,了解需求,深入调研,共同制定最好的"脱贫"策略,为资金找到最好的造血用途。但"被扶者"发现"扶者"对此一无所想,大概就是逢场作戏,走个过场,落实上级精神而已。政府和官员的公信力受到质疑,社会合作、共赴难关的默契就难以形成。

由是,"精准扶贫"首先要对贫困对象进行精确识别与严格筛查,不能漏掉一个真正的贫困户,也不能让一个妄想于套取国家扶贫经费的"假贫困者"混进来;其次一定要与"贫者"深度交流,了解需求,站在贫者的角度思考问题,真真切切为贫者服务,找到困难瓶颈所在、问题所在,从实际出发制定切实可行的脱贫计划和资金使用渠道,让造血和输血协调运行;再次,要借助第三方进行随机对照,评估"贫者"的状况,政策与资金使用的科学性,扶贫人员的合理性,过程

监管脱贫行动,保证结果的达标和有效。这样也会重新建构政府和官员在人民大众中的形象,提升社会公信力,增进社会的凝聚与团结,积淀良好的社会承认资本。

2. 自我的承认

自我的承认主要是贫困对象的确定、"扶贫"政策的制定、"扶贫"结果的评估,都能在决定主体那里得到确认,亦能够经得起实践的检验和群众的问询与监督。如果说作为认同的承认更多是在面对外界的挑战而形成良好的承认氛围的话,自我的承认更加侧重在主体内部,这既是对主体较高标准的要求与检测,也是走向承认中的自我约束机制,是一个社会能否达成良好承认状态关键环节和国民素质基础。

(1)扶贫主体对"贫"的对象的确认

为官一任,造福一方。秉持为人民服务的宗旨,"扶者"应该对自己认定"贫者"的依据的科学性有足够的信心,自己界定的"贫者"能够经得起比较和检验,对于没有界定为"贫者"的群体问心无愧。这一点需要决定者牢记初心,不为外物所诱惑、所羁绊。当然也不是拍着胸脯说标准过硬,执行中没有人情,对得起组织,对得起政府,对得起人民,对得起良心,结果却经不起实践的检验和群众的质询,经不起纪检部门的谈话,真相却是"贫者不贫",真贫者"没贫",项目还没有结束,经费还没有用完,脱贫还没有效果而已身处囹圄。

(2)扶贫主体对"扶"的策略的确认

策略的制定应该是和被扶对象的问题和需求紧密相连,以实际需求为出发点,制定因时因地因人因事而异的可行方案。不是拍脑袋就能定下来的,也不是没有调查的主观想象,策略的决定首先要有澄清的初心和宗旨,有为民解困的使命感,有为国分忧的责任心,同时要有没有改变誓不罢休的干劲,无功即是过的担当。其次决策要立足于实践和调研,有调查才有发言权,要了解问题与需求,了解成因与优势，了解对象的限制与资源，使得决策可行。再次要有实践智慧的考量，根据情境灵活地组织和调整，不为条框所束缚，打一场有计划也有变化的硬仗。

（3）被扶对象对"贫"的状态的确认

"被扶对象"对自己的认知对"扶贫"成功与否至关重要。一是对自己是否贫困的确认，如果认为自己活得很好，精神很富足，物质上能够满足需要，而自己对物的追求又不是很高，生活本就比上不足比下有余，虽然这一定程度挑战了贫困线的划分和贫困群体的界定，但他认知上会认为"扶贫"多此一举，好似也没有必要改变原本安逸的生活，那么希望借助对象改变实现脱贫的方案要仔细考虑，至少有了教育以后才会有效，不过此时又难免有"贫困制造"之嫌。也就是只有对象对当前境况有改变的动力和需求时"扶贫"才有效果。二是对自己贫困的成因了解，是源于资源不足，还是突发状况如家有大病患者，还是源于技能不足、知识不足，还是属于懒惰或致富的动力不足等。当然这一点扶者是可以帮助对象进行澄清的，从而获得承认。那么，如果以上两点能够确认，就是对象的自我承认得以完成与实现，改变就有可能，如果没有达到以上认知，也就是停留在"伪承认"的层面，外界就强行进入下一阶段则会事与愿违。

3. 相互承认

（1）"扶"者与"贫"者对脱贫干预的协同

在"扶者"对"扶"贫的初心、决心、态度以及贫者状态特别是成因确认的基础上，结合"贫者"对自身贫困成因的认识及澄清，共同商定可能的脱贫策略，达成共识与契约，当然这个共识是构成性的，随实践的深入其要素与要素间关系是不断变化的，但共同指向的问题解决和需求满足，服务于对象和主体的被承认，即通过计划的执行，"贫者"的状态得以改变，"扶者"与"贫者"获得了社会性的肯定。当然，协同也不是一下子达成，而是双方对于成因和自身优势与限制的多次认识和澄清,反复沟通与协商,同时要有优次方案的设计以供"贫者"选择,也作为实践中执行方案遭遇困境的备选方案。

（2）脱贫达至目标的实践结果形成共识

"扶贫"是否精准,评判的重要指标是"贫"者脱贫,也就是让真正的贫困人口脱离贫困状态,脱贫效果好坏最重要的评判者应该是贫困群体,对于扶贫工作的效果评估和过程监控应该由非持份的第三方承担。应以质化为主量化为辅,注重效果更重过程,对痕迹材料和预期效果实行现场评估的随机对照。核心在于"贫者"的改变,"脱贫"是结果,能力与资源的增加是过程,这两者的前测与后测,至少基线测量中要有"扶"前的状态,结项评估要有"扶"后改变的支撑。效果预期是一种契约,痕迹材料是对"扶"的行为的确认,结项自评是"扶者"对"扶"的确认,现场评估中的深度走访与随机对照时了解"贫者"对"扶"的效果的确认。当各项指标方向一致,表述与材料相互支撑,"扶者"与"贫者"就"扶贫"的实践与效果达成共识,则"扶贫"得以确认,由是社会与政府得以肯定。

（二）精准扶贫实践下的可行能力建设

非歧视下的接纳:非歧视是社会工作基本价值的一种,不因对象当下的状态与结果而对其表现出鄙夷或蔑视。接纳对社会工作而言,既是技术,也是价值,表示的不是认同或承认,而是把对象作为一个完整的个体看待,作为社会工作的服务对象看待。就扶贫工作而言,就是不因贫者过去的懒惰甚至愚笨,知识与改变的动力不足,资源贫乏,甚至难以找见优势表现出蔑视、不友好,而是要把贫者当作扶贫的对象,"所有过往,皆为序章",都可能是贫困的成因,但也可能是脱贫的关键,这也是价值中立在实践中的体现。

尊重下的宽容:尊重是社会工作基本价值观的体现与表达,不涉及肯定与否定这种带有态度偏向的认识,尊重表达的是对于服务对象的一种关怀状态,是最基础的价值理念,也是开展服务必须遵守的前提条件。宽容讲的是一种尊重多样性与差异性的宽容,宽容意味着对事物多样化与层次化的容忍与肯定。对于扶贫工作来说,就是把每一位扶贫对象都能够平等的看待,正视扶贫对象的需求与现状,不会因为物质上的贫瘠而冷落他们,对于不同群体之间的差异表现出宽容性,不论是智力上的差异或是身体上的差距,都能够公平公正地给予贫困对象以帮助。

团结下的契约:团结是服务主体与客体之间关系的一种表现,指的是服务对象与服务提供者之间默认达成一定程度上的协议,拥有共同的目标,两者之间能够共融的一种人际关系。契约关系的建立更多的以无形的形式表现出来,或许没有书面化的保证书与承诺,但彼此之间是心照不宣、心知肚明的。在扶贫工作中就是不管是扶者还是贫者都有一个共同的目标那就是脱贫,在这个共同的目标之下也就促使扶者和贫者有共同的立场,并且没有主次之分,扶者不能因为自己是服务的提供者而对于贫者表现出不友好,贫者也不能因为自己是服务的接受者而妄自菲薄,觉得抬不起头来,两者之间的关系应是默契的有一种无形的约定并为此目标而共同奋斗。

关系下的凝聚和行动:关系是社会工作服务过程中必不可少的因素之一,尤其是专业关系的建立,也是社会工作过程中极为重要的一环,专业关系的建立是一个基础,就像是房子的根基,专业关系建立好了,后面的服务也就容易开展起来,服务对象对于社会工作者的信任感也会更加的深厚。行动贯穿服务的整个过程,社会工作者的行动指的是促使服务对象行动起来改变现状、解决问题,服务对象的行动指的是自己行动起来,为了摆脱目前生活的困境而做出的具体改变与措施。对于扶贫来说,就是在扶者与贫者之间建立关系的基础上,两者心往一处想,劲往一处使,有强大的凝聚力,扶者为帮助贫者脱贫制定相关的优惠政策,提出相关的建议,一步一步地帮助贫者增强自身生活质量,贫者改变懒惰、不进取的错误观念,根据自身实际情况做出改变,有勇气、有信心,更加要有实实在在的行动。

(三) 可行能力建设

贫困是社会发展中面临的一大问题,"精准扶贫"的提出为解决贫困提供了很好的思路,我们要实现的脱贫是实质上的脱贫而不是形式上的脱贫,是阶段性的脱贫而不是暂时的脱贫,是造血式脱贫而不是输血式的脱贫。"精准扶贫"的目的还在于防止再贫困,也就是"返贫"现象的发生,为此,应不断提升可行能力建设,具体表现在扶志、扶智和扶知。

1. 扶志

扶志就是提升扶贫对象的志向与志气,在精神层面为扶贫对象树立一面旗帜。尤其是在现代社会中,我们不仅要增强人们的物质文化建设,更要加强人们的精神文明建设。对于扶贫来讲,扶志主要体现在两个方面:一方面是对于安于现状、不愿意改变自身状态的人;另一方面是对于想改变但是不敢行动或是多次行动无果的人。就第一种人来说,主要的致贫原因就是因为个人的懒惰与贪图一时的安逸生活,整个人没有斗志并且安于现状,只要是不危及生命就在时光的长河中安然度过。对于这样的贫者,首先是要帮助他们建立起斗志,激起改变自己的想法,主要体现在思想上的转变。就第二种人来说,主要的致贫原因是缺乏方法与资源,贫者一腔热血、满怀斗志,但苦于没有致富的门道或者缺乏相关的知识技术,因此始终无法摆脱贫困的现状,进而丧失了与贫困作斗争的勇气与信心。对于这样的贫者,我们要做的就是为他们制定一些方式方法,提供一些优惠的政策,在技术与策略上为他们提供支持,进而提升他们战胜贫困的斗志与决心,主要体现在外部条件的援助之上。

2. 扶智

"扶智"就是增强扶贫对象思想的灵活性,在思想层面为扶贫对象提供支撑。自古以来,我们都有"智者"一说,我们的"扶智"简单的可以理解为把贫者培养为智者。我国人口贫困地区大多聚集在自然条件恶劣的地方,生活习俗也是一辈辈流传下来的,这样的情况一方面保留了当地特色的风俗习惯,人们对于流传下来的生活习惯习以为常并乐在其中,但也会造成单一机械的弊端,对于生活现状一味适应并不寻求改变。"扶智"就是增加人们思想的可变性,在保留的同时做出一些改变,基于当前的生活状况寻求出路。

3. 扶知

"扶知"就是提升扶贫对象的见解,在知识层面为扶贫对象提供强大后盾。一方面是加强文化知识的学习。在扶贫工作中需要把文化知识作为一种必需品来看待,文化知识是发展的基础条件,为发展建设提供智力支撑。因此,扶者需要对贫者进行教育,在改变贫者思想的基础之上进行文化教育,用知识武装头脑,用文化提升内涵。教育不仅仅是具体的知识文字的积累,更是思维见解的提升,只会读书写字的人不是我们想要培养的人,有见解、有思想、有深度的认识才是我们的目标。另一方面是科学技术的学习。科技力量越来越成为社会发展的中坚力量,对于扶贫工作的开展,要引进科学技术,用科技的力量带领贫者摆脱贫困。扶者运用科技的力量为解决实际问题提供可能,贫者感受到科技的力量开阔眼界、增强信心。

精准扶贫工作是当代社会发展的重头戏,也是解决贫困问题的最优选择,在精准扶贫工作中,重要的是对于贫者的选择确定以及扶者的行动措施,扶者和贫者在作为认同的承认—自我的承认—相互承认这个过程中相互作用、相互影响以达到脱贫的目标,共同防止"返贫"现象的发生。

四、 全球议题中的应用——以人类命运共同体建设为例

人类命运共同体的大热有其由来已久的历史渊源,更表达了世界人民对美好生活的向往。当然,这是以各主体相互尊重并承认彼此为基础的。在党的十八大上,习近平总书记创造性地提出了"人类命运共同体"思想。究其源头,正是《共产党宣言》中的"自由人联合体",即是每个人的自由发展是一切人的自由发展的条件。但我们发现马克思原典中并没有关于承认理论的论述,但这并不会阻碍我们对于马克思承认思想的把握。正如马克思指出,资本主义社会在表面上"承认"每一个交换主体的平等地位和独立人格的背后,却是看"银"下菜,以对方金钱的多寡为标准出售己方的承认,这是马克思承认理论出场的语境。显然,马克思承认理论的逻辑谱系与人类命运共同体有着不甚密切的关联。

(一) 人类命运共同体建设的马克思承认向度

1. 马克思承认理论的基本问题

(1) 马克思承认理论的发展背景

马克思的承认思想产生于19世纪西欧的自由资本主义时期,在马克思的年代,尽管争取工人的人格尊严是革命斗争的议题题中应有之意,但反抗身体意义上的残酷压迫、为生存而斗争才是最紧迫的任务,由此带来的是对革命彻底性的追求,推翻资本主义制度构成了话语主题。这一历史基础则奠定了马克思承认理论的思维模式——唯物史观。在《德意志意识形态》中,从社会存在决定社会意识的立场系统论述了一个"现实的人"的综合生存维度,除了物质资料生产、人类种族生产、新型需要以及生产的过程中结成的人与人的关系四个因素之外,还存在有与他人交往的迫切需要而产生的意识。因此,

马克思认为要实现每个人的自由发展是一切人自由发展的条件的联合体,对他者尊严的承认是一个重要的方面,从而使每个人能够体面地、像人一样地生活,从而实现一切人对一切人的平等承认。

(2) 马克思承认理论的发展轨迹

在马克思那里,承认理论不再仅仅是以一种理论构想式的生长逻辑出现,而更多地是以一种历史批判叙事的外观呈现出来。承认叙事在马克思贯彻其解放政治规划的历史逻辑过程中表现为三个发展阶段:首先,通过对资本主义社会中异化承认的批判,以及经由劳动范畴中介获得相互承认的探讨,青年马克思建构起一种人本主义的承认价值观;其次,马克思通过"自由人联合体"来克服个体与共同体(集体)之间历来的矛盾,以相互承认来中介双方,最终实现两者的统一;最后,通过对资本主义拜物教的批判,马克思指出承认关系的物化根本在于资本主义生产资料私人占有制,只有消灭资本主义生产方式,无产阶级才能进入"自由王国"。由此,马克思着手将承认的方式改变成无产阶级合法斗争的武器,从而完成了由理论叙事向革命实践的历史性升华。由此可以窥探,马克思承认理论包含有生产关系、劳动、货币或资本、共同体等四项基本要素,并且这四项基本要素相互交织共同构成了马克思承认理论的基本框架,有必要探讨这四项基本要素的关系,尤其是共同体与其他三项要素之间的关系,更能为人类命运共同体的构建提供理论指导和现实关切。

2. 人类命运共同体的基本问题

人类命运共同体作为习近平的新思想,在汲取优秀传统文化的基础上更是对中华民族优秀传统文化的传承,借镜马克思共同体思想精髓的基础上,更是对马克思主义中国化的又一次重大发展。简言之,人类命运共同体既有中华民族优秀的文化基因,也有马克思先进的理论昭示,二者共同浇灌了人类命运共同体之花并为之提供源源不断的给养。由此,人类命运共同体的科学内涵呼之欲出。

（1）中国优秀传统文化的基因

中华民族自古以来讲求"天下一家"。先秦时期，百家竞相争鸣，诸如孔子提出的仁政，统治者宽厚待民，施以恩惠，从而争取民心，以促进国家的蓬勃向前发展，这其中就蕴含了承认思想，统治者应该承认平民百姓的正当利益。正如孟子主张的"老吾老以及人之老，幼吾幼以及人之幼"，再到墨子的"兼爱非攻"思想，都认为各个主体之间只有做到相互承认，才能够构建一个相对和谐的国家或者共同体，才能够不断向前发展。此外，"己所不欲，勿施于人"、"君子和而不同"、"亲仁善邻"等无不在追求无论是个体还是各个国家之间应该求同存异，应该树立共赢的理念，真正实现"各美其美，美人之美，美美与共，天下大同"，这些都为人类命运共同体注入了优秀文化基因，使其朝着健康长远的方向发展。也只有如此，各国各民族之间相互尊重，实现共同繁荣，才能实现各自利益获得最大化，才能真正促进全人类同呼吸，共命运。

（2）马克思共同体思想的昭示

马克思共同体思想是马克思始终关注人的存在和发展的智慧结晶。它渗透和贯穿于马克思恩格斯创立的唯物史观的全过程，并自身在不断地发展和完善。马克思主张把人类作为一个有机的系统来把握，一如马克思认为人不是单独、孤立存在的，人的本质是一切社会关系的总和。从原始社会、奴隶社会、封建社会人与人形成的自然共同体，再到资本主义社会的市民共同体，可以预见自由人联合体必将成为人类共同体的最高形式。在自由联合体中，社会生产力将会得到更快、质量更高的发展，新的分工不会再有经济利益的差别，劳动不再是人们谋生的工具，生产将会根据自然资源的状况和社会成员的需要进行高效率的生产，分配则是按照社会成员的贡献和需要进行，也就是说，自由人联合体才是真正的共同体。而马克思认为每个人的自由发展是一切人自由发展的条件。要实现真正的自由联合体,自我承认是基础条件,他者承认是必要条件,以实现主体间的相互承认,也只有这样,各主体才能够在最自由的环境中实现自身发展的同时最大程度的成全彼此,共同筑就和谐的人类命运共同体。这些与习近平提出的人类命运共同体理念不谋而合,马克思共同体思想更为人类命运共同体提供了理论基石和现实指导。

(3) 人类命运共同体的科学内涵

习近平主席基于对当前世界局势的科学把握,对全球人民未来的深切思考,在《携手构建合作共赢新伙伴,同心打造人类命运共同体》的讲话中指出,人类命运共同体的构建需要"建立平等相待、互商互谅的伙伴关系","营造公道正义、共建共享的安全格局","谋求开放创新、包容互惠的发展前景","促进和而不同,兼收并蓄的文明交流","构筑尊崇自然、绿色发展的生态体系"。习近平主席提出的人类命运共同体是一个风雨同舟、共同向前的利益与责任互相交织的共同体,更是一个平等相待、普遍安全、共同繁荣、开放包容、清洁美丽的"五位一体"的和谐世界。

具体来说,第一,人类命运共同体是一个平等相待的政治共同体,当前世界多极化的现状推动着世界正在朝着更加平等协商的方向发展,人类命运共同体的提出正是对世界各国人民的正当利益的保护。第二,人类命运共同体是一个公道正义的安全共同体。安全是一个国家在各方面向前发展的外部保障,自身安全与外部安全需要各国共同努力营造,才能真正实现和平与发展。第三,人类命运共同体是一个共同繁荣的经济共同体。经济全球化已成为世界趋势,各国应该积极参与其中,创新性地促进世界各地的商品、资本、技术、劳动等在全球的合理分配,努力实现各国共同发展。第四,人类命运共同体是一个开放包容的文化共同体。民族的就是世界的,面对不同的文化碰撞,我们需要保持和而不同的态度,取其精华、去其糟粕,共同促进人类文化多样性发展。第五,人类命运共同体是一个清洁美丽的生态共同体。人类只有一个地球,珍惜和保护地球是我们的责任,应该避免以牺牲生态为代价的经济发展。坚持环境友好型发展理念,才能真正实现人与自然的和谐相处,构筑人类生生不息的绿色发展形态。也只有坚持"五位一体"的发展观,才能真正实现世界各国人民的美好生活愿望,才能构筑真正的人类命运共同体。

总的来说,马克思承认思想为人类命运共同体的构建提供了理论指导和实践关切,人类命运共同体进一步发展和丰富了马克思共同体思想,二者在理论上相互辉映,在实践中彼此照应,共同推动人类在政治、经济、文化、社会、生态等方面朝着正确、科学的方向发展。具体来说,马克思承认理论中的生产关系、资本、劳动和共同体思想四者既相互独立又相互交织,又统一于共同体,这与人类命运共同体思想不谋而合。

(二) 马克思承认理论视域下人类命运共同体的构建

国际格局正在朝着世界多极化、经济全球化、文化多元化、社会信息化、挑战多样化方向持续发展,人类命运共同体的构建就显得极为必要,这既是中国人民的美好愿望,更是世界各国人民的福祉所在,同时也是马克思承认理论题中应有之意。把马克思承认理论中的生产关系、劳动、资本以及共同体等四要素与人类命运共同体的"五位一体"构架紧密结合不仅具有理论价值,更具有重大的现实关切。从而实现各主体的自我承认,逐步实现对他者的承认,最终实现主体间的相互承认,打造和谐的合力推动世界向前发展的人类命运共同体。

1. 从各个主体的自我承认走向共同体

自重者然后人重,人轻者便是自轻。一个人的自由全面发展不可能是凭一己之力或是外部环境成就的,这一定是一个主体与外部合力作用的结果。这其中,最重要的是要发挥主观能动性,承认自己的主体地位、权利、义务等。只有正确、准确地定位自身才能够拥有话语权,从而为自身的发展谋方向、创条件,进而实现自身的全面发展,实现自身价值。个人如此,国家亦是。只有每个国家在国际社会中承认和捍卫自己的主权,勇于履行自己的权利和责任,才能够平等地与各国对话,才能够在国际社会中有自己的一席之地,才能共同促进和维护国际社会秩序,共同达成人类命运共同体的构建。

正如马克思承认理论所示,承认理论是以人本之维为基础的。物质资料的生产过程中所形成的生产资料所有制的形式、人们在生产中的地位和相互关系以及产品分配的形式在资本主义社会中多是被异化了的,形成了以价值交换为基础的实质意义,对于人的劳动的价值同样被扭曲,资本的分配更是不均,作为人却很少能够做出抗争,反而麻木地乐此不疲,甘愿被资本主义无情地剥削,致使由此形成的看似一片繁荣的市民社会实则岌岌可危。藉此,马克思的承认理论给我们提供了一个走向自由联合体的捷径:自我承认。这同样需要主体正确地认识自身及本属于自身的权利,小至个人,大至国家。

具体来说,在政治上,保证自己的独立主权。只有如此,才能做到不卑不亢,才能够不被某些大国牵制,才能够与各国平等对话,才能够为自己发声,为本国的政治利益争取更多的实现空间。在经济上,各国更应该发挥主观能动性,创新性地参与国际经济新秩序的建设,积极地推动经济全球化,促进本国与其他国家在资本、技术、劳动等方面的正向流动,提升国家经济实力,有效地规避经济全球化带来的风险。在文化上,要在保持自己本民族自身文化多样性的基础上,要始终相信民族的就是世界的,要大胆地走出去,加强文化输出与交流,夯实国家文化软实力,增强文化自信。在安全上,应该认识到安全对于一个国家的重要性,应该始终坚持走和平发展的道路。和平是各国人民的愿望,与其他各国携手,共同营造和谐融洽的国际环境,为各国的发展保驾护航。在生态上,要始终坚持绿色可持续的发展理念。人与自然和谐相处不仅符合本国长远发展的展望,更是人类赖以生存的环境的内在昭示。总体来说,只有做到对于自身的承认,才能够更好地理解人类命运共同体的含义,进而更好地打造人类命运共同体。

2. 从他者尊严的真正承认走向共同体

己所不欲,勿施于人。对一国而言,仅仅承认自身是远远不够的,正如每个人的自由全面发展是一切人自由发展的条件,一切人自由发展需要每个人的自由全面发展成全。也就是说,除了发挥主观能动性以获得自身承认之外,还需要外部的环境共同促成。即便一个国家政治、经济、文明都发展到了一个高度,如若不能够得到国际社会的承认,同样没有立足之地,亦不能够实现自身的长足发展,更不能够在各国之间互通有无、加强交流,何谈人类命运共同体的构建。因此,我们需要其他主体的承认,也即我们需要也应该承认其他主体的地位及其所附带的正当利益。只有如此,才能架起良性互动的桥梁,摆脱被迫的固步自封,引进来,走出去,共同构建人类命运共同体。

马克思承认理论不仅对于资本主义的生产关系、劳动价值、资本分配进行了批判,更为我们指明了前景。在自由联合体中,应该承认资本家资本的同时,也应该承认劳动者的劳动价值,摆正劳动者在生产活动中的地位,避免对劳动者残酷的剥削,不再唯资本论高低,每个人都有自我价值实现的条件和能力,按需分配也是最高共同体的内在含义。这对当今构建人类命运共同体提供了理论昭示和实践指导。具体来说,政治上,从当前局势来看,部分国家和地区在国际社会中处于弱势地位,这就需要大国承认这些国家和地区的主权,做好自律,不干涉他国内政,真正做到和平共处。从而为构建人类命运共同体打好政治基础。经济上,处于弱势的国家和地区首先要承认大国在国际社会中的经济地位,要以独立的姿态引进发达国家的资金、技术等,壮大自身的经济实力,主动地参与到经济全球化的各个环节当中;发达国家要以身作则,不实行霸权主义,平等友好地与其他国家进行经济往来,一道建设国际开放包容的经济新秩序,共同建设符合各国经济利益的人类命运共同体。文化上,一方面要增强文化自信,加强多元文化间的碰撞交流,另一方面要承认他国文明的合理性,在文化输出的过程中要避免出现文化渗透和文化侵略而丧失文化多样性,要兼收并蓄更要各美其美,唯有如此,才能够促进人类文化大发展大繁荣。安全上,发达国家理应做好表率,协和万邦,共同维护世界和平,为各国的政治、经济、文化、生态发展提供良好的外部环境和氛围。生态上,各国应认识到保护环境不是某一个国家的事,而是全人类、各民族都必须为之努力的重大事项,不仅关乎现在,更关乎未来。着力避免先污染后治理的老路,发达国家应避免转移污染工业至其他国家和地区,这不仅违背了可持续发展的理念,更侵害了其他国家和地区的正当利益。从这五个方面逐步实现对其他主体的承认,共同构建人类美好家园。

3. 从各主体间的相互承认走向共同体

美美与共,天下大同。只有互相承认,才能互相成就,实现互利共赢的局面,才能造就百花齐放春满园的盛世长歌。如前所述,最高共同体的构建绝不是凭主观努力或是客观推动单方面造就的,而是二者互相促进并相得益彰的结果。自身的承认能够推动自身对于其他主体迫切获取承认的理解,进而促进主体间的相互承认的达成;反过来,主体间的相互承认,进一步增强了对于自身的认可,方能够以更加独立、自信的姿态屹立于世界民族之林,推动文明多样性持续、健康地向前发展,共同推动国际政治经济良性运行,构建真正的人类命运共同体。这与马克思承认理论的内核是相通的,生产关系中的人与人之间的关系正如国际社会中的各个国家,只有每个国家在政治、经济、文化等方面不断发展并成为常态,才能够不断增强自己的综合国力,进而相互吸引,共同为全人类谋幸福。

　　主体间的相互承认,不仅仅应该停留在承认二字,更应该在政治、经济、文化、生态、安全等方面通力合作,互通有无,共同助力人类命运共同体的建设。具体来说,政治上,各国应达成共识,互相尊重主权,互不侵犯,互不干涉内政,平等互利,和平共处,坚持走和平发展的道路,避免出现强权政治等现象,共同维护世界秩序。经济上,各国应彼此照应,携手并进,实现贸易自由,顺应世界潮流,共同推动经济全球化朝着健康的方向前进,做好这链条上的每一个环节,借由"一带一路"之东风推动这一共同体的建立。文化上,民族文化多样性是不可磨灭的事实,除了传承本民族优秀传统文化的同时,也应兼收并蓄、包容创新,实现人类文化的发展。当今世界处于一荣俱荣、一损俱损的抱团态势,对于我们共处的生态环境更是如此,我们需要不断地更新认知,始终树立创新、协调、绿色、开放、共享的发展理念,减少生态环境压力,共同打造可持续发展的人类命运共同体。此外,国际安全是各国在其他方面发展的必要条件,因此,各国应从自身做起,减少不安定因素,坚决打击恐怖分子和反动势力,自觉维护安定秩序。总之,各国应在相互承认的基础上,采取合理措施,把自身利益与他国利益相结合,权衡利弊,合力构筑人类命运共同体。

　　总之,人类命运共同体的提出是有其历史渊源和现实依据的。优秀传统文化和马克思承认理论共同浇灌了人类命运共同体之花,其中,不仅需要各国从自我承认到对他者的承认,再到主体间的相互承认,借由"五位一体"共同打造人类命运共同体,不仅具有重大的历史意义,更有鲜明的现实意义。构建人类命运共同体是中国特色外交又一重大发展,更是马克思主义中国化的又一重大成果,并且被载入联合国的重要文件,得到了国际社会的广泛认可和一致赞誉。诚然,打造人类命运共同体是实现中华民族伟大复兴中国梦的重要一步,但不得不承认,中国始终是以保护世界各国人民的正当利益为前提的。因为,中国的发展离不开世界,世界的发展离不开中国,中国的发展促进世界的发展,两者是整体与部分的关系。这也体现了中国的大国责任担当,也是中国为全球治理做出的中国智慧和中国方案。

人类命运共同体的构建,既是时代的呼唤,也代表了各国人民的美好愿望。尤其处在"地球村"这样一个时空与距离微缩的时代,各个国家唇齿相依,中日两国一衣带水,联系是如此的紧密。加快各个国家和地区的主体间的相互承认,不仅对于本国正当利益的实现有着重大的保障作用,更对于国际新秩序的建立有着重大意义,对于国际社会的良性发展有重大推动作用,更有利于各个国家间在政治上平等地对话,捍卫自己的权益,有利于各国在经济上通力合作,互惠互利,有利于各国文化间相互碰撞与交流,实现文化大发展、大繁荣,有利于各国达成环境友好型社会的共识,有利于各国共同努力打造安全的国际环境,从而进一步推动人类命运共同体向前发展。

结语

　　立足中国社会工作的发展，从为社会工作谋理论的初心出发，借助西方的承认思想，尝试进行承认社会工作的理论建构，存在的不足也是明显的。

　　首先，承认的思想源于西方个人主义的传统，充满着理性主义的光芒，与中国的集体主义以及感性传统有着巨大的文化张力，其内在的价值冲突如何调和，能够调和吗？所以与其说借助"承认的思想"倒不如说是借助了"承认"这个语词，那么对"承认思想"的梳理及理论建构的框架也就存在着先天不足。如何找到架接两种传统的桥梁，由于个人认知有限并没有给出让人满意的解说。

　　其次，中国"承认思想"的渊源求证试图在墨儒道法等诸多有影响的思想中都找到痕迹，即或前面文化张力和价值冲突得以消解，也难免有为求全面的牵强之嫌。那么，如何从博大精深的中国思想中萃取最为接近于"承认"的核心意思表达，还需要进一步精细的爬梳。未必非要全面覆盖，也未必非要是大的思想传统，关键是内在的契合。

　　再次，存在书写的残缺。关于承认思想社会工作的实施模型建构在文中并没有很好地呈现出来，本想项目结项后再作进一步的探索，限于时间关系没有做一个很好的交代。这是笔者的一个遗憾，也是进一步去研究的一个着力点。

参考文献

著作类：

［1］［德］阿克塞尔·霍耐特著，胡继华译，《为承认而斗争》[M]，上海：上海世纪出版社 2005 年版。

［2］［德］阿克塞尔·霍耐特著，王晓升译，《不确定性之痛》[M]，上海：华东师范大学出版社 2016 年版。

［3］［德］阿克塞尔·霍耐特著，罗名珍译，《物化》[M]，上海：华东师范大学出版社 2018 年版。

［4］［美］阿兰·布鲁姆著，胡辛凯译，《爱的设计——卢梭与浪漫派》[M]，北京：华夏出版社 2017 年版。

［5］［英］阿诺德·汤因比著，郭小凌，王皖强等译，《历史研究》[M]，上海：上海人民出版社 2005 年版。

［6］［以色列］阿维纳瑞著，张东辉译，《马克思的社会与政治思想》[M]，北京：知识产权出版社 2016 年版。

［7］［法］爱弥尔·涂尔干著，渠东喆译，《宗教生活的基本形式》[M]，上海：上海人民出版社 1999 年版。

［8］［法］奥古斯特·孔德著，黄建华译，《论实证精神》[M]，北京：商务印书馆 2001 年版。

［9］［法］保罗·利科著，汪堂家，李之喆译，《承认的过程》[M]，北京：中国人民大学出版社 2011 年版。

［10］［加拿大］查尔斯·泰勒著,董之林,陈燕谷译,《本真性的伦理》[M],上海：上海三联书店 2012 年版。

［11］［加拿大］查尔斯·泰勒著,董之林,陈燕谷译,《承认的政治》,载《文化与公共性》[M],北京：生活·读书·新知三联书店 1998 年版。

［12］常扬,《在离开父母的日子里——中国首家罪犯子女儿童村纪实》[M],北京：未来出版社 2000 年版。

［13］陈为雷编著,《社会工作行政》(第二版)[M],北京：中国社会出版社 2009 年版。

［14］成伯清,《走出现代性》[M],北京：社会科学文献出版社 2002 年版。

［15］［德］哈贝马斯著,曹卫东译,《交往行为理论》[M],上海：上海人民出版社 2004 年版。

［16］［德］哈贝马斯著,刘东译,《现代性的哲学话语》[M],南京：译林出版社 2011 年版。

［17］韩非著,王守常译注,《韩非子：精注精译精评》[M],北京：线装书局 2016 年版。

［18］何国良,王思斌主编,《华人社会社会工作本质的初探》[M],香港：八方文化公司 2001 年版。

［19］何雪松,《社会工作理论》[M],上海：上海人民出版社 2007 年版。

［20］［德］黑格尔著,贺贺麟,王玖兴译,《精神现象学》(上卷)[M],北京：商务印书馆 1979 年版。

［21］［德］康德著,李秋零译注,《康德三大批判合集(注释版)》[M],北京：中国人民大学出版社 2016 年版。

［22］康晓光,《起诉——为了李思怡的悲剧不再重演》[M],内部发行 2003 年版。

［23］孔子,马松源译注,《国学经典文库 图文珍藏版 论语(全四卷)》(第一版)[M],北京：线装书局 2011 年版。

［24］老子著,汤漳平,王朝华译注,《老子》(第 1 版)[M],北京：中华书局 2014 年版。

［25］梁志学主编,《费希特选集》(第一卷)[M],北京：商务印书馆 1990 年版。

[26] 刘为民,《"赛先生"与五四新文学》[M],济南:山东大学出版社1994年版。

[27] [英]马尔科姆·派恩著,冯亚丽,叶鹏飞译,《现代社会工作理论》[M],北京:中国人民大学出版社2008年版。

[28] [西班牙]曼纽尔·卡斯特著,夏铸九,王志弘等译,《网络社会的崛起》[M],北京:社会科学文献出版社2006年版。

[29] 墨子著,高秀昌译注,《墨子》[M],北京:线装书局2008年版。

[30] [美]南茜·弗雷泽,[德]阿克塞尔·霍耐特著,周穗明译,《再分配还是承认?——一个政治哲学对话》(第一版)[M],上海:上海人民出版社2009年版。

[31] [英]齐格蒙特·鲍曼著,欧阳景根译,《共同体》[M],南京:江苏人民出版社2003年版。

[32] [加拿大]沙蒂亚·德鲁里著,赵琦译,《亚历山大·科耶夫:后现代政治的根源》[M],北京:新星出版社2007年版。

[33] [法]单士宏著,姜丹丹,赵鸣,张引弘译,《列维纳斯》[M],上海:华东师范大学出版社2018年版。

[34] 时立荣主编,《社会工作行政》(第一版)[M],北京:中国人民大学出版社2015年版。

[35] 斯基摩尔,《社会工作导论》[M],北京:北京时代华文书局1994年版。

[36] 宋丽玉,曾华源等,《社会工作理论—处遇模式与案例分析》[M],台北:洪叶文化事业有限公司2006年版。

[37] 孙莹,《社会工作职业发展的基本要素分析》,载《社会工作专业化及本土化实践》[M],北京:社会科学文献出版社2006年版。

[38] 王凤才,《承认·正义·伦理》[M],上海:上海人民出版社2017年版。

[39] 王凤才,《蔑视与反抗》[M],重庆市:重庆出版社2008年版。

[40] 王思斌,《社会工作导论》[M],北京:高等育出版社2006年版。

[41] 王思斌,《社会工作专业化及本土化实践》[M],北京:社会科学文献出版社2006年版。

[42] 王思斌,《社会工作导论》[M],北京:北京大学出版社2011年版。

[43] 谢立中,《社会工作的本质:"维护为本"还是"助人为本"》[M],香港:八方

文化公司,2001 年版。

[44] 张雪魁,《古典承认问题的源与流》[M],北京:中国社会科学出版社 2013 年版。

[45] 赵汀阳,《第一哲学的支点》[M],北京:生活·读书·新知三联书店 2017 年版。

[46] 郑霞泽,《服刑人员未成年子女现状调查》[M],北京:法律出版社 2006 年版。

[47] 庄子著,方勇译注,《庄子》[M],北京:北京时代华文书局 2014 年版。

期刊类:

[48] 白晓,胡婧,《民族主义与承认政治－基于查尔斯·泰勒"承认政治"的思考》[J],《福建师范大学学报》(哲学社会科学版),2015 年第 11 期。

[49] 拜争刚,吴淑婷,齐铱,《循证理念和方法在中国社会工作领域的应用现状分析》[J],《社会建设》,2017 年第 7 期。

[50] 蔡晓良,《关于马克思"自由人联合体"思想的思考》[J],《福州大学学报》(哲学社会科学版),2009 年第 4 期。

[51] 蔡屹,何雪松,《社会工作人才的三维能力模型——基于社会工作机构的质性研究》[J],《华东理工大学学报》(社会科学版),2012 年第 4 期。

[52] 陈蓓丽,《上海社会工作机构发展之制度困境及发展路径研究》[J],《华东理工大学学报》(社会科学版),2011 年第 4 期。

[53] 陈臣,陈树文,《习近平关于"人类命运共同体"的十个基本思路》[J],《北京交通大学学报》,2018 年第 2 期。

[54] 陈广亮,莫凡,《习近平人类命运共同体理念的创新维度解析》[J],《中共济南市委党校学报》,2017 年第 6 期。

[55] 陈伙平,《福建省家长服刑的子女家庭教育调查研究》[J],《福建师范大学学报》(哲学社会科学版),2005 年第 2 期。

[56] 陈良斌,《"主奴辩证法"的扬弃与承认的重建——从黑格尔的"主－奴关系"论到马克思的承认理论》[J],《武汉理工大学学报》(社会科学版),2009 年第 5 期。

[57] 陈良斌,《论马克思承认理论的历史－逻辑谱系》[J],《西南大学学报》(社

会科学版）,2012 年第 3 期。

[58] 陈明富,《自由人联合体思想:马克思对赫斯自由共同体思想的超越与扬弃》[J],《宁夏社会科学》,2015 年第 2 期。

[59] 陈树强,《增权:社会工作理论与实践的新视角》[J],《社会学研究》,2003 年第 5 期。

[60] 陈涛,《社会工作专业使命的探讨》[J],《社会学研究》,2011 年第 11 期。

[61] 陈鑫,《习近平"人类命运共同体"思想与马克思"真正共同体"思想》[J],《中共天津市委党校学报》,2018 年第 3 期。

[62] 杜静等,《服刑人员未成年子女民间救助机构的现状研究——基于西安儿童村的调查报告》[J],《社会工作》,2007 年第 1 期。

[63] 范慧,范和生,《破解认同困境:社会工作职业化的演进与路径拓展》[J],《宁夏社会科学》,2018 年第 5 期。

[64] 甘永宗,《马克思自由人联合体理论及其当代性》[J],《理论导报》,2012 年第 8 期。

[65] 葛道顺,《社会工作转向:结构需求与国家策略》[J],《社会发展研究》,2015 年第 4 期。

[66] 关信平,《论当前我国专业社会工作的制度建设》[J],《国家行政学院学报》,2017 年第 5 期。

[67] 关信平,《当前我国专业社会工作的内在能力建设及其对社会工作教育的要求》[J],《社会建设》,2017 年第 7 期。

[68] 郭伟和,徐明心,陈涛,《社会工作实践模式:从"证据为本"到反思性对话实践——基于"青红社工"案例的行动研究》[J],《思想战线》,2012 年第 3 期。

[69] 郭欣,《浅谈服刑人员未成年子女社会保护问题》[J],《湖南公安高等专科学校学报》,2006 年第 4 期。

[70] 郝雨,沈亚文,《人类思想史上的又一座里程碑——关于"人类命运共同体"理念的历史观照与哲学阐释》[J],《中国图书评论》,2018 年第 8 期。

[71] 何历宇,《社会主义核心价值观与中国社会工作伦理之建构》[J],《浙江学刊》,2012 年第 4 期。

[72] 何雪松,《证据为本的实践的兴起及其对中国社会工作发展的启示》[J],

《华东理工大学学报》(社会科学版),2004 第 1 期。

[73] 何雪松,《迈向中国的社会工作理论建设》[J],《江海学刊》,2012 年第 4 期。

[74] 胡博成,张平,《论习近平对马克思世界历史思想的继承和发展——以建构人类命运共同体为视角的考察》[J],《思想教育研究》,2018 年第 7 期。

[75] 胡红花,《马克思承认理论视域下的社会主义核心价值观认同》[J],《大连干部学刊》,2016 年第 9 期。

[76] 胡子祥,郑永廷,《人类命运共同体视阈下的世界梦概念辨析——兼论中国梦与世界梦的关系》[J],《毛泽东思想研究》,2016 年第 3 期。

[77] 黄晓星,熊慧玲,《过渡治理情境下的中国社会服务困境》[J],《社会》,2018 年第 4 期。

[78] 黄晓星,徐盈艳,《约制:嵌入性视角下的社会组织发展——基于广东五市政府购买社会工作服务的实践》[J],《新视野》,2015 年第 5 期。

[79] 贾可卿,《作为正义的承认——霍耐特承认理论述评》[J],《浙江社会科学》,2013 年第 10 期。

[80] 贾凌昌,《承认的思想史追溯及其当代异化表征》[J],《武汉理工大学学报》(社会科学版),2016 年第 9 期。

[81] 杰罗姆·韦克菲尔德著,吴同译,《利他及人性:社会工作基础理论的建构》[J],《江海学刊》,2012 年第 4 期。

[82] 金太军,《中国城镇化推进中的公共性不足及其培育》[J],《社会科学战线》,2015 年第 1 期。

[83] 库少雄,《社会工作理论的发展与应用》[J],《山东社会科学》,2006 年第 4 期。

[84] 李步云,《"构建人类命运共同体"的科学内涵和重大意义》[J],《吉林大学社会科学学报》,2018 年第 4 期。

[85] 李东琳,《如何理解社会工作的本质——评〈什么是专业的社会工作?〉》[J],《中国社会工作研究》,2008 年第 6 期。

[86] 李克,孙温平,《公共管理的制度创新——以民间组织的培育与管理为视角》[J],《北京政法职业学院学报》,2005 年第 4 期。

[87] 李伟,张昱,《中国社会工作发展路径研究:回顾与反思》[J],《理论月刊》,

2015 年第 10 期。

［88］李晓慧，《政府与社会工作服务机构的互构性承认——以北京市社会工作机构发展为例》[J]，《学海》，2015 第 3 期。

［89］李迎生，《西方社会工作发展历程及其对我国启示》[J]，《学习与实践》，2008 年第 7 期。

［90］李迎生，《构建本土化的社会工作理论及其路径》[J]，《社会科学》，2008 年第 5 期。

［91］李迎生，方舒，《中国社会工作模式的转型与发展》[J]，《中国人民大学学报》，2010 年第 3 期。

［92］李迎生，《探索社会工作介入社会治理创新的有效路径》[J]，《社会工作与管理》，2014 年第 3 期。

［93］李元来，《承认视域下社会工作机构的再定位及政策趋向》[J]，《安庆师范大学学报》(社会科学版)，2017 年第 3 期。

［94］李永杰，《共同体与个体：马克思观察人类历史的一对重要范畴》[J]，《马克思主义与现实》，2014 年第 5 期。

［95］李正东，《社会工作从业人员职业认同及其影响因素研究》[J]，《华东理工大学学报》(社会科学版)，2018 年第 2 期。

［96］梁曙光，《"承认理论"视角下中国推进社会主义公平正义建设的现实意义》[J]，《理论观察》，2017 年第 1 期。

［97］林卡，金菊爱，《对社会工作职业化问题的理论探讨》[J]，《浙江树人大学学报》，2003 年第 2 期。

［98］刘继同，《社会工作"实务理论"概念框架、类型层次与结构性特征》[J]，《社会科学研究》，2012 年第 4 期。

［99］刘新玲，杨优君，《我国服刑人员未成年子女的救助考察——以北京"太阳村"为个案》[J]，福建行政学院学报，2007 年第 7 期。

［100］刘新玲，张金霞，杨优君，《中美服刑人员未成年子女救助的理论与实践比较》[J]，《福建行政学院学报》，2009 年第 1 期。

［101］卢德友，《"人类命运共同体"：马克思主义时代性观照下理想社会的现实探索》[J]，《求实》，2014 年第 8 期。

［102］卢琦,《"监狱服刑人员未成年子女基本情况调查"综述》[J],《青少年犯罪》,2006 年第 6 期。

［103］罗兴奇,宋言奇,《社会工作职业制度体系的本土构建》[J],《内蒙古社会科学》,2015 年第 5 期。

［104］吕有志,《全面准确把握习近平构建人类命运共同体思想》[J],《思想理论教育导刊》,2018 年第 6 期。

［105］马全中,《非政府组织概念再认识》[J],《河南社会科学》,2012 年第 10 期。

［106］毛华滨,《论"自由人联合体"的历史向度和价值向度的统一》[J],《哲学研究》,2016 年第 5 期。

［107］潘建瑞,《习近平人类命运共同体思想及其时代价值》[J],《太原理工大学学报》(社会科学版),2018 年第 3 期。

［108］彭善民,《社会工作与公共生活建构》[J],《学习与实践》,2013 年第 7 期。

［109］彭善民,《上海社会工作机构的生成轨迹与发展困境》[J],《社会科学》,2010 年第 2 期。

［110］彭秀良,《我国社会工作行业组织的发展现状与未来走向》[J],《重庆工商大学学报》(社会科学版),2017 年第 8 期。

［111］乔世东,《论社会工作理论与实践的关系》[J],《广西社会科学》,2008 年第 7 期。

［112］秦龙,《马克思对"共同体"的探索》[J],《社会主义研究》,2006 年第 3 期。

［113］邱蕊,刘艳,《践行全人类共同价值　推动构建人类命运共同体》[J],《贵阳市委党校学报》,2018 年第 3 期。

［114］仇小敏,杨艳春,《五大发展理念:构建"人类命运共同体"的路径选择》[J],《江西社会科学》,2017 年第 9 期。

［115］饶世权,林伯海,《习近平的人类命运共同体思想及其时代价值》[J],《学校党建与思想教育》,2016 年第 7 期。

［116］桑建泉,陈锡喜,《人类命运共同体与自由人联合体理论关系新论》[J],《青海社会科学》,2017 年第 6 期.

［117］桑建泉,《习近平命运共同体思想及其对发展 21 世纪马克思主义的理论贡献》[J],《云南民族大学学报》(哲学社会科学版),2017 年第 6 期。

[118] 沈黎,《焦点解决短期治疗——后现代主义的社会工作理论新趋向》[J],《华东理工大学学报》,2008 年第 3 期。

[119] 石善涛,《携手共建人类命运共同体》[J],《当代中国史研究》,2017 年第 6 期。

[120] 唐斌,《中国社会工作职业化研究:现状、特点及反思》[J],《学习与实践》,2014 年第 10 期。

[121] 汤正仁,《"自由人联合体"的思想逻辑与实践逻辑》[J],《改革与战略》,2017 年第 12 期。

[122] 田毅鹏,《转型期中国社会原子化动向及其对社会工作的挑战》[J],《社会科学》,2009 年第 7 期。

[123] 童敏,《社会工作理论构建的困境及其出路》[J],《唯实》,2003 年第 1 期。

[124] 王芳,《生产与承认——马克思生产劳动范式与霍耐特承认理论的根本分歧》[J],《社会科学》,2013 年第 2 期。

[125] 王冠,赵颖,《非营利组织的再定义》[J],《北京青年政治学院学报》(第 20 卷),2011 年第 4 期。

[126] 王君健,《社会工作介入"受艾滋病影响的失依儿童"抗逆力养成——基于河南省 ZMD 市的循证研究》[J],《青年研究》,2011 第 3 期。

[127] 王瑞华,《当前构建中国社会工作理论的基本途径》[J],《集美大学学报》(哲学社会科学版),2004 年第 3 期。

[128] 王思斌等,《西方社会工作理论的历史与现状》[J],《中国社会工作》,1996 年第 3 期。

[129] 王思斌,《社会工作对社会治理创新的贡献》[J],《中国社会工作》,2015 年第 16 期。

[130] 王思斌,《走向承认:中国专业社会工作的发展方向》[J],《河北学刊》,2013 年第 6 期。

[131] 王思斌,《社会工作参与社会治理的特点及其贡献——对服务型治理的再理解》[J],《社会治理》,2015 年总第 1 期。

[132] 王思斌,《社会治理结构的进化与社会工作的服务型治理》[J],《北京大学学报》(哲学社会科学版),2014 年第 6 期。

［133］ 王思斌,《体制转变中社会工作的职业化进程》[J],《北京科技大学学报（社会科学版）》,2006 年第 1 期。

［134］ 王文彬,余富强,《社会建构理论视角下的社会工作者身份认同研究——以深圳市社会工作者为例》[J],《社会工作》,2014 年第 6 期。

［135］ 文军,《社会工作:和谐社会管理体制创新的变革力量》[J],《西北师大学报》(社会科学版),2008 年第 1 期。

［136］ 文军,《论社会工作理论研究范式及其发展趋势》[J],《江海学刊》,2012 年第 4 期。

［137］ 闻英,《官办社会工作机构的状况及发展策略》[J],《郑州轻工业学院学报》(社会科学版),2009 年第 5 期。

［138］ 伍胤鸿,《习近平新时代全球治理观:人类命运共同体思想》[J],《沈阳工业大学学报》(社会科学版),2018 年第 8 期。

［139］ 肖文涛,《社会治理创新:面临挑战与政策选择》[J],《中国行政管理》,2007 年第 10 期。

［140］ 肖小霞,张兴杰,《社工机构的生成路径与运作困境分析》[J],《江海学刊》,2012 年第 5 期。

［141］ 熊跃根,《从社会诊断迈向社会干预:社会工作理论发展的反思》[J],《江海学刊》,2012 第 4 期。

［142］ 徐选国,《脱贫行动理论构建及其对我国社会工作实践的启示》[J],《中国青年政治学院学报》,2012 第 2 期。

［143］ 徐选国,赵环,徐永祥,《社会工作服务新型城镇化建设:动因、空间与策略》[J],《探索》,2014 年第 6 期。

［144］ 徐选国,戚玉,《探寻社会工作实践中的政治逻辑——读弗雷德·鲍威尔的〈社会工作政治学〉》[J],《社会工作》,2014 年第 3 期。

［145］ 徐选国,戚玉,周小燕,《社会工作介入农村社区生计发展的理论创新与经验反思——以社会治理创新为分析视角》[J],《中国农业大学学报》(社会科学版),2014 年第 4 期。

［146］ 徐选国,《从专业性、本土性迈向社区公共性:理解社会工作本质的新线索》[J],《社会科学战线》,2016 年第 8 期

[147] 徐道稳,《中国社会工作行政化发展模式及其转型》[J],《社会科学》,2017年第 10 期。

[148] 徐永祥,《社会工作是现代社会管理与公共服务的重要手段》[J],《河北学刊》,2007 年第 3 期。

[149] 徐浙宁,冯萍,《服刑家庭子女生活状况及发展需求调查》[J],《青年研究》,2005 年第 6 期。

[150] 颜晓峰,常培育,《人类命运共同体建设的逻辑建构与实践要求》[J],《南京社会科学》,2018 年第 8 期。

[151] 杨发祥,叶淑静,《结构性约束与主体性建构:社会工作者的职业认同》[J],《江海学刊》,2016 年第 6 期。

[152] 杨文登,《社会工作的循证实践:西方社会工作发展的新方向》[J],《广州大学学报》(社会科学版),2014 年第 2 期。

[153] 柳拯,《我国社会工作发展现状、问题与对策》[J],《长沙民政职业技术学院学报》,2009 年第 1 期。

[154] 易松国,《民办社会工作机构的问题与发展路向——以深圳为例》[J],《社会工作》2013 年第 5 期。

[155] 张芳,慈勤英,《承认之路:民办社会工作服务机构发展研究述评(2009 - 2014)》[J],《吉首大学学报》(社会科学版),2015 第 5 期。

[156] 张海,《承认视角下我国社会工作职业化的本质与发展策略》[J],《华东师范大学学报》(哲学社会科学版),2016 年第 5 期。

[157] 张和清,《社会转型与社区为本的社会工作》[J],《思想战线》,2011 年第 4 期。

[158] 张康之,《合作治理是社会治理变革的归宿》[J],《社会科学研究》,2012 年第 3 期。

[159] 张康之,《论主体多元化条件下的社会治理》[J],《中国人民大学学报》,2014 年第 2 期。

[160] 张昱,彭少峰,《走向适度循证的中国社会工作——社会工作本土实践探索及启示》[J],《福建论坛》(人文社会科学版),2015 年第 5 期。

[161] 张昱,《社会工作:促进个体和谐发展的社会技术》[J],《西北师大学报》

（社会科学版），2008 年第 1 期。

[162] 张历历，《习近平人类命运共同体思想的世界意义》[J]，《人民论坛》，2018
年第 9 期。

[163] 张路杨，《查尔斯·泰勒承认理论与马克思承认思想的比较研究》[J]，《河
南社会科学》，2015 年第 23 期。

[164] 张路杨，《霍耐特与泰勒承认理论之比较》[J]，《学术交流》，2015 年第
6 期。

[165] 张勤，《马克思"自由人联合体"的伦理解读》[J]，《齐鲁学刊》，2006 年第
6 期。

[166] 张耀军，《"一带一路"：人类命运共同体的重要实践路径》[J]，《人民论
坛》，2017 第 30 期。

[167] 赵可金，赵远，《人类命运共同体的构建路径》[J]，《当代世界》，2008 年第
6 期。

[168] 赵荣锋，《人类命运共同体思想研究综述》[J]，《党政论坛》，2008 年第
6 期。

[169] 赵卫涛，《人类命运共同体开启共建美好世界新篇章》[J]，《红旗文稿》，
2018 年第 12 期。

[170] 周涛，《谈服刑人员子女的社会保护》[J]，《辽宁警专学报》，2005 年第
4 期。

[171] 周雯雯，林美卿，赵金科，《论习近平"人类命运共同体"思想的科学内涵和重
大意义——基于马克思主义理论视角》[J]，《理论导刊》，2017 年第 1 期。

[172] 周显信，阚亚薇，《论中国梦、亚太梦与世界梦的逻辑关系及其建构》[J]，
《探索》，2015 年第 1 期。

[173] 朱华燕，朱华军，《服刑人员未成年子女生存状况实地调查——以浙江宁
波某县为例》[J]，《青年研究》，2008 年第 4 期。

[174] 朱健刚，《转型时代的社会工作转型：一种理论视角》[J]，《思想战线》，
2011 年第 4 期。

[175] 朱健刚，陈安娜，《社会工作机构的 NGO 化：专业化的另一种思路》[J]，
《华东理工大学学报》（社会科学版），2014 年第 4 期。

[176] 邹积贵,《马克思关于"自由人联合体"的设想——学习＜资本论＞》[J],《齐鲁学刊》,1983 年第 6 期。

论文类:

[177] 郝相钦,《社会变革的道德透视－－霍耐特承认理论的深层解读》[D],北京师范大学博士论文,2008。

[178] 牛钧,《推进我国社会工作职业化的制度保障研究》[D],青岛大学硕士论文,2017。

[179] 皮湘林,《当代中国社会工作正义的维度研究》[D],湖南师范大学博士学位论文,2012。

[180] 尹茹,《承认理论视角下的社工机构承认之路研究》[D],中国青年政治学院硕士论文,2015。

[181] 余婷,《社工考试热,社工证很冷:基于承认视角的分析》[D],华东理工大学硕士论文,2017。

报刊类:

[182]《让人类命运共同体建设的阳光普照世界》[N],人民日报,2018－03－25(001)。

[183]《构建人类命运共同体》[N],湖北日报,2018－07－18(004)。

[184] 刘德锋,《构建人类命运共同体思想探析》[N],中国红十字报,2018－07－31(003)。

[185] 刘东超,《习近平人类命运共同体思想:马克思主义中国化的崭新例证》[N],金融时报,2018－05－07(009)。

[186] 吴庆军,《构建人类命运共同体符合时代要求》[N],新华日报,2018－08－21(011)。

[187]《"数"说社会工作十年》[N],《光明日报》,2016－03－21(011)。

[188] 王勇,《2016 中国社会工作行业发展高峰论坛在京举行》[N],公益时报,2016－06－21。

[189] 习近平,《共同构建人类命运共同体》[N],人民日报,2017－01－20(002)。

［190］ 张雪梅,《我国服刑人员未成年子女保护问题研究》［N］,法制日报 2004 - 01 - 08(001)。

其他类:

［191］《广州社会工作十年发展报告》［Z］,http://mzzt. mca. gov. cn/article/ sggzzsn/jlcl/201611/20161100887281. shtml。

［192］ 国务院,《关于加强农村留守儿童关爱保护工作的意见》［Z］,国发〔2016〕13 号。

［193］ 河南社会工作网,《河南省社会工作十年发展报告》［Z］,http://shgzw. hacz. edu. cn/s/147/t/1431/c5/bf/info50623. htm。

［194］ 柳拯,《社会工作介入抗震救灾和灾后重建情况报告》,http://sw. mca. gov:cn/article/llyjlm/201010/20101000108146. shtml,2009。

［195］《民办非企业单位登记管理暂行条例》［Z］。

［196］ 民政部、财政部,《关于政府购买社会工作服务的指导意见》［Z］,民发〔2012〕196 号。

［197］ 民政部办公厅关于 2017 年度社会工作和志愿服务法规政策规划落实情况的通报［Z］,民办函〔2018〕29 号。

［198］ 民政部、财政部、国务院扶贫办,《关于支持社会工作专业力量参与脱贫攻坚的指导意见》［Z］,民发〔2017〕119 号。

［199］ 民政部,《关于大力培育发展社区社会组织的意见》［Z］,民发〔2017〕191 号。

［200］《民政部关于促进民办社会工作机构发展的通知》［Z］,民发〔2009〕145 号。

［201］ 民政部办公厅关于 2017 年度社会工作和志愿服务法规政策规划落实情况的通报［Z］,民办函〔2018〕29 号。

［202］《上海社会工作十年发展报告》［Z］,http://mzzt. mca. gov. cn/article/ sggzzsn/jlcl/201611/20161100887267. shtml。

［203］ 社工中国网：http://news. swchina. org/industrynews/2018/0125/30722 _2. shtml。

［204］《社会救助暂行办法》［Z］,中华人民共和国国务院令,第 649 号。

［205］《深圳社会工作十年发展报告》［Z］,http://mzzt. mca. gov. cn/article/

sggzzsn/jlcl/201611/20161100887275. shtml。

[206] 深圳新闻网,《深圳社工为什么流失》[Z], http://www. sznews. com/news/content/2015 - 03/09/content_11271330. htm。

[207]《深圳社工流失率八年来首次下降去年 700 人不再做社工》[Z], http://news. sina. com. cn/o/2016 - 02 - 23/doc - ifxprqea5072450. shtml。

[208]《四川省社会工作十年发展报告》[Z], http://mzzt. mca. gov. cn/article/sggzzsn/jlcl/201611/20161100887304. shtml。

[209] 新华网,全国社会工作推进会议在广州召开, http://www. xinhuanet. com/gongyi/2016 - 11/08/c_129355741. htm。

[210]《深圳社会工作十年发展报告》[Z], http://mzzt. mca. gov. cn/article/sggzzsn/jlcl/201611/20161100887275. shtml。

[211]《中华人民共和国慈善法》[Z]。

外文类:

[212] Child Welfare League of America, *State agency survey on children with incarcerated parents* [M], Washington, DC: Child Welfare League of America, 1998.

[213] Gabel S. , "Children of incarcerated and criminal parents: Adjustment, behavior, and prognosis" [J], *Bulletin of the American Academy of Psychiatry L aw*, 1992.

[214] Gaudin J & Sutphen R. , "Foster care vs. extended family care for children of incarcerated mothers" [J], *Journal of Offender Rehabilitation* , 1993.

[215] Hamilton, Gordon, *Theory and Practice of Social Casework* [M], NY: Columbia University, 1950.

[216] Howe, D. , An Introduction to Social Work Theory, Aldershot, Berks: Wildwood House. Laver M. 2001, "Incarcerated parents: What you should know when handling an abuse or neglect case" [J], *Child Law Practice* , 20(10), 1987.

[217] Margarel C. , Piatt S. , "Professional identity for clinical social workers:
Impact of changes in Health Care Delivery" [J], *Clinical social work
Journal*, 1997.

[218] Nell Bernstein. , *All alone in the world - Children of the Incarcerated*
[M], New York and London: The New Press, 2005.

[219] Payne, M. , *Modern Social Work Theory* [M], Macmillan Press, 1997.

[220] Philip Genty. , Arlene Lee, Mimi Laver, *The Impact o f the Adoption
and Safe Families Act on Children of Incarcerated Parents* [M],
Washington, DC: Child Welfare League of America.

[221] Richmond, M. , *Social Diagnosis* [M], NY: Free Press, 1917.

[223] Ronan KR, Johnston D. M. , *Promoting community resilience
indisasters: The role for schools, youth, and families* [M], NY: Springer
Science Business Media, Inc, 2010.

[224] Rosemary C. Sarri. , *Children of Incarcerated Parents: The Ultimate
Victims, Paper presented Africana Studies Against Criminal Injustice*
[M], New York City, Columbia University, 2003.

[225] Rosemary C. Sarri. , *Returning Home: Challenges, Needs and
Interventions for Women Offenders with Children, Paper presented at the
International Conference for Women Offenders: Challenging Stereotypes
and achieving change. Prato, Tuscany, Italy* [M], Sponsored by
Monash University, Melbourne, Victoria, Australia, 2007.

[226] Smalley, Ruth. , *Theory for Social Work Practice* [M], NY: Columbia
University Press, 1967.

[227] Smith B & S Elstein. , "Children on Hold: Improving the Response to
Children Whose Parents Are Arrested and Incarcerated" [J], *Center for
Children and the Law*, Washington D. C. : American Bar
Association, 1994.

[228] Zakour, Michael. , Geographic and Zakour M J. , "Disaster research in
social work" [J]. *Journal of Social Service Research*, 22(1) ,1996.

图书在版编目(CIP)数据

承认社会工作论/王君健著. —上海:上海三联书店,2019.11
ISBN 978 - 7 - 5426 - 6827 - 1

Ⅰ.①承… Ⅱ.①王… Ⅲ.①社会工作－研究
Ⅳ.①C916.2

中国版本图书馆 CIP 数据核字(2019)第 244305 号

承认社会工作论

著　　者 / 王君健

责任编辑 / 郑秀艳
装帧设计 / 一本好书
监　　制 / 姚　军
责任校对 / 王凌霄

出版发行 / 上海三联书店
　　　　　(200030)中国上海市漕溪北路 331 号 A 座 6 楼
邮购电话 / 021 - 22895540
印　　刷 / 上海惠敦印务科技有限公司

版　　次 / 2019 年 11 月第 1 版
印　　次 / 2019 年 11 月第 1 次印刷
开　　本 / 890×1240　1/32
字　　数 / 220 千字
印　　张 / 8.125
书　　号 / ISBN 978 - 7 - 5426 - 6827 - 1/C · 589
定　　价 / 48.00 元

敬启读者,如发现本书有印装质量问题,请与印刷厂联系 021 - 63779028